CAMBRIDGE

创新方法名著译丛

丛书主编/周　元

需求导向创新

基于TRIZ的新产品开发

〔美〕维克多·费（Victor Fey）
〔美〕尤金·里温（Eugene Rivin）／著

王海燕　游玎怡／译

Innovation on Demand

New Product Development Using TRIZ

科学出版社
北京

图字：01-2018-2953

内 容 简 介

本书描述了一种能够促进技术创新的革命性方法——TRIZ。TRIZ 方法越来越多地被世界领先企业用于提高其竞争能力、巩固领先地位。本书作者阐释了 TRIZ 方法是怎样运用从众多成功的发明专利中萃取出来的发明原理（creative principles），针对产品设计问题来寻求更好、更有创新性的解决方案。你会学习如何将 TRIZ 工具应用于新技术的概念开发、产品设计和制造过程。你还将看到如何取得突破性的而非折中（compromise-free）的解决方案，以及如何定义下一代产品和技术。这也是对本书书名的解释。不论是要做出一个更好的啤酒罐，还是要包装微芯片，抑或是减少割草机引擎的组件，这本书都会有所帮助。

本书适合工程师、产品经理、技术经理和工程专业的学生阅读。

图书在版编目（CIP）数据

需求导向创新：基于TRIZ的新产品开发 /（美）维克多 • 费（Victor Fey），尤金 • 里温（Eugene Rivin）著；王海燕，游玎怡译. —北京：科学出版社，2021.9
（创新方法名著译丛/周元主编）
书名原文：Innovation on Demand: New Product Development Using TRIZ
ISBN 978-7-03-064196-0

Ⅰ. ①需… Ⅱ. ①维… ②尤… ③王… ④游… Ⅲ. ①产品开发 Ⅳ. ①F273.2

中国版本图书馆CIP数据核字（2020）第042148号

责任编辑：张　菊 / 责任校对：樊雅琼
责任印制：肖　兴 / 封面设计：黄华斌

科学出版社 出版
北京东黄城根北街16号
邮政编码：100717
http：//www.sciencep.com

中国科学院印刷厂 印刷
科学出版社发行　各地新华书店经销
*
2021年9月第　一　版　开本：720 × 1000　1/16
2021年9月第一次印刷　印张：15　1/2
字数：310 000

定价：208.00元

（如有印装质量问题，我社负责调换）

关 于 作 者

Victor R. Fey 是韦恩州立大学（Wayne State University）机械工程专业的一位兼职教授，是 TRIZ 集团（the TRIZ Group）的主要合伙人（principal partner）和创始人之一。他是由 TRIZ 的创立者根里奇·阿奇舒勒（Genrikh Altshuller）亲自认证的极少的几个 TRIZ 大师之一。他申请（参与申请）了 7 项专利，撰写（参与撰写）了 30 多篇文章和 7 本书。

Eugene I. Rivin 是韦恩州立大学（Wayne State University）机械工程专业机器工具实验室的教授和主任，他是 TRIZ 集团的共同负责人（co-principal）和联合创始人（cofounder）。TRIZ 致力于为解决问题和技术预测提供 TRIZ 培训与方法论。他是美国机械工程师协会和制造业工程师协会的成员，也是国际生产工程科学院的一个活跃分子。Rivin 拥有超过 60 项专利，并撰写了 160 多篇论文和 15 本书。

前　言

本书描述了一种强大的系统技术创新方法，这种方法称为 TRIZ。TRIZ 是“发明问题解决理论”的俄语首字母缩写。这本书将帮助读者了解 TRIZ 的基本工具，以及这些工具如何应用于新技术、产品和制造过程的概念开发。

这本书主要是为那些从事研发活动、设计和车间管理等工作的各个领域的工程师设计的。工程技术专业的学生也将从中受益。本书描述了 TRIZ 在技术创新过程中所扮演的重要角色。使用 TRIZ 方法的技术经理通常会发现战略机会，而这些机会往往会被不使用 TRIZ 的技术经理所忽略。他们通过开发新的产品和新的工艺，以及提供新的服务和组织结构来利用这些机会。

TRIZ 起源于苏联，1946 年开始由 Genrikh Altshuller 和他的学派开发。TRIZ 被广泛应用于苏联的空间和国防工业中，使工程师能够在一个低效的经济系统中克服巨大的技术挑战。然而，在西方它几乎不为人所知，直到 1984 年 Altshuller 的一本书被翻译出版了（*Creativity as an Exact Science*，Gordon and Breach 出版社，纽约）。虽然这本书激发了一些爱好者对 TRIZ 的拥护，但拙劣的翻译却把它的影响降低了。

1991 年，由发明机器公司（IMC，Invention Machine Corporation）开发的基于 TRIZ 的软件包在纽约进行了演示，并进行了商业推广。尽管该软件引起了人们极大的兴趣，但本质上，它只是一系列关于如何解决问题的类比演示，未能揭示有效应用方法本身所需要的思维过程。由于该软件的用户对 TRIZ 背后的思维过程并不熟悉，因此他们无法充分利用这种方法的力量。

20 世纪 90 年代，小的咨询公司开始在西方出现，这些公司通常是由苏联移民创立的，负责人往往是有经验的 TRIZ 实践者。这些先行者中有许多是 TRIZ 的创始人 Genrikh Altshuller 的学生和合作伙伴。这些公司为客户公司解决问题，并以 TRIZ 为基础培训客户。这些努力的结果是，美国和其他地区的领先企业给出反馈，它们从使用 TRIZ 中获得了极大的收益（Raskin，2003）。

1993 年，在修改了苏联采用的 TRIZ 训练方法以更好地适应美国受众，并成功举办了几次公开研讨会之后，作者在位于底特律的韦恩州立大学开设了一门四学分的课程。这门课立即受到学生的欢迎。通过课程教学积累的经验，以及来自美国和其他地区工业客户的培训和咨询项目的知识（通过作者创建的 TRIZ 集团），使我们相信，出版一本关于 TRIZ 原理的全面教科书是很有必要的。

这本书涵盖了当代 TRIZ 的基本概念和工具。成为一个学科的唯一标准是它是否对方法论的成功应用至关重要。每一个概念、方法和技术都是用来自不同技术领域的真实例子来说明的。许多例子都是基于我们自己的发明，无论是否获得了专利，都是在 TRIZ 的帮助下做出的。大多数章节的结尾都是一系列的问题和练习，让读者有机会加深对先前描述的材料的理解。

如今的 TRIZ 包含了大量的问题分析和概念生成工具，但并不是全部都形式化了。在这本书中，我们主要描述了最形式化的工具，如理想化策略、分离原理、物场分析、标准解、ARIZ 及其他工具。主要的非形式化但仍然很强大的 TRIZ 工具，如系统操作工作、大小时间成本方法和“聪明小人”法在其他书籍中描述（Altshuller，1994，1999；Mann，2002）。

本书阐述了 TRIZ 在两类基本活动中的应用，这两类活动往往由技术公司的工程师和科学家负责：①改进现有的技术、产品和制造工艺（解决问题，problem solving）；②下一代技术、产品和工艺开发（技术预测，

technological forecasting)。事实证明，TRIZ 对这两类活动都非常有帮助。

TRIZ 在西方的传播始于 IMC 软件的销售。现在市场上有几款软件产品声称可以把 TRIZ 方法计算机化。通常，这些产品包含了各种各样的 TRIZ 技术和物理效果的知识基础，以及一些把问题进行公式化的工具。它们还包含从不同的工程领域收集到的优秀设计概念库。在我们的经验中，这些产品有助于受过 TRIZ 训练的工程师们对 TRIZ 原理和思维过程有深入的了解。这可以与其他计算机辅助工程活动相比较。用于有限元分析（FEA）的极其强大的软件包可以处理各种各样的压力 / 应变问题。然而，根据 FEA 软件用户所构建的分析问题模型，结果可能是对的或错的。因此，必须擅长材料强度和 / 或弹性理论，才能产生足够的 FEA 效果。计算机辅助设计（CAD）软件包也是如此。尽管这些软件都给了操作员很多提示，但是很难想象没有机械（或电气）设计背景和教育经历的人能绘出一组很好的设计图纸。

这本书由六章和附录组成。第 1 章介绍了系统创新的必要性。第 2 章描述了用于解决竞争性设计需求之间冲突的 TRIZ 工具。这些工具的应用会产生非妥协的设计方案。第 3 章介绍了 TRIZ 中用于把技术系统中的物理交互作用模型化的物场方法。第 4 章描述了发明问题解决算法，即 ARIZ，TRIZ 中最有效的问题分析和概念开发工具。第 5 章描述了 TRIZ 的基础——技术系统进化的规律。第 6 章概述了基于进化规律指导开发下一代产品和制造工艺的综合方法。

附录 1 包含 TRIZ 的创始人 Genrikh Altshuller 的简短传记。附录 2 概述了 TRIZ 中解决冲突的一种替代方法。附录 3 扩展了第 3 章介绍的物场模型方法，并描述了解决问题的 76 种标准方法和使用这些标准解的算法。附录 4 概述了 TRIZ 在管理领域的应用（非工程问题）。

要全面了解当代 TRIZ，推荐阅读整本书。不过，与很多教科书一样，对于不太关注 TRIZ 在某些特定问题方面的应用，而对 TRIZ 整体评价感兴趣的读者，可以进行选择性地阅读。那些对 TRIZ 的解决问题工具感兴趣的读者可以多关注第 2 ～ 4 章。主要关注技术创新管理和下一代技术开发的读者更多会从第 5 章和第 6 章中获益。

我们知道，这第一本 TRIZ 教材并不完美，我们对任何建设性的评论和批评都心存感激。

目　　录

第 1 章 导　论

科技和人类一样古老。无数大大小小的创新塑造了世界，塑造了人类文明的未来。绝大多数创新都是随机开发的，其创造者并没有使用任何有组织的方法来寻找新的想法。尽管过去随机试错的方法在创新方面取得了巨大的成就（车轮、汽车、收音机、飞机、电脑、抗生素等），但在当今竞争激烈的市场中，这种方法已经变得越来越低效。本章介绍了随机试错法的主要缺陷，并阐述了用系统创新的方法取代试错法的必要性。

1.1　产品开发工艺

每一种新产品，无论这种“产品”是一种技术、一种设备还是一种生产工艺，都源自一个新概念。要想成为产品，必须生成一个概念，然后进行评估，最后进行开发。这些活动的流程构成了产品开发过程（PDP）（图 1.1）。

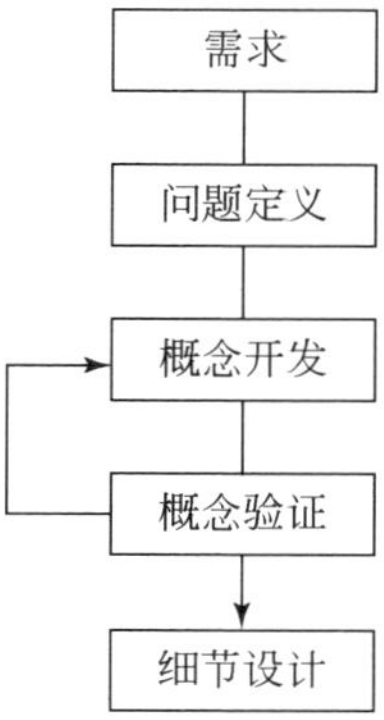

图 1.1　典型产品开发过程的各个阶段

这个过程始于对需求的认知。然后，设计人员必须将此需求转换为一个有着明确定义的问题，或者一组问题。这个阶段的产出是一个或多个问题的陈述，并附有各种约束条件的列表（如性能说明、生产限制、经济条件、法定限制等）。

在下一阶段中，针对这些问题将生成各种概念性的解决方案。最重要的决策将在这一阶段产生，这些决策将工程、生产和商业方面的问题综合在一起考虑。

在这个过程的下一个阶段，要按照各种标准对所生成的概念进行评估，从中挑选出最有前景的方案用于设计产品的样品，然后构建并测试样品。在这一过程中，通常要对前面提出的概念性解决方案进行修正。

最后，在细节设计阶段，要进行完整的设计，所有部件的尺寸都要确定，材料也要确定下来，等等。然后，绘制出详细的图纸。

现代工程科学拥有广泛而强大的分析方法和软件工具，可以有效地对新概念进行评估，并将这些概念开发成工艺或产品系列。这些方法经历了几个世纪的渐进式进化。

过去，除了实际尝试之外没有其他方法来检验一个有吸引力的想法。几乎所有的基本化合物都是通过炼金术士进行的大量的盲目试错得到的。即使是托马斯·爱迪生在设计白炽灯泡时，也用了各种各样的材料做了超过 6000 个试验，才得到一根满意的灯丝。

随着科学技术的不断发展，可以更好地理解什么是可行的，什么是不可能的。今天，许多产品、工艺和它们所需的环境都可以很好地被模拟出来。现在，化工行业每年都有大量的新化合物上市。如果没有成熟的理论方法来进行合理的分析以及合成配方，这是不可能做到的。在处理问题时，工程师可以通过从基础教育中获得的知识，或者利用从他本人或前人经验中及从专利信息和技术文献中获得的知识来过滤掉不合适的概念，当然，也可以使用基于计算机的系统，如计算机辅助设计（CAD）、计算机辅助制造（CAM）、有限元分析（FEA）、计算流体动力学（CFD）和其他大大促进产品开发过程的系统。

1.2　产品开发过程中的障碍

在产品开发过程中，排在最不被理解的也因此通常管理不善的阶段的前两名的是对需求的识别和概念开发。

1.2.1　第一个障碍：技术战略

第一阶段——需求识别，是除了进行市场调研外，还要定义技术战略的过程。这里的关键问题是（或应该是）：“下一项能满足潜在的市场需求的技术是什么？”回答这个问题需要很好地理解科技进化的趋势。

在当今竞争激烈的市场中，制造企业必须在下一个能被市场广泛接受的产品或技术上押下自己的未来。他们必须弄清楚能够获胜的创新将是什么，以便更好地分配足够的资金支持、人力和其他资源。预测的错误会导致竞争对手的优势。

1990 年，当时美国钢铁市场的领导者——美国钢铁公司（U.S.Steel）有一次机会选择，是投资传统的热轧技术还是一种新型的小型钢带（CSP）技术。美国钢铁公司最后决定把资金用于进一步改进已确立的热轧技术。他们的竞争对手纽柯钢铁（Nucor Steel）投资了 CSP 的开发。如今，纽柯是美国领先的钢铁生产商，而其昔日强大的竞争对手在市场上基本上被边缘化（Cusumano & Markides，2001）。

柯达和宝丽来这两大摄影设备巨头，并没有意识到数码成像技术的出现。他们都受到了率先使用这些技术的竞争对手的残酷打击（Leifer et al .，2000）。

切斯特·卡尔森（Chester Carlson）是静电复印术的创造者，他把他的发明提供给几十家公司。每个公司都拒绝了他，这些公司也因此错过了 20 世纪最成功的商业机会之一。

1992 年，初创公司 Palm 公司开发了 Palm Pilot 的原型机。然而，这个小玩意并没有让硅谷的风险投资家们兴奋不已。他们认为它只是另一种个人数字助理（类似于惠普的 Psion、苹果的 Newton 和 Windows CE PC），并拒绝将其推向市场（Penzias，1997）。由于无法自筹资金，Palm 于 1995 年成为美国机器人技术公司的子公司。此后不久，Palm Pilot 获得了巨大成功。如今，Palm 再次成为一家独立而繁荣的公司，提供一流的手持设备和配件。

那些在竞争中失去竞争地位的公司的名单在不断增加，不过最初没有得到管理层或金融界支持但最终获得成功的“胜出”产品和技术也在不断增加。

许多商业出版物和顾问认为，市场调查是评估新兴创新成果市场生存能力的最可靠方式。然而，事实证明，各种市场调研方法对渐进式改进创新来说非常有效，但用于评价突破性创新时往往会产生误导。

20 世纪 60 年代末，康宁（Coning）公司对一项有前途的低损耗光纤技术产生了兴趣。该公司向 AT&T 咨询这项技术的前景（AT&T 显然是该技术的潜在用户）。AT&T 猜测，对光纤维的显著需求在 21 世纪的头十年才会出现。然而，康宁更加乐观，并开始发展这项技术。20 世纪 80 年代初，该公司与 MCI 取得了重大商业成功（Lynn et al.，1997）。

就连最优秀的专家也无法预测科技的未来。下面这些经常被援引的句子说明了这一点。

“比空中飞行器还要重是不可能的。”1885 年皇家学会主席开尔文勋爵（Lord Kelvin）说。

“能发明的东西都已经发明出来了。”1899 年美国专利局主任查尔斯·H. 杜埃尔（Charles H. Duell）说。

“哪有人会想听演员说话？”1927 年华纳兄弟的哈利·华纳说。

“全球市场可能只需要 5 台电脑。” 1943 年 IBM 董事长托马斯·沃森（Thomas Watson）表示。

最近的一个例子是，比尔·盖茨（Bill Gates）没有预见到互联网的崛起。

事后诸葛亮总是百分百正确，但我们如何确保现在所从事的产品或技术开发是市场未来所需要的呢？我们如何选择最好的解决方案？哪些标准可以有助于我们选择最有前景的概念？识别下一代获胜产品和技术的传统方法无法为这些问题提供可靠的答案。用 TRIZ 方法对这些问题进行分析将在第 5 章和第 6 章中讨论。

1.2.2　第二个障碍：概念的发展

今天，就像几百年来一样，工程（以及人类活动的其他领域）中的新颖思想主要是由“试错法”产生的。这种方法的本质是为解决某一问题不断生成各种各样的想法。这些想法的产生没有规则，过程通常是随机的。如果一种想法不合适就会被放弃，再提出新的想法。思想的流动是无法控制的，为找到解决方案需要不断进行尝试。

尽管似乎是随机的，但大多数试验都有一个共同的特点：符合所谓的心理惯性的想法居多。这种惯性是由我们的文化和教育背景、以前的经历和“常识”决定的。通常情况下，心理惯性是由一个看似无害的问题产生的，“怎么做”（如“如何解决这个问题”）把问题解决者推向传统的方法，使其丧失想象力，这是通往最佳解决方案的主要障碍。事实上，最好的解决办法往往存在于其他地方，存在于我们的常识认为毫无用处的地方。

例 1.1

一个典型的例子与大家公认的工程师中受教育程度最高、最成熟、最具创新力的“火箭科学家”的心理惯性有关。20 世纪 70 年代，美国和苏联在月球探测领域进行了激烈的竞争。由于无力承担类似阿波罗登月计划这样的项目的费用，苏联决定发射一枚无人驾驶的月球探测器，将无人驾驶飞行器送到月球的背面（黑暗的一面）。这个飞行器的目的是把人类从未见过的月球另一面的电视画面传送到地球。白炽灯是最好的光源，然而，当时的灯泡无法承受登月的影响。即使是那些在军用坦克中使用的最耐用的灯泡，在测试过程中也会在玻璃和底座的连接处断裂。

针对这个问题，科研人员把主要精力放在弄清楚如何加强玻璃灯泡上。这个情况被报告给整个登月计划的负责人。他的第一个问题是：“灯泡的用途是什么？”答案很明显——在灯丝周围封上一个真空。然而，月球上有充足的完美真空！这个简单的提问解决了这个难题——不需要玻璃灯泡（图 1.2）。

图 1.2　缺少玻璃就不会被打碎

例 1.2

一组经验丰富的汽车设计师正在为一辆新卡车开发排气系统。设计要求包括各种性能和经济标准，最重要的是噪声水平、背压（影响发动机的效率）和成本。所有这些属性都很大程度上受到消声器的特殊设计的影响。商业上还没有能满足所有标准的消声器，所以几个月来，设计团队为找到能满足所有要求的消声器设计方案而对解决方案进行了头脑风暴。

针对如何改进消声器设计提出了各种解决方案，但都没有达到目标。三种作为备选的方案设计 A、B 和 C，最接近要求的参数（表 1.1）。只有非常昂贵的消声器 B 有可接受的技术表现，但它的成本太高了。新卡车必须启动，超出预算的设计方案 B 勉强获批。

表 1.1　消声器的变化

消音器类型	成本（美元）	噪声水平（dB）	背压（psi*）
A	60	79	7.65
B	90	79	7.40
C	60	82	7.40
目标	60	79	7.40

* 1psi（磅力每平方英寸）=6.894 76 × 10^3Pa（帕）。

没想到韦恩州立大学当时正在接受 TRIZ 课程培训的两名年轻学生提出了解决方案。运用 TRIZ 方法对现状进行分析之后，学生们对必须达到的目标提出了质疑。现有的噪声要求不是指向系统组件（消声器），而是人行道上的人的噪声 [图 1.3（a）]。因此，学生们建议采用消声器 C，但修改排气系统的另一部分，以使噪声水平符合要求。这个解决方案非常简单。

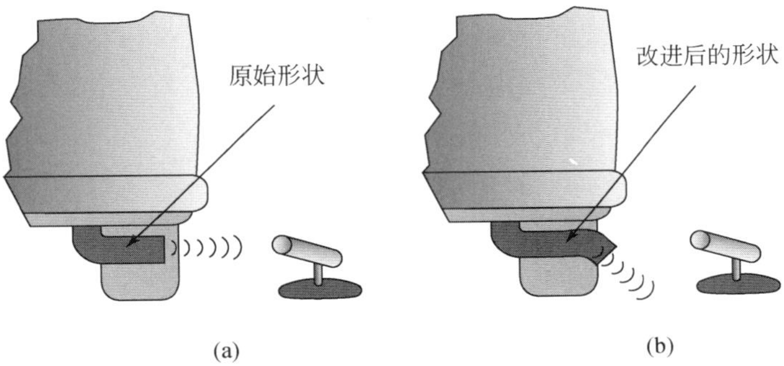

图 1.3　排气系统改进

最初的排气系统配备了直尾管，本质上是瞄准测量麦克风，而学生们向下弯曲了管子的末端 [图 1.3（b）]；现在，由排气产生的声音不会影响旁路（和测量麦克风），而是偏转到地面上。

实验表明，此解决方案满足所有要求，而且很快得到实施。

这两个例子中，简单的解决方案都被忽视了，这说明了心理惯性形成的阻碍力量。

在寻找解决困难问题的方案时，试错法会浪费宝贵的时间。“碰运气”的方法造成的损失与丧失竞争力及浪费人力和财力有关。随机生成和概念选择无法从解决一个问题中获得经验，也无法用于解决其他问题。

因此，改进概念生成过程的需求一直都存在（一些用于提高创造力的“前 TRIZ 方法”将在附录 2 中进行描述）。

1.3 TRIZ

由阿奇舒勒开发的“发明问题解决理论”（TRIZ）（Altshuller and Shapiro，1956；Altshuller，1994，1999）指出，尽管技术的发展表面上是由杂乱无章的步骤组成的，但从长周期来看，它遵循的是可重复的模式。这些模式可以应用于系统的技术开发——既可以解决产品设计和生产问题，也可以用于下一代技术和产品的开发。

TRIZ 不使用实际的机制、机器和流程，而是使用它们的模型。它的概念和工具与特定的对象无关，因此可以应用于任何技术的分析和合成，而不用管技术的本原。TRIZ 还将所有的产品、制造过程和技术都视为技术系统（更多内容参见第 2 章）。

TRIZ 的前提是，技术系统的进化不是随机的，而是遵循某些规律。

这些关于规律的知识使人们能够对技术的发展做出预期。它也有助于更快地设计更好的系统，而不浪费时间和资源来随机寻找解决方案。

人们可以将技术系统进化规律（简称“进化法则”）和力学法则进行类比。如果运动物体在某一时刻的位置已知，它的未来位置可以通过求解相应的运动方程来找到。进化法则是描述系统在进化空间中的“生命曲线”的“软方程式”。如果当前的系统配置是给定的，那么未来的配置可以被可靠地“计算”（预测）出来。

这个名字——“发明问题解决理论”，反映了阿奇舒勒开发 TRIZ 时的初始意图。他想取代不确定的试错过程，运用结构化方法解决工程难题。然而，研究的逻辑使他开发了一种方法，远远超过了解决眼前问题的需求，并能够为了解决问题而预测未来的挑战。

当代 TRIZ 既是技术演化的理论，也是新技术系统有效发展的方法论。基于技术系统进化法则，TRIZ 有两个主要的子系统：一套开发概念系统设计的方法，以及一套用于识别和开发下一代技术的工具（图 1.4）。

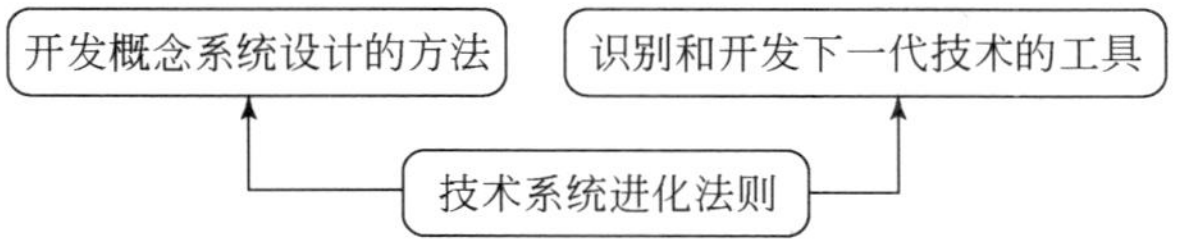

图 1.4　TRIZ 的结构

从逻辑上讲，下一章应该描述进化法则，因为它们构成了 TRIZ 的基础。然而，从教学的角度来看，首先介绍 TRIZ 的概念开发工具更有益。为了解决这一难题，将进化法则分成两部分。在这一章中，我们只简单总结法则，以便读者在学习问题分析和概念开发工具（第 2 ～ 4 章）时参考它们。第 5 章和第 6 章对法则及其用途进行全面讨论。

迄今已形成了以下进化法则：

提高理想度法则；

子系统的非均衡进化法则；

向更高层次的系统进化法则；

增强动态性（柔性化）法则；

向微观层次进化法则；

完备性法则；

能量传递路径缩短法则；

增加物 – 场相互作用法则；

协调性法则。

提高理想度法则表明，技术系统会朝着增加理想度的方向进化。理想度本质上是收益与成本的比。各种产品（如手机、电脑、汽车）的功能无限增加，同时价格下降。具有较高理想度的系统在长期市场选择过程中有更好的生存机会，能够主导市场。

子系统的非均衡进化法则表明，系统的各个部分以不一样的速度进化。这就产生了系统冲突，为创新提供了机会。当用传统的方法改进一个系统时，一个系统的属性通常会以牺牲另一个属性为代价（如通过使用更强大的引擎来提高汽车的动力性能，这会增加燃料消耗）。这种情况被称为系统冲突。传统的设计理念敦促设计师寻求最便宜的折中方案，而阿奇舒勒发现了许多克服系统冲突的方法，以满足双方相互矛盾的要求。

技术系统进化的方向是从单一系统向多系统进化（过渡到更高级别的系统）。系统最初通常作为单一系统，被设计用来执行单个功能，然后逐渐获得实现更多或更复杂功能的性能。例如，一支铅笔（单一系统），带橡皮擦的铅笔（双系统），各种硬度和颜色的铅笔（多系统）。最终，双系统和多系统可以合并到一个更高级别的单系统中，执行更复杂的功能。

根据增强动态性（柔性化）法则，刚性结构演化为柔性的、更具适应性的结构。一个新系统通常是在特定的环境下创建的。这个系统演示了主设计概念的可行性，但其应用和性能参数受到限制。在进化过程中，系统越来越适应不断变化的环境。

向微观层次进化法则表明，技术系统的发展趋向于使其组成部分日益分化。换句话说，轴、轮、轴承和其他“宏观”部件逐渐被分子、离子、电子等可以被各种能量场控制的物质所取代。切割工具的发展是一个例子：从金属刀具到电化学加工器具再到激光器具。

完备性法则指出，自主技术系统有四个基本部件：执行装置、传输装置、动力装置和控制装置。在技术系统开发的早期阶段，人常常执行一些基本部件的任务。随着系统的发展，“人的组成部分”逐渐被消除。在“摄影相机”系统中，控制的对象是光，执行装置是一组透镜，而聚焦调节机制是一种传输装置。在手动相机中，用户的手既是动力装置又是控制装置。自动相机使用电机和微处理器来调整焦距。

技术系统朝着缩短能源与执行装置之间的距离（能量传递路径缩短）的方向进化。这可以表现为不同形式的能量或能量参数之间进行转换时减少能量的损耗（如机械减速机和电子变压器）。信息的传播也遵循这一趋势。

正如其名，增加物 – 场相互作用法则抓住了系统元素之间受控交互的进化过程。

协调性法则指出，有效的技术系统存在的必要条件是协调其各部分的动作周期（或自然频率）。最可行的系统的特点是，当这些部件的动作相互支持并彼此同步时，它们的主要部件相互协调。这非常类似于生产系统中，主要零部件制造程序之间的即时反馈形成的最有效的操作。如果违反了同步原则，那么系统的组件就会相互干扰，性能也会受到影响。

1.4　总　　结

今天的市场需要那些能够为客户提供显著价值的独特的创新。企业必须以更少的资源、最低的成本、更高的质量和更短的设计周期来迎接这个挑战。对于这种非传统需求，传统方式根本无法完成任务。产品和过程的系统创新是保持竞争优势的必要条件。只有当产生方法同样不合传统的时候，这种创新才有可能实现。TRIZ 就是这样一个方法。它不依赖于心理因素；它建立在从所有技术系统的进化过程中发现的可重复因而可预测的模式（技术系统进化法则）基础上。这些模式帮助工程师有效地、经济地解决复杂的产品设计和生产问题。

第 2 章　系统冲突的解决

概念开发的核心是解决问题。人们习惯于用常规手段寻找解决方案，但常规手段并不总能行得通。例如，假设我们想提高一辆汽车的舒适度，则最简单的已知方法之一是扩大乘客舱，但这将增加汽车的重量和尺寸（阻力），从而使油耗增加。这样，汽车在某一方面所获得的改进将被其他方面的缺点抵消。

一个约束条件的满足，可能以牺牲另一个或几个约束为代价。因此，在约束条件下进行工程设计是困难的。设计师经常被教导说，不可能同时“在两个世界拥有最佳”，所以他们认为权衡是不可避免的。

并不存在区分最佳方案与各种潜在选择的普适方法。工程师们在权衡上付出了大量努力，但即使检查了整个设计空间，也难以肯定所选择的方案是最优的。一般来说，许多产品和流程的设计效果都不是最佳的。

另一个更根本的问题在于，权衡的本质是对不同要求的不完全实现。换句话说，权衡本身就代表着次优设计。

本章介绍 TRIZ 的概念和工具，使得设计开发无须再进行权衡，从而实现突破。

2.1　技术系统

所有实体——生物、社会、技术或其他事物——都可以被视为系统。这意味着，在任何分解级别，一个实体由相互作用的部分组成，这些部分中的每一个又由较小的其他部分组成，直至达到“基本粒子”的水平（由现代科学认识水平决定）。

任何技术系统——无论是铅笔、钩子、饮料、车辆、空间站还是装配线——都是为实现其功能而设计和构建的。

技术系统具有层次结构。任何系统都包含下级子系统，并且本身可以作为较高级别系统的组成部分（如图 2.1 所示，系统 3.1 和系统 3.2 是系统 2.1 的子系统）。例如，微处理器是“母板”的子系统，而“母板”是“计算机”这一较高级系统的子系统，“计算机”又是“计算机网络”系统的一部分。另外，微处理器由几层不同的材料组成，其电气和机械特性由设计和/或分子结构决定，而这些结构又由原子构成的性质等决定。每个子系统的属性受高级别和低级别系统属性的影响。

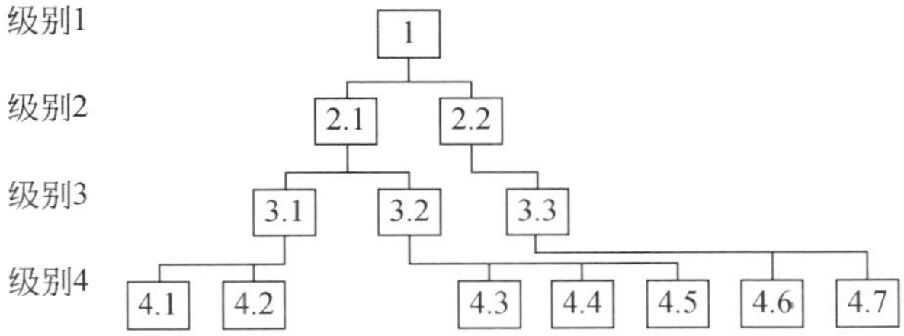

图 2.1 典型的多层次（级别）系统

一个系统可能隶属于多个要求相互冲突的更高级系统。例如，手表至少需满足三个方面的要求——技术（计时）、社会（地位象征）以及生理特征。此外，它还应该符合人体要求，如有些人对金属过敏，当金属触及皮肤时会发生过敏反应，如湿疹。这种不良反应可能给高端手表的设计者带来挑战。

许多系统起源于原始系统（“群”），在原始系统内，元素间完全独立或松散连接。将任何元素从“群”中移除，对其他元素或整个结构几乎或完全没有影响。当元素间发展出功能性联结时，技术体系就出现了。从原始系统到系统的迁移是技术进化的一个主要方向（图 2.2）。

例 2.1

在传统厨房中，电器（炉子、微波炉、冰箱、洗碗机等）相互独立。而在家电和电信公司正积极开发的“智能厨房”中，这些家电通过电脑

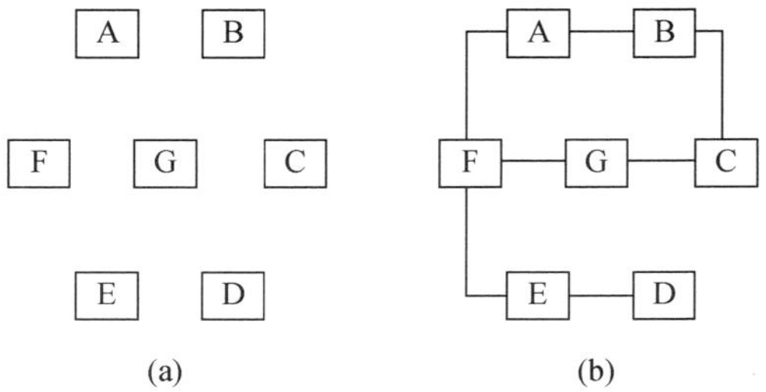

图 2.2　由群（a）向系统（b）转变的过程

联网，用户能够使用网络监控食品库存、在线购买杂货等。此外，智能厨房还可以连接电脑、电视、电话、空调、热水器等非厨房电器，以获取有关天气和路况的信息，或发送网络消息。当前市场上已经出现了一些具有网络功能的厨房电器。

例 2.2

交通领域也正在发生类似的变化，离散元素间的相互作用不断增加。为提高道路交通安全性和效率，日本国际贸易工业部正在利用车辆间的通信，开展所谓的“合作驾驶”。车辆间通信系统使用红外和超声波传感器测量车辆间距及相对速度，车载计算机使用这些数据来告诉驾驶员并入另一车道的最佳时间。当前方车辆急刹时，计算机还可以快速制动车辆。初步测试已显示出车辆间通信系统的潜在实用性（Tsugawa，2000）。

任何系统都具有某些特征，使其不等同于其组成元素简单求和（否则就不存在系统目标）。哲学家在很久以前就意识到这一点。亚里士多德说，整体大于其部分的总和。因此，与单独元素相比，系统的主要优点是其系统效应。系统效应的出现可以作为设计正确的标准。例如，一辆增加主动悬架的汽车，不但能给乘客带来更舒适的乘坐体验（这是增加主动悬架的最初动因），还因其不需要在颠簸和坑洼中减速而具有了更高的有效速度。

在某些情况下，系统会显示出与其组成部分相反的属性。一种鸡尾酒的成分是杜松子酒（通常是苦的，且有令人不快的酒精味）、开胃水（苦的苏打水）、酸橙（酸涩程度比酸柠檬强得多）和冰。这些缺乏吸引力的元素却组合出令人耳目一新的高度数酒精饮料——给人们带来愉悦感的美味鸡尾酒。

2.2 功　　能

技术系统的存在是为了执行一定功能。当顾客购买系统（如一种产品或过程）时，他或她的本意是购买由该系统执行的功能。

功能包含两种组件。组件一是对象。对象需要被控制，如移动、称重、磁化、分割、涂漆、检测、测量等，但其自身不能完成这些控制，就需要另一组件——工具来执行所需操作。对功能的描述包含由工具和对象（动作接收器）产生的动作（图 2.3）。名词用于描述对象和工具，动词用于描述动作。例如，“座椅支撑身体”，或“杯子装水”，或“阀门阻流”。

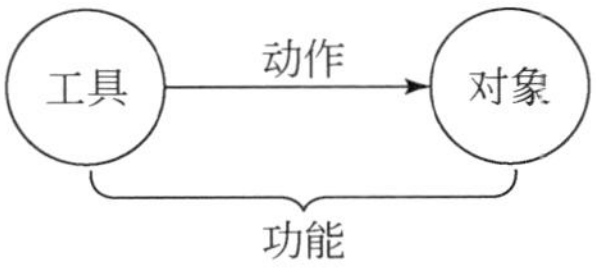

图 2.3　功能的模型

下述定义用于描述功能。

功能是工具作用于对象且作用结果可预见的直接物理动作。

对象是需要被控制的组件。

工具是直接控制对象物理行为的组件。

根据这一定义，在用锤子锤钉子的过程中，工具是锤头而非整个锤子（因为锤头直接对对象——钉子产生影响）。一组“工具 – 对象”概念中的工具，可能是另一组概念中的对象，反之亦然（图 2.4）。

有些听起来很直观的功能描述，可能并不准确。例如，通常认为船桨的功能是划船。这一描述违反了对功能的定义——船桨并未对船产生直接的物理作用，是船桨推动的水移动了船。因此，船桨的功能是划水。

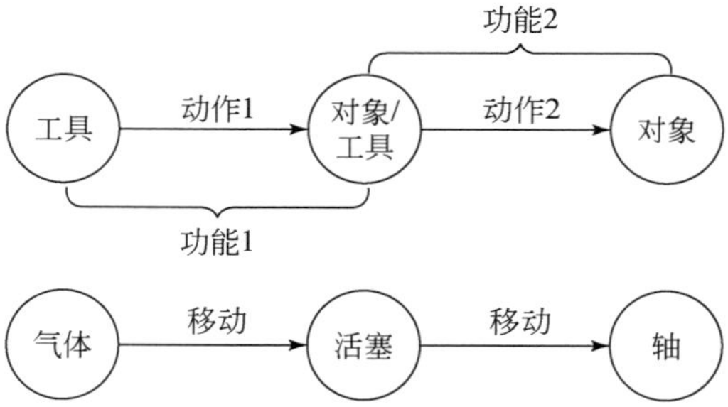

图 2.4　工具和对象的二元性

描述功能时，另一种常见的不准确之处是将其用于非物理情形。例如，用于技术参数（如温度、压力、生产率等），或与消费相关的特征（如质量、可靠性、可行性等），以及现象（如摩擦等）。在 TRIZ 实践中，“空调改善用户舒适度”是不正确的功能表述——改善舒适度是空调制冷的结果，而非空调的功能。表 2.1 包含了 TRIZ 语境下正确与错误功能表述的其他示例。

表 2.1　在 TRIZ 语境下正确与错误的功能表述示例

错误表述	正确表述
热空气吹干头发	热空气蒸发水
风扇吹凉身体	风扇吹动空气（气体）
镜头放大物体	镜头衍射光
白炽灯泡照亮房间	白炽灯泡发出光
二极管整流电流	二极管阻挡某一极性的电流
避雷针吸引闪电	避雷针导电
挡风玻璃保护司机	挡风玻璃阻挡要素

同一个动作可能通过不同的工具来实现。例如，将钉子钉入墙中，可以使用锤子、钳子、砖或鞋跟。

技术系统通常具有一个或多个主要功能（PF）和一个或多个辅助功能（AF）。例如，汽车顶的主要功能是保护乘客和使客舱免受雨、雪、灰尘等因素的影响。同时，作为辅助功能，汽车顶还能放行李。打印机、传真、复印机的组合具有三种主要功能。

PF 通常由一个或多个 AF 所辅助。相应地，工具也可以被划分为主要工具（MT）和辅助工具（AT）。表 2.2 举例说明了锤子的功能排序。

表 2.2　与锤子钉钉子相关的功能和工具

对象	钉子
主要功能	钉（移动）钉子
主要工具	锤头
辅助功能	移动锤头
辅助工具	手柄

辅助工具可以被进一步划分为启用、增强、测量和校正几类。启用类辅助工具（如锤子的手柄）支撑主要功能的实现；增强类辅助工具提升或改变主要工具的性能（如躺椅的扶手增加其舒适度）；测量类辅助工具衡量或检测系统组件的参数（如电池电量条显示充电情况）；校正类辅助工具用于减轻或消除系统中的不利影响（如热水器中的隔热组件）。

本章将进一步说明这一分类在 TRIZ 问题分析和解决过程中的实际作用。

工具所执行的动作，可以分为有用的（与期望相符）和有害的（与期望不符）。这种分类方式很主观，判断角度的不同，可能将同一动作分入不同类别。例如，用子弹射穿盔甲符合射手的期望，但往往不符合穿盔甲人的期望。

如图 2.5 所示，TRIZ 考虑了四类有用或有害的动作。

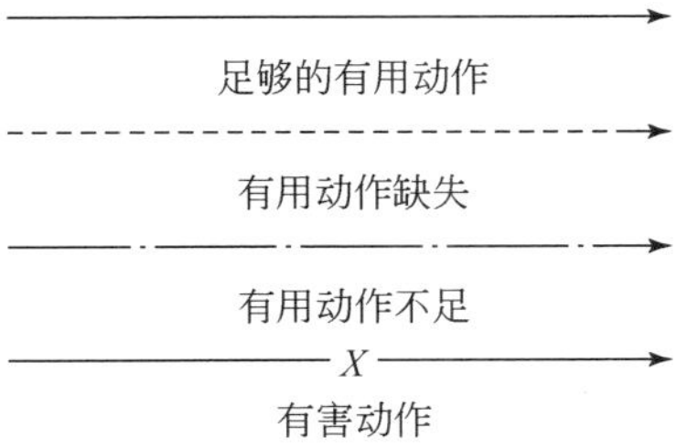

图 2.5　有用和有害的动作

1）足够的有用动作（进一步加强可能使其受益）；

2）有用动作缺失（需要引入）；

3）有用动作不足（需要加强）；

4）有害动作（需要消除）。

本章介绍 1）足够的有用动作和 4）有害动作的行为。与其他类型动作相关的行为将在第 3 章中介绍。

2.3 理想技术系统

技术系统的设计和构建是为了执行某些功能，所以用来说明系统更好的标准是执行这些功能所需的构建和维护成本较少、运行所需的能量较少。阿奇舒勒介绍了理想技术系统的概念——它的质量、尺寸、成本、能量消耗等接近零，且执行指定功能的能力不会减弱。

在完全实现其功能的同时，理想系统并不存在物理实体。

理想系统的概念要求专注于需要被执行的功能（提出关于“需要什么”的问题），而不是改进已有的、执行指定功能的系统（提出关于“如何改进系统”的问题）。这种看似微小的区别，有助于减少心理惰性，并为重大问题制定突破性解决方案（参见例 1.1、例 1.2 和问题 2.2 ~ 问题 2.5、问题 2.10）。

功能必须由一些物质实体来实现，但不能因此认为现实世界中不存在理想系统。在许多情况下，某一系统的功能可以由另一个、并非为此功能而设计的系统承担。这就意味着，理想系统（不存在物理实体）的功能在另一个已经存在的系统中被实现。

例 2.3

冰淇淋通常装在塑料杯或纸杯之中出售，这些杯子在执行完主要功能（装冰淇淋）后被扔掉。更理想的包装方式（系统）是华夫饼或“糖锥”杯，这样的杯子可以同时执行两个功能：使口味更好，并盛装冰淇淋。

现引入理想度这一概念：理想度是指系统的利益成本比，即其功能与整个系统构建、运行成本之和的比（图 2.6）。

$$理想度 = \frac{功能}{成本 + 问题}$$

图 2.6　理想度的定性化表述

在这个定性化的公式中，系统功能由其所能执行的功能数量和这些功能的性能决定；成本可以与可衡量的属性相关联来量化表达，如美元，或尺寸、重量、部件数等。

2.4　系统冲突的解决

在解决问题过程的起始阶段，初始情况通常包含某些应当被消除的缺点。改变子系统或更高级别系统，可以解决初始情况中的各种问题。

问题 2.1

图 2.7 展示的研究为酸对合金的腐蚀作用。容器内装有酸，温度与压强一定。为使容器不被酸腐蚀，其内装有耐腐蚀的玻璃。发生强烈震动时，容器的玻璃破裂，内壁暴露。下列问题的回答有助于解决这一情况。

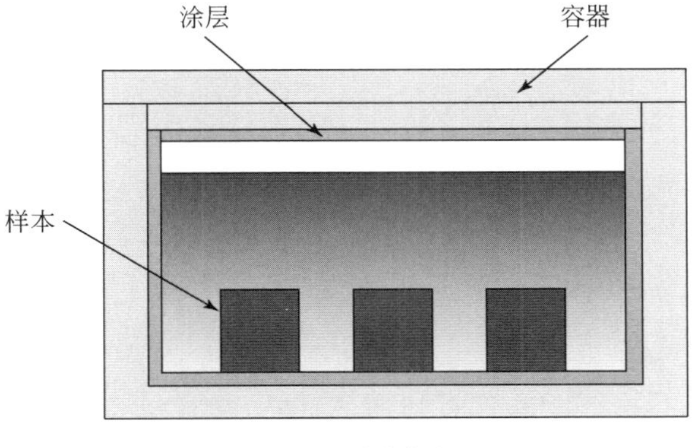

图 2.7　测试合金

如何改善防护涂层?

如何使容器内壁耐腐蚀?

如何在震动容器时不影响涂层?

如何在不实际测试的情况下，模拟酸和样本间的相互作用?

TRIZ 将所有问题划分为小问题和大问题。小问题可以在系统保持不变或被简化时消失，或取得较理想的改进；大问题不限制任何可能发生的变化，且通常需要通过开发一种基于新功能原理的新系统来解决（需要付出更高成本）。解决问题时应当从小问题开始，因为其解决方案所需资源少，从而可能更经济也更易实现。

2.5 系统冲突

改善系统的某一属性，可能使其他属性恶化。例如，重量和强度、功率和油耗、产量和空间等的冲突。这一情况被称为系统冲突。

系统冲突存在于以下情况中。

一个有用的动作，同时会导致一个有害的结果；

有用动作的引入（强化）或有害动作的消除（减轻）导致了部分或整个系统的不当或混乱。

系统冲突的解决有两种可能方式：权衡矛盾化要求或满足所有要求。权衡（妥协）不能消除系统冲突，只是弱化矛盾，系统中依然保留着有害（不符合预期）的行为或缺点。这些冲突持续“拉扯”整个系统，并随着时间推移变得越来越不兼容。不消除系统冲突，就无法进一步提升系统性能。

从 TRIZ 的角度来看，好的发明应当在不妥协的情况下解决系统冲突。

系统冲突的出现根植于技术系统的层次性质。这种层次结构决定着技术系统开发或创造性问题解决的策略。系统结构的任何改变，即使是最必需的，也可能引起相邻系统和子系统的持续变化。这些诱发的变化通常都是有害的，且往往会抵消改进所带来的好处。

例 2.4

考虑与节能汽车相关的系统冲突。提高燃油效率的有效方法是减轻重量。专家们认为，只有用轻质材料代替车体中的钢材，才能在这方面获得实质性改进。

轻型车要求较轻的发动机和较小的悬挂。这些二次重量节省可以使重量降低的效果加倍：每通过车身节省 10 磅①重量，就可以通过缩小汽车的其他部分再节省 10 磅（Field and Clark，1997）。

用于超轻型汽车的主要材料是铝和各种塑料。表 2.3 显示了汽车行业在选定铝或塑料成为汽车车身材料之前必须克服的一些系统冲突。

表 2.3　与汽车中使用铝和塑料相关的系统冲突

铝	
优点	缺点
比钢轻 45% ～ 70% 可以使用许多常规钢成型技术来成型 加厚铝板可以提高刚度	单位重量比钢贵 5 倍 刚度只有钢的 1/3 左右 这将抵消重量优势并增加成本
塑料	
优点	缺点
比钢和铝轻很多 需要的零件比金属车体少 30% 可以形成比钢和铝更多的形状	普通塑料的刚度只有钢的 1/60 ～ 1/30；增强塑料的刚度为钢的 1/15 ～ 1/5 单位重量比钢贵 10 倍 塑料结构装配技术不能提供严格的公差

利用代表有用和有害的动作的图形，可以方便地将系统冲突表示出来。这种图形称为系统冲突图。参与系统冲突的系统组件称为冲突组件。最典型的系统冲突图列于表 2.4。

表 2.4　一些典型的系统冲突图（这些图中的元素也可以其他方式组合）

系统冲突图解	描述
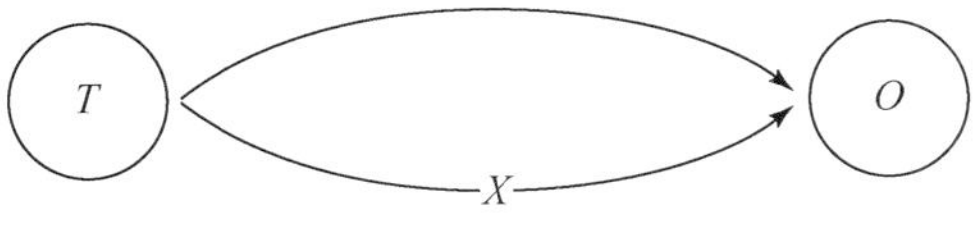	工具 T 对物体 O 的有用动作，伴随着 T 对 O 的有害动作 示例：锤子推动钉子，但使其弯曲
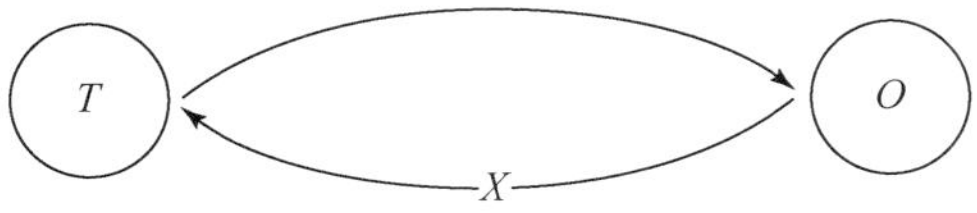	T 对 O 的影响是有用的，但 O 对 T 的影响是有害的 示例：切割工具被切割的工件磨损

① 1 磅 =0.4536 千克。

续表

系统冲突图解	描述
	*T* 对 *O* 有用，但不利于其本身 示例：烙铁熔化焊料，但这个过程使其过热
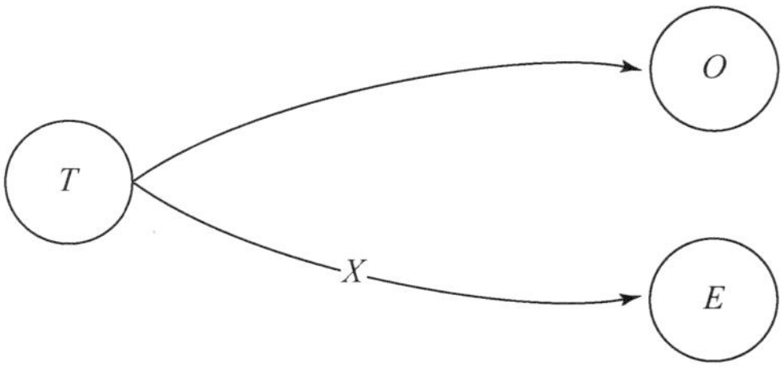	*T* 对 *O* 的有用动作伴随着对系统环境或相邻系统（*E*）的有害动作 示例：化学杀虫剂根除害虫，但可能破坏周围的植物（以及一些无害的昆虫和无辜的宠物）
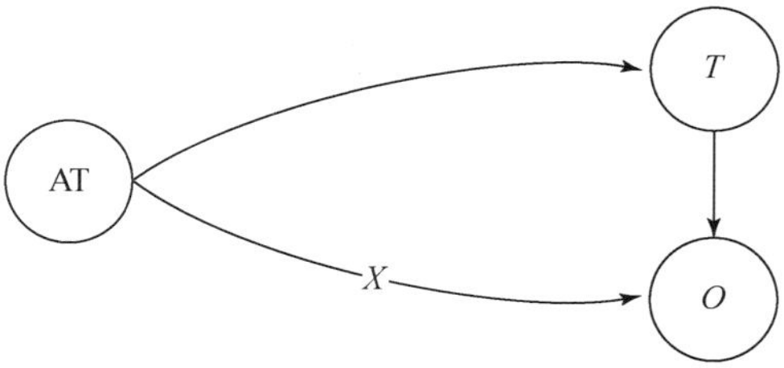	辅助工具（AT）对 *T* 的有用影响伴随着对 *O* 的有害影响 示例：冷却液冷却切削刀片，但可能会腐蚀被切割的材料

一般而言，一个组件可能参与两个系统冲突，从而形成一个系统冲突链（图 2.8）。通常，系统冲突链是时间依赖的，即第二个系统冲突

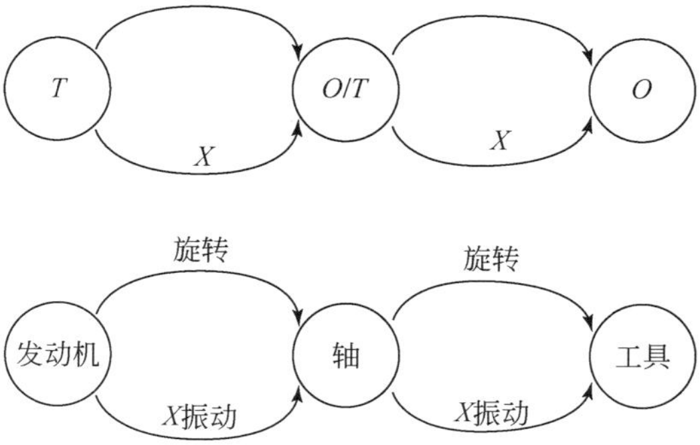

图 2.8　系统冲突链

是由第一个系统冲突引起的（在图 2.8 中，分别为左边和右边的冲突动作）。

系统冲突链通常被分解为各系统冲突组成，每个冲突被分别处理。

2.6 解决系统冲突

考虑表 2.4 中任一典型的系统冲突图。解决系统冲突意味着在消除有害动作的同时保留有用动作。注意，消除有害动作的作用等同于引入有用动作（如防止烙铁过热通常等同于保持适当的温度）。

以下三种方法常用于解决系统冲突。

1）消除工具或对象（使用理想概念）。

2）改变冲突组件（工具或对象），使有害动作消失。

3）引入旨在消除或中和有害动作的特殊组件（工具）。

接下来，我们考虑所有这些方法。

2.6.1 解决系统冲突：使用理想概念

这种方法直接来自理想技术系统的概念，移除工具或对象可自动消除有害动作。但由于仍然需要保持有用的动作，因此一些物质实体还需保留以实现这些动作。以下理想策略用于实现这一目标（图 2.9）。

理想策略 1

移除对象，这将导致工具以及所有有用和有害的动作均被消除。

理想策略 2

移除工具，且对象（或其一部分）本身能够执行有用的动作。

理想策略 3

移除工具，且环境或另一工具能完成有用的动作。

理想概念的应用经常需要识别和使用系统资源，其中许多资源在初始时可能并不明显。许多 TRIZ 实践者的发明正是从识别和使用以往忽视的资源中产生的。

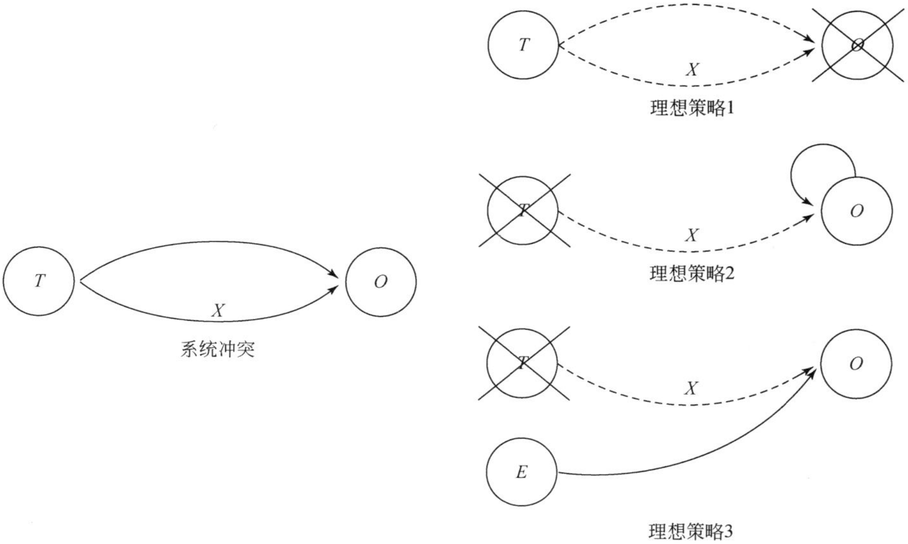

图 2.9 解决系统冲突的理想策略

必须了解的是，在现实生活中实现“理想”也是有代价的。应用这些理想策略时，通常需要其他系统组件做出微小变化（问题 2.2 在使用理想策略 1 时进行了说明）。类似地，将可用资源重新分配给有用的动作——无论是对象还是环境（分别对应理想策略 2 和理想策略 3）——可能导致对象和环境变化，或与它们相连的其他系统组件发生变化。

问题 2.2

测试计算机部件的机器人测试台（图 2.10），在洁净室中使用精密部件执行复杂操作（夹紧、处理和插入）。机器人由两条真空管线和四条压缩空气管线供能，并有几个传感器通过电缆传输信号。所有真空管、压缩空气管和电缆由塑料软管包裹并连接至机器人底座的分配/控制箱。该软管的目的是收集管和线摩擦所产生的细小颗粒，防止其污染洁净室。大振幅、高速的连杆运动使软管过度扭转，可能发生断裂并导致其内部收集的颗粒逸出。同时，破裂表面本身的摩擦也将造成新的污染。

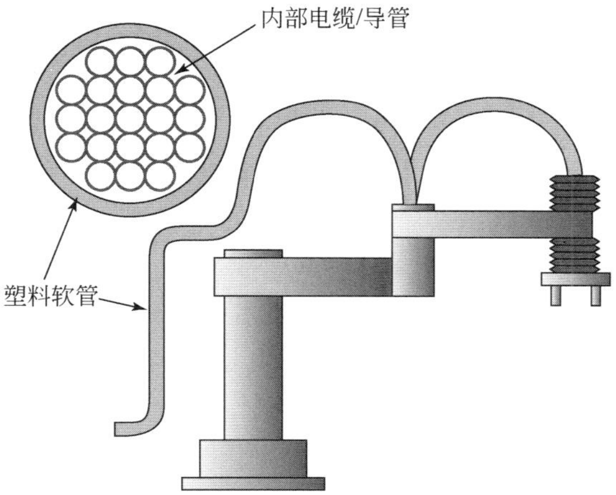

图 2.10 机器人测试台

测试台制造商承担了极高的保修费用（包括每 2 ~ 3 个月派遣技术人员到客户所在地，并更换破裂软管的费用）。公司正在努力通过解决软管断裂问题来改善这一状况。使用更耐用的塑料会提高成本，但并不能显著延长其使用寿命。若在软管中制造负气压，能防止颗粒逸出，但也会使成本增加。

本书作者受邀寻求一种能延长软管使用寿命并降低成本的方法。

分析

这一系统冲突如图 2.11 所示。不存在一种既不会破损，又不需要任何保修的理想化软管。但若不产生细小颗粒，则理想系统可能存在（图 2.12）。

图 2.11 系统冲突：软管收集颗粒，但其自身的运动可能使其破裂

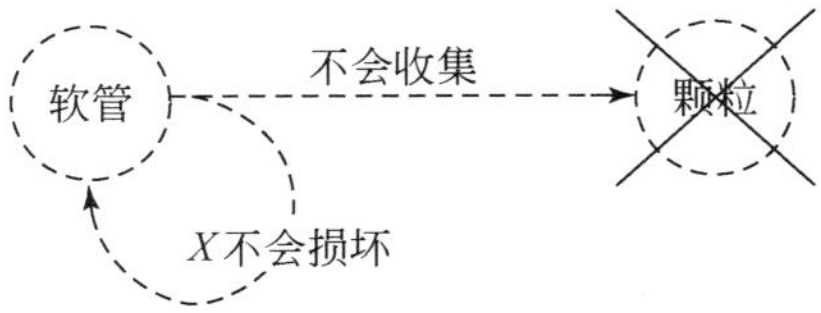

图 2.12　颗粒缺失使得不再需要软管

解

为了防止颗粒产生，即防止内部管和线之间的摩擦，必须将二者分开。这种分离可以通过使用弹性支撑来实现（图 2.13）。

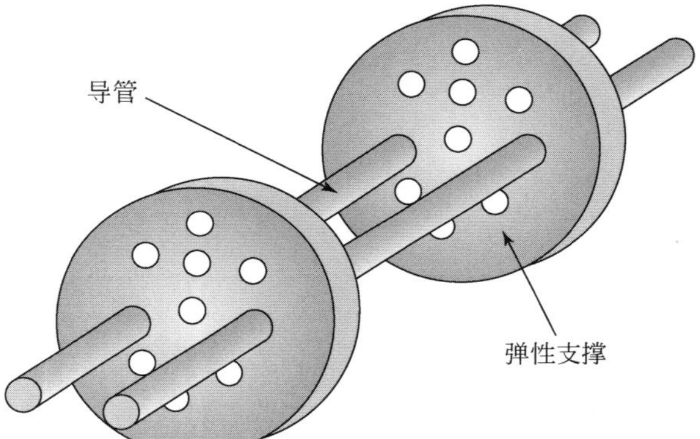

图 2.13　弹性分隔器将导管和电线分开，以防止灰尘的产生

问题 2.3

20 世纪 90 年代初，“怠速”问题影响了紧凑型车型的销售和保修成本。紧凑型车中的四缸发动机产生的动力不平衡，在发动机怠速（450 ~ 900 转 / 分）时，二次频率非常接近转向柱的固有频率，引起方向盘剧烈摇晃。可以通过一个特殊的平衡机来减少不平衡力量，但这将提高生产成本。在有安全气囊的情况下，这种“怠速”振动更令人反感：安全气囊降低了转向柱的固有频率，使其与怠速时的二阶力共振。

更昂贵的转向柱的晃动相对较轻，但依然无法达到要求。即使在转向柱上安装 1 磅重的铅惯性质量动态吸振器（DVA），晃动也比市场上其他小型车更剧烈。但不能使用更大的惯性质量，因为即使能提高空转速度，也会大大降低燃油效率。

问题的主要原因是空转时发动机功率过高，而发动机功率过高是由发动机本身、空调和交流发电机的低效率以及自动变速器的高阻力转矩造成的。

发动机、变速器和电气部门的高级工程师组成一个工作小组工作了几个月，并设立了长期项目（最大问题）来解决这一问题，但数百万美元的保修费用还在不断增加。

一个合乎逻辑的结论是，消除，至少减轻这些不利因素。各部门开展了旨在减少关键单元能量损失、加强车身强度的研究项目，这些项目不仅是为了解决“怠速”问题，也有利于小型车及其后继车型的一般性质量改善。但这些项目（最大问题）在其执行周期内并没有产生任何解决方案。

在决定进一步推动这些项目时，本书的作者之一被邀请加入工作组。按 TRIZ 分析中最小问题的解决方法和理想策略 2 进行分析。

分析

要立即解决问题，唯一快速实用的方法是使用有效的 DVA 来抑制晃动。系统冲突在于，具有较大惯性质量的 DVA 可以充分减轻转向柱的晃动，但不可行（图 2.14）。

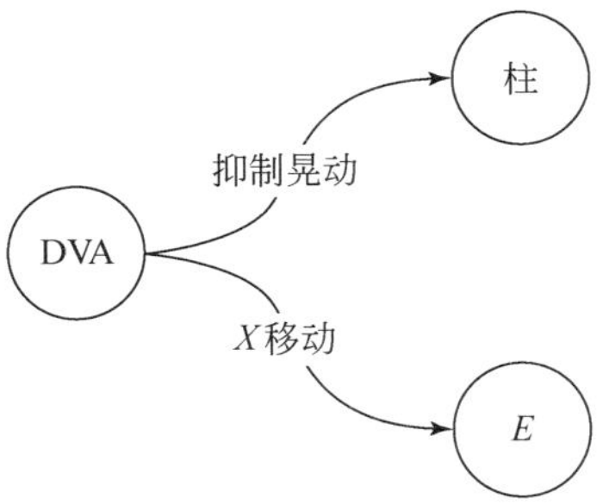

图 2.14　系统冲突：使用 DVA 抑制晃动，但会移动周围的组件

理想的惯性质量不存在，而其功能需要被完全执行。这就要求移除现有的惯性质量并将其功能分配给汽车中的其他组件，最好是分配给转向柱本身（图 2.15）。

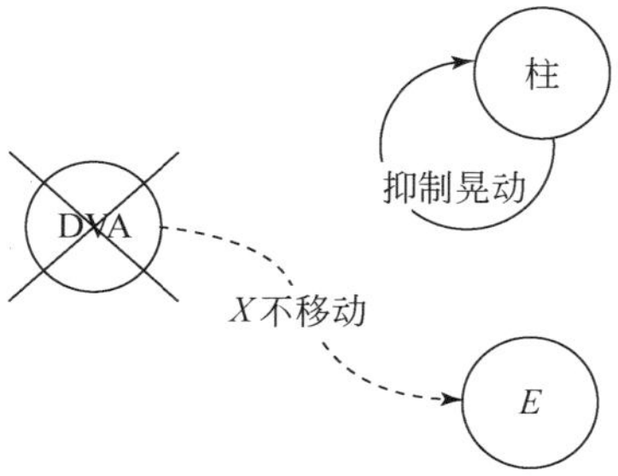

图 2.15　理想 DVA 缺失

解

在复杂动态系统中，适当地调节阻尼器可以降低不直接连接甚至远离其的部件的振动强度。如图 2.16 所示，将安全气囊通过可调连接器连接到转向柱，就可以充当有效的弹性可调谐连接器 DVA。

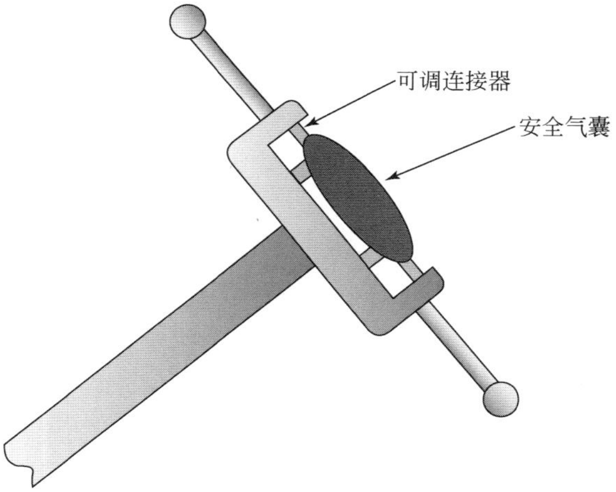

图 2.16　安全气囊通过可调连接器连接到转向柱，充当有效的 DVA

影响 DVA 性能的主要因素是它的调谐与“质量比”（其自身质量和被减小振动的元件的有效质量之间的比）。进行 TRIZ 分析并对汽车结构进行评估后，确定了大量可用作惯性质量的结构部件（如气囊、备用轮胎、电池等）。

测试表明，气囊是最有效的部件。如图 2.16 所示，将安全气囊作为 DVA 的惯性质量，通过柔性可调连接器与转向柱分离。与 DVA 使用铅惯性重量时的质量比 0.14 相比，将柱的有效质量从 7 磅降低到 3.3 磅，使质量比提升至约 1.0。因此，方向盘的晃动幅度是当时最佳的同级车丰田卡罗拉的 1/6 ~ 1/7。

大量测试证实，这种“附加负担”并没有损害气囊的主要功能（美国专利 No.6166689）。

问题 2.4

自卸驳船通常用于大坝施工（图 2.17）。运送散装货物（如石头、鹅卵石等）的驳船由拖船拖到应卸下货物（将驳船倒置）的地方。通过龙骨和浮力的瞬间作用，可将空的驳船返回到直立位置。龙骨越重，上升越快，但龙骨过重则会降低驳船的承载能力，从而产生不利影响。

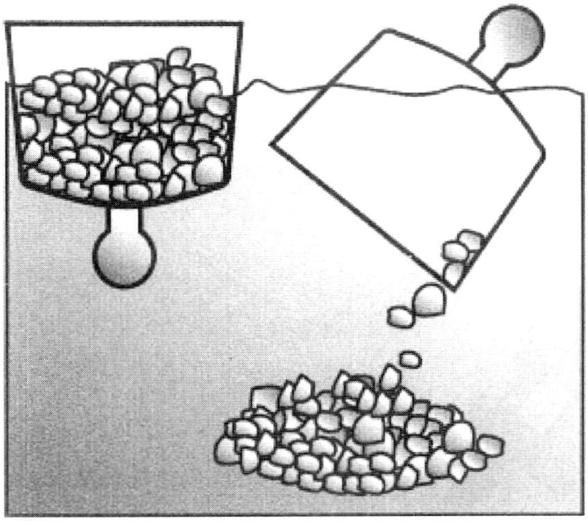

图 2.17　自卸驳船（不按比例）

分析

系统冲突：重型龙骨在翻转的时刻具有优势，但也增加了船体重量（图 2.18）。如果将龙骨的功能分配给环境（理想策略 3），则可以解决这一冲突。

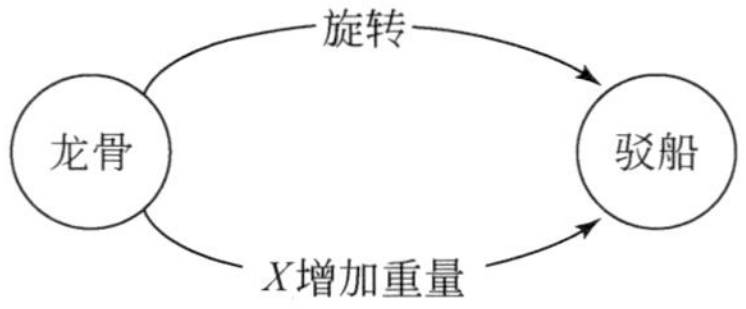

图 2.18　重型龙骨在翻转时具有优势，但也增加了船体重量

解

在中空的龙骨中充水。这样，在直立位置，龙骨不会为驳船带来额外重量，而在空气中翻转时，又能有助于将驳船直立起来（图 2.19）。

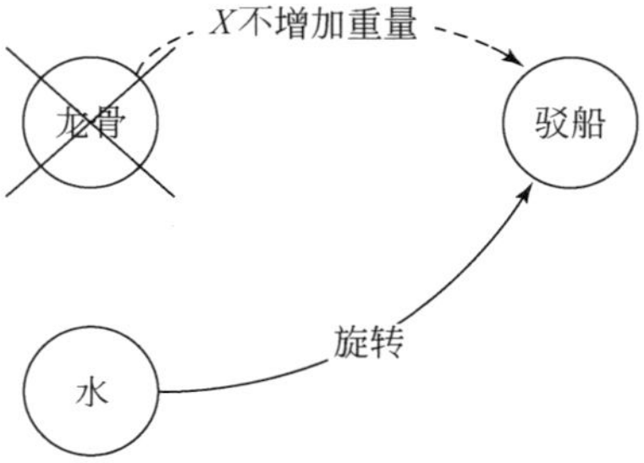

图 2.19　“水龙骨”在不增加重量的情况下翻转驳船

2.6.2　理想策略及辅助工具

以上所有问题的共同点是，可以通过消除辅助工具来解决问题（问题 2.2 中的软管，问题 2.3 中的铅块，以及问题 2.4 中的大部分重型龙骨）。

这里我们介绍一个规则。

涉及辅助工具的系统冲突，可以通过消除辅助工具并将其动作重新分配给系统的主要组件之一或环境来解决。

由于大多数技术系统中都有辅助工具，故这一规则常被使用。应用此规则的第一步是识别系统的主要功能。然后列出所有主要组件，并确定冲突组件。如果冲突组件中有一个是辅助工具，则应将其删除，并按照规则将其动作委派出去（图 2.20）。

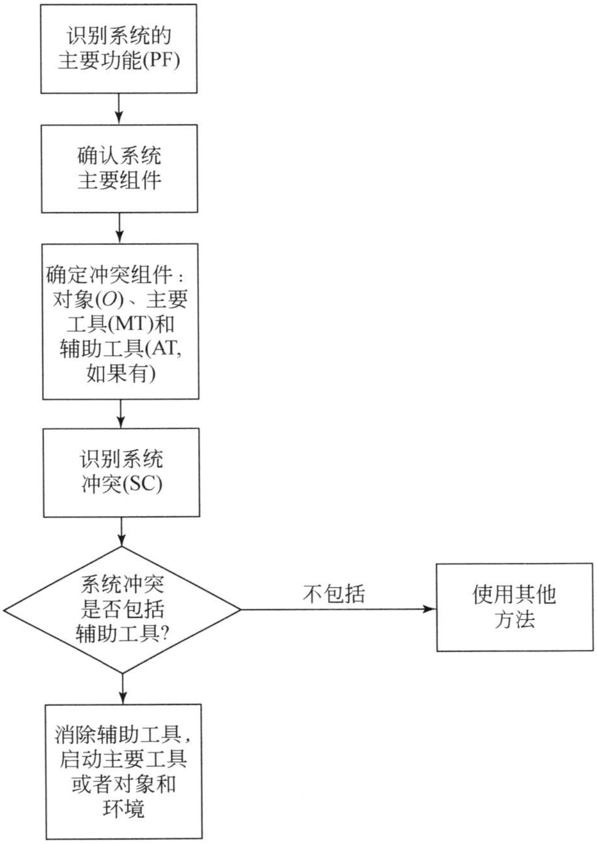

图 2.20　消除辅助工具

如果系统冲突图包含多个辅助工具，建议首先考虑删除校正和测量辅助工具，然后考虑增强工具，最后考虑启用工具（参见 2.2 节）。如果某种原因使得辅助工具均无法删除，则应对其进行修改。

考虑问题 2.1。此装置的主要功能是在存在振动的情况下测试合金（样本）（图 2.21）。主要组件包括样品、酸、玻璃、内壁和振动台（未显示）。

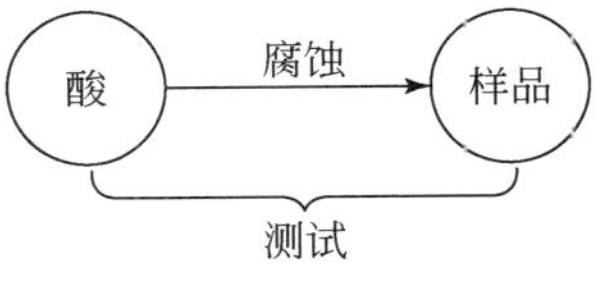

图 2.21　装置的主要功能

冲突组件有样品（对象）、酸（主要工具）、容器内壁和振动台（启用辅助工具）、玻璃（校正辅助工具）。系统冲突图如图 2.22 所示（该图为未显示从内壁传播到其他组件的振动的简化图）。

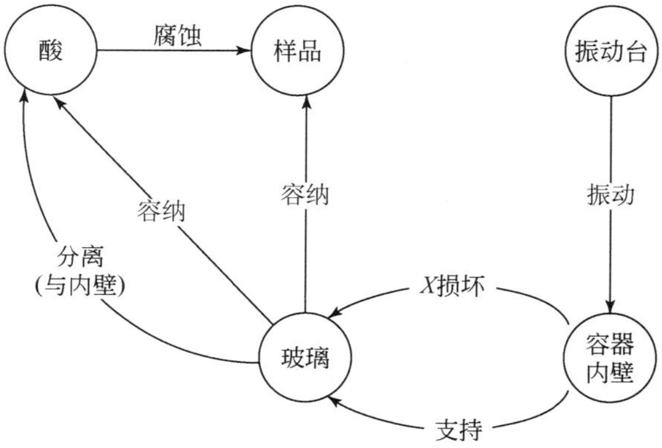

图 2.22　组件之间的冲突互动

因为玻璃是一个校正辅助工具，所以应该首先考虑将其删除。但除了执行将酸与容器内壁分离的动作，玻璃（与内壁一起）实际上还承担着盛装酸和样品的动作。若将玻璃删除，后一种动作也随之消失。

解

将样品制成“容器”的形状，并将酸倒入其中（图 2.23）。在容器外产生试验所需的压力和温度等条件。

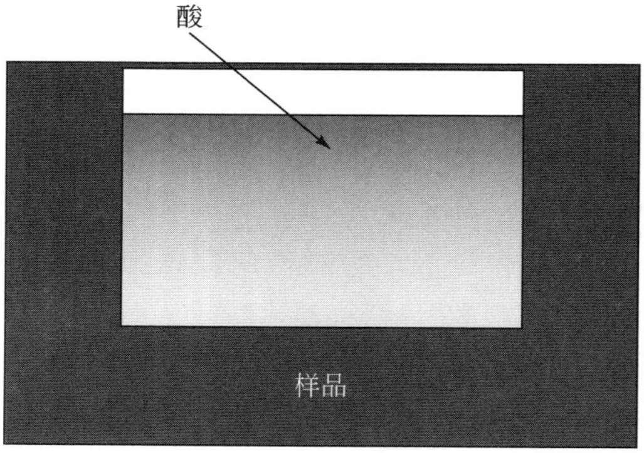

图 2.23　理想的解决方案

2.6.3 解决系统冲突：更改冲突组件

（1）物理矛盾

如表 2.4 所示，系统冲突发生在两个或多个冲突组件之间，故往往可以通过改变或消除某一冲突组件来克服系统冲突。图 2.24 中的组件 C，必须执行三种可能的动作对之一。

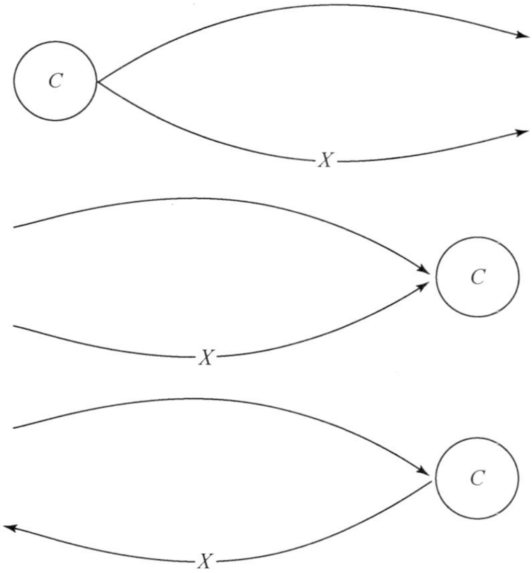

图 2.24 冲突组件及其与有用和有害动作间的可能联系

1）提供有用的动作，不产生有害的动作。

2）接收有用的动作，并使自己免受有害动作的影响。

3）接收有用的动作，不产生有害的动作。

执行这些动作对，通常要求冲突组件处于相反的物理状态，或者具有相斥的属性，如它必须是冷的也是热的，是导电的也是绝缘的，是重的也是轻的，是存在的也是不存在的，等等。例如，必须存在重（体积大）的 DVA 惯性质量（问题 2.2）来抑制晃动，但这一惯性质量又必须不存在，以免影响其他组件。又如，问题 2.3 中的龙骨必须具有一定的重量来翻转驳船，它又必须是轻的，以免增加驳船的自重。

同一个组件应该具有两种截然相反的物理状态称为物理矛盾。

物理矛盾的形式可表达为，“执行动作 A_1 要求该组件（或其部分）必须具有属性 P，但是为了执行（防止或中和）动作 A_2，该组件（或其部分）必须具有相反的属性 $-P$”。

针对整个组件提出的相反要求称为宏观物理矛盾，而对组件构成要素（粒子或组分）提出的相反要求称为微观物理矛盾。例如，“为执行动作 A_1，组件必须是热的；同时为了防止动作 A_2，组件必须是冷的”，是宏观物理矛盾。然而（从另一角度来看），为了使组件变热，其颗粒必须快速移动；冷的颗粒则移动缓慢。因此，可以将上述物理矛盾重新描述：“要执行动作 A_1，组件的粒子必须快速移动；同时为了防止动作 A_2，这些粒子必须缓慢移动”。

传统的设计理念中妥协是必然的：如果一个组件必须既是雪白的又是漆黑的，它通常会变成灰色。与这种方法相反，TRIZ 提供了特定的方法来摆脱僵局。由于同一组件不能在相同的空间和时间上具有相互排斥的属性，因此可以使用三种通用的分离原理来处理。

1）时间分离原理：组件在某时间具有属性 P，而在另一时间具有相反的属性 $-P$。

2）空间分离原理：组件的一部分具有属性 P，而另一部分具有相反的属性 $-P$。

3）整体与部分分离原理：系统具有属性 P，而其组件具有相反的属性 $-P$。

通常，每个动作由指定的物理实体执行时最有效：动作 A_1 由一个实体执行，动作 A_2 由另一个实体执行。这些物理实体表现为各种形态和形状：作为整个组件，或该组件的部分，或一组分子或原子，或单独的基本粒子，等等。通常，这些实体之一已经给定，解决物理矛盾的方法为生成（或引入）另一实体。

应该按如下方法解决包含物理矛盾的问题。

1）识别与有用动作和有害动作相关联的冲突组件（即存在系统冲突的组件）。

2）明确该组件物理状态（属性）中的一对相斥要求。

3）独立或组合使用分离原理，满足这些互斥的要求。

（2）时间分离原理

时间分离原理常用于向柔性结构过渡时增强动态性 [正如在第 1 章中提到并将在第 5 章中描述的增强动态性（柔性化）法则]。组件越灵活，其相互矛盾的属性要求就越易满足。使用分段链接、柔性材料、智能物质、非线性组件和电磁场等能够将矛盾需求在时间上分离。

手持键盘应满足两个相互冲突的要求：要符合人体工程学，键盘应该有足够大的按键和键盘区；但使用全尺寸键盘会使其与“便携”这一设计目的背道而驰。克服这种冲突的第一步是引入闲置时占用空间小的折叠键盘（图 2.25）。接下来，罗技公司引进了一种基于织物的键盘，也可以作为掌上电脑的手持键盘。根据从线到域的创新路径，下一个创新应该是一个基于电磁场的键盘。有趣的是，以色列 VKB 公司最近开发了一种这样的设备：一个完全由光电制成的键盘——完整的 QWERTY 键盘图像投影到用户面前的平面上。VKB 开发了一种将键盘的光学图像投影到物体表面的有效方法，能够保障打字和光标控制（如鼠标或触摸板控制）等功能的准确可靠。

对于大多数机械系统而言，还有其他强大的技术来帮助实现时间分离。

1）相变（如从固体变为液体、从液体变为气体等）。该技术被用于使零售安全标签失效。典型的安全标签是印在基板表面上的谐振电路（线圈）（图 2.26），其参数与警报系统发送的检测信号调谐。当贴有安全标签的商品通过检查区域时，标签产生共振，激活声音和 / 或图像报警。而对于已经购买的商品，则除去安全标签或使其失效，以便从商店中带走商品。

物理矛盾在于标签必须存在且必须不存在。这一矛盾可以通过增加一个可熔链节——当标签暴露于一定水平以上的能量时熔化来得到解

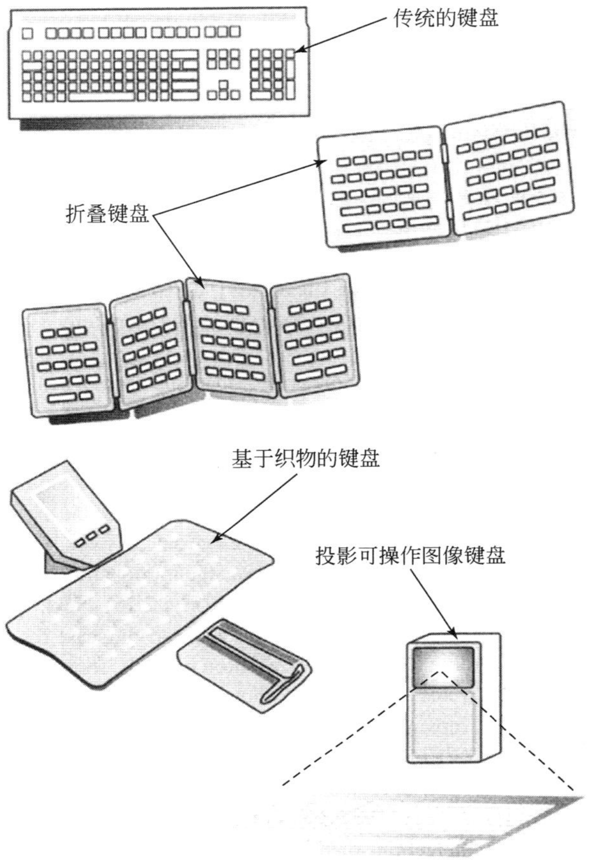

图 2.25　掌上键盘的变革

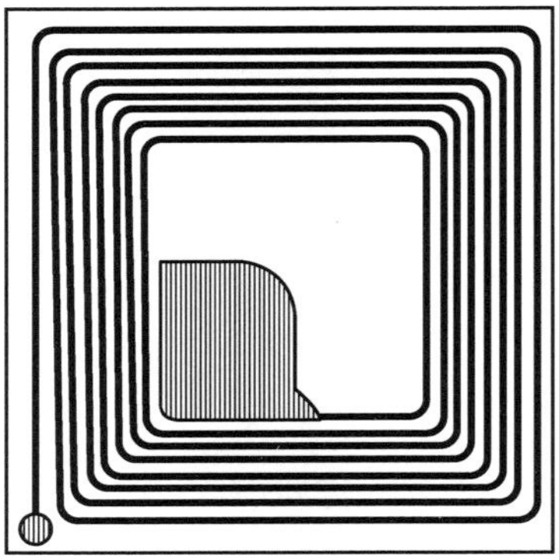

图 2.26　安全标签

决。因此，在购买商品时，可将安全标签暴露于足以破坏可熔链节的电磁能量中，使线圈失效。

2）物质分解。在某一时刻，组件材料（物质）被分解为元素（分子、原子等），这些元素分别执行相反作用之一。

问题 2.5

某些军事中使用的无线电天线（如特种部队在敌军深处使用的）可被敌方雷达检测到。如何使这些天线不被雷达信号检测到?

分析

雷达信号（即无线电波）会被常规天线反弹，是因为金属天线导电。导电性是天线的必需属性，它使得天线能够发射和接收“期望的”无线电波。雷达信号不能检测到非导电材料，但非导电材料也不能发射或接收“期望的”无线电波。因此，为了起作用，天线必须是导电的；但是要隐身，它必须是不导电的。这种物理矛盾应当通过时间分离原理解决：天线通常是不导电的，只在发射或接收模式下的短时间内导电。

金属导电是由于自由电子在其晶格内移动。理解这一特征有助于将初始的宏观物理矛盾重新定义为微观物理矛盾：“自由电子必须存在于天线中，而且它们必须不存在”。在时间上分离这些要求意味着仅当天线打开时才产生电子；当它关闭时，电子被天线材料的原子束缚。

解

新型天线由含有低压气体的塑料或玻璃管制成（与荧光灯类似）。当气体被离子化（即其分子在高电压下被分解成离子和电子）时，天线变得导电，允许发送或接收无线电信号。当气体不被电离（电压关闭）时，天线不再导电（http：// www.marklandtech.com / gasplasma.html；Moisan et al，1982）。

（3）空间分离原理

空间分离原理涉及单系统向双系统的转换，其中每个子系统（组件）具有相反属性之一（并执行冲突动作之一）。

问题 2.6

拾取和放置机械手的旋转连杆（图 2.27）必须满足相互排斥的要求。它应该是轻的（对于给定的形状），以减小驱动电机的尺寸和重量，并允许更大的有效载荷。然而，轻质材料通常具有较低的刚度（杨氏模量）。但连杆必须是刚性的，才能减少偏差和启动 / 停止时间。但硬质材料通常很重。

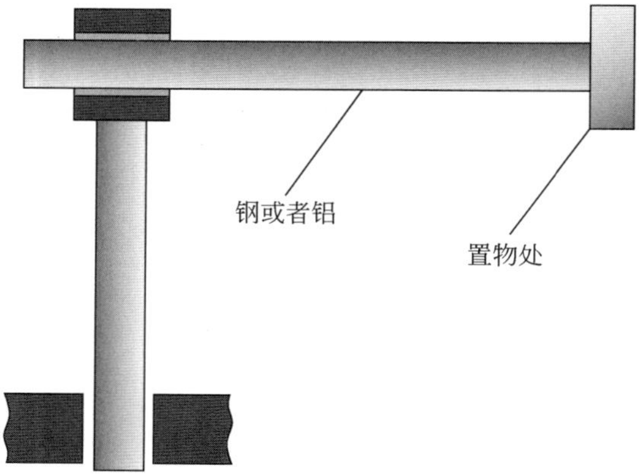

图 2.27　旋转机械手

分析

物理矛盾在于，连杆必须很轻，但同时必须是重的（刚性的）。图 2.28 中的简单工程分析显示，连杆的加速 / 减速引起的惯性力强度在其远端

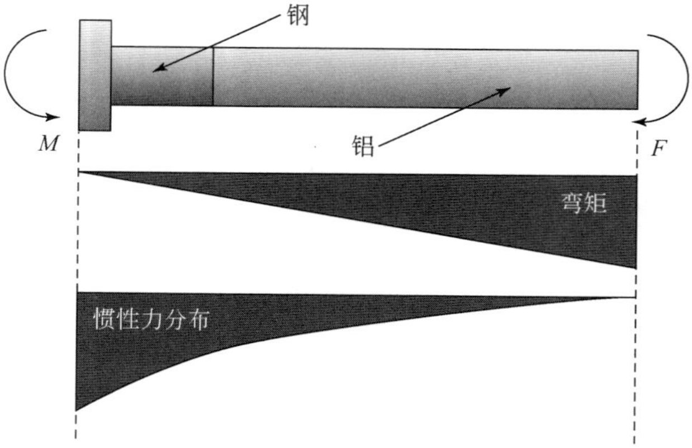

图 2.28　复合旋转连杆和沿着连杆的弯矩与惯性力分布[①]

①编辑注：原书未解释 F 和 M。

（离接头最远）部分最大，而弯曲强度在其近端（最接近接头）部分最大。因此，连杆的偏转（最高弯矩）由其用于角变形的根端决定，而连杆惯性主要由悬臂段决定。因此，矛盾的要求在空间上是分离的。

解

该连杆由两部分组成（图 2.28）：根端不会显著影响连杆的有效质量，但对刚度影响很大，由高刚性材料（如钢）制成；而悬臂段不显著影响刚度却决定有效质量，由轻质材料（如铝）制成（Rivin，1988）。

请注意，相同的初始情况可能与不同的物理矛盾相关联。例如，在问题 2.6 中，可以构想出另一个物理矛盾：连杆必须很长，才能将物品移动到所需的位置；而且必须很短，以减少偏转和启动时间。这些矛盾的要求可以分离：通过使用伸缩臂解决矛盾。其滑动连杆在旋转周期内被收回，而在旋转间隔延伸。

（4）整体与部分分离原理

整体与部分分离原理在解决诸如刚性与柔韧性、硬性与软性等物理矛盾时特别有用。在某些情况下，这类矛盾可以通过采用灵活和松散的材料来解决，如使用薄膜、纤维、板材、颗粒、粉末等。

问题 2.7

常规的台钳被设计用来夹紧规则形状的部件（图 2.29）。必须安装特殊的钳口才能夹紧形状不规则的零件，但制造这种钳口通常很昂贵。

图 2.29 常规的台钳和不规则形状零件

分析

物理矛盾：钳口必须是刚性的以夹紧零件，同时必须是柔性的以适应零件的不同几何形状。相反的性质可以在整体与部分之间分离：钳口使用碎片（即柔性的）作为介质，而其各个部分是刚性的。

解

该方法的一个实施方案使用了小球（图 2.30）。这些部件几乎可以容纳任何轮廓，并且还有均匀分配夹紧力的附加好处。

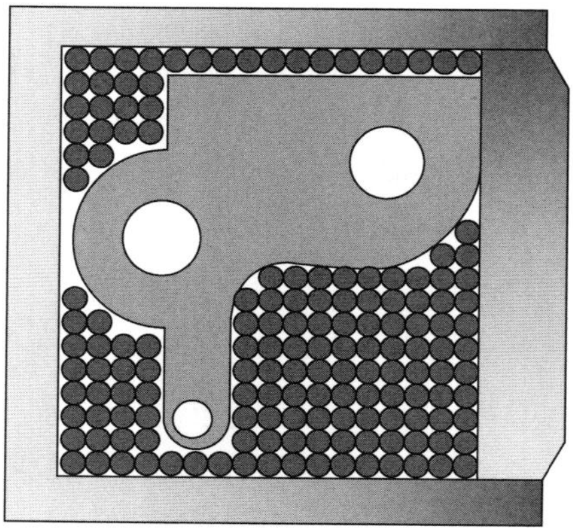

图 2.30　自适应台钳

在相同方法的另一个实施方案中，将小颗粒包装在袋中。零件对准后，将空气从袋中抽出，由于大气压力造成的摩擦力，颗粒被黏合到所需形状的刚体中。

实现这种方法的其他台钳设计使用了可移动的大头针或手指（参见美国专利 No.5145157，No.5746423）。

2.6.4　解决系统冲突：引入消除或中和有害动作的新工具

引入的（辅助）工具通常用于执行三类操作：阻止有害动作、抵消有害动作、将有害动作从受影响的组件中剔除。这些动作通常与分离原理一起使用。

1）阻止有害动作（图 2.31）。

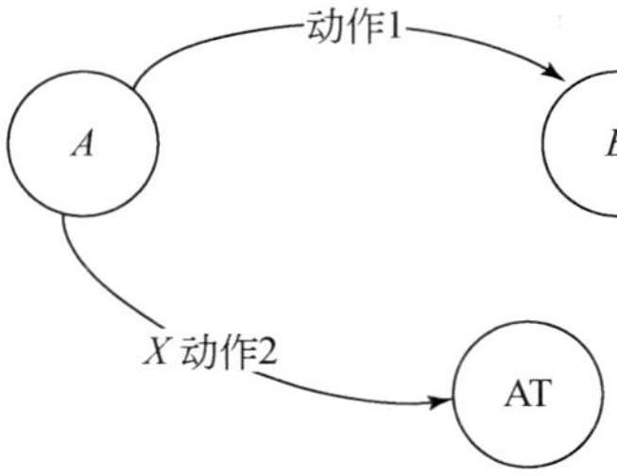

图 2.31 阻止有害动作

问题 2.8

盛装药物的安瓿是用火焰密封的，如图 2.32 所示。但火焰难以控制，火焰过大可能使药物过热，而火焰过小则不能熔化玻璃。

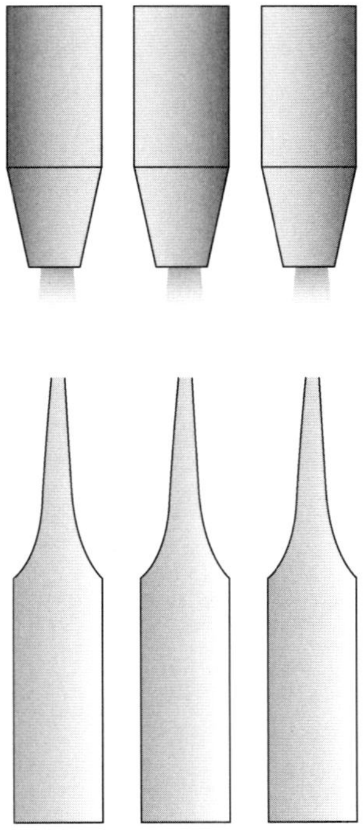

图 2.32 盛装药物的密封安瓿

分析

很明显，这组矛盾要求将安瓿在不同高度的空间上分离：强烈的火焰仅集中在安瓿的瓶颈周围，并被阻挡在安瓿的其余部分之外。

解

可通过将安瓿浸入水中来解决问题（图 2.33）。瓶颈周围的强烈火焰可以确保安瓿密封，同时不会影响药物。

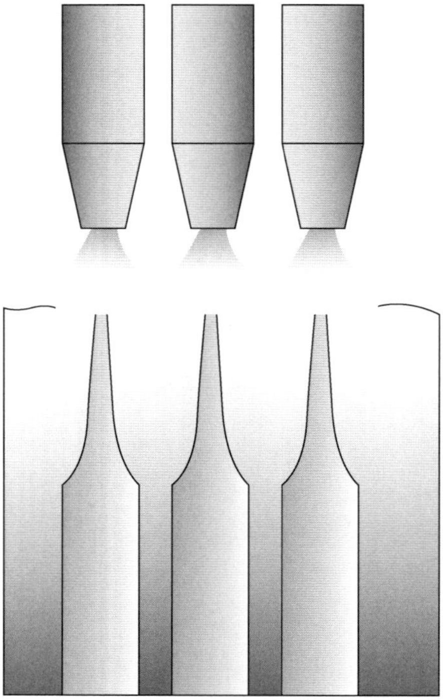

图 2.33　水隔离药品和火焰

通常，可以用现成资源制成阻止有害动作的辅助工具，这些资源可能是冲突组件本身。

问题 2.9

钢丸抛丸机的弯管部分磨损很快（图 2.34）。各种保护涂层都不能承受长时间的射击冲击，使用很低效。

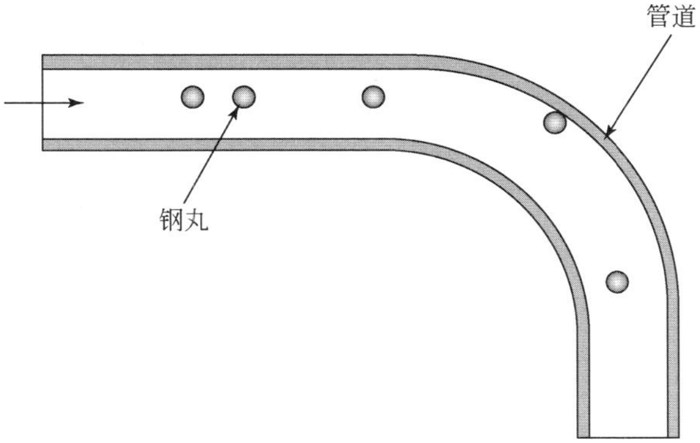

图 2.34　钢丸损坏管道

分析

由于“外来的”防护涂料不起作用，因此应当考虑使用内部资源。

解

以射击粒子本身作为中介，将磁铁放置在磨损区域外面，吸引一些飞溅粒子来形成保护层（图 2.35）。

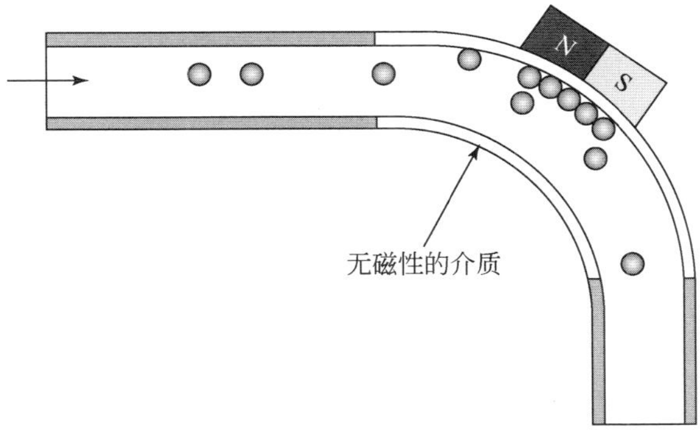

图 2.35　自我保护系统

2）抵消有害动作（图 2.36）。

问题 2.10

在超薄管壁上冲孔（图 2.37）可能使管壁塌陷，从而影响成孔形状。用固体支撑管壁可以防止其塌陷。但若管道的弯曲较多，则难以在管内

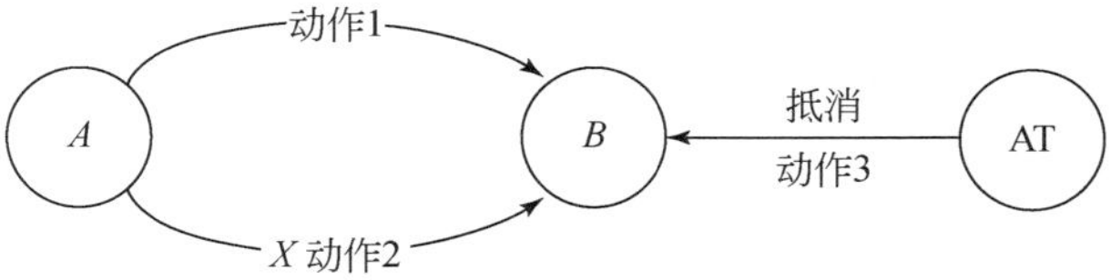

图 2.36　抵消有害动作

做支撑。同时，因为弯折管道会使其上的孔发生形变，所以也不能在弯折管道之前冲孔。

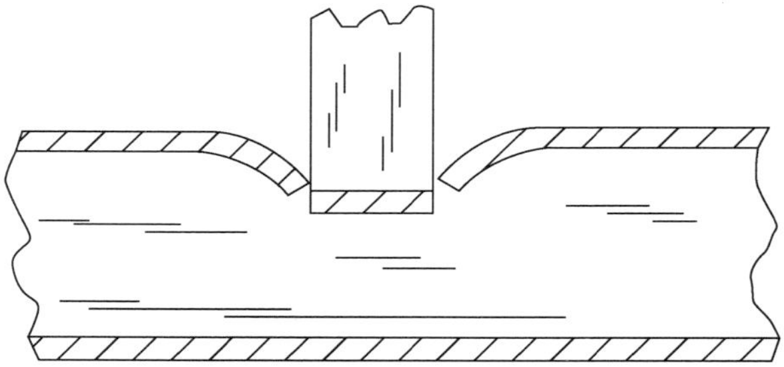

图 2.37　管壁塌陷

分析

要起到支撑管壁的作用，支撑必须坚实；但为了能在管内放置，它必须是非固体的（是流体的）。（简而言之：支撑必须存在，而且必须不存在。）这一矛盾要求必须在同一空间得到满足，因此应当将其在时间上分离。

解

格林维尔工具和模具公司开发了这样一个过程：冲孔前在管内注入液体（如水），然后将其冷冻；固化后的液体在冲孔期间支撑管壁；冲孔完成后，融化凝固的液体并将其从管中排出（图 2.38）。

3）将有害动作从受影响的组件中剔除（图 2.39）。

问题 2.11

如何防止水管暴露在零度以下？ 加热管道或强化管壁会使复杂性和成本大大增加。

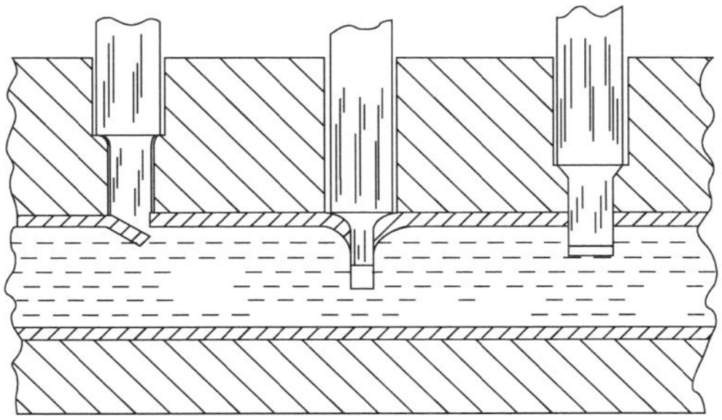

图 2.38 用冰来避免管壁塌陷（美国专利 No.5974846）

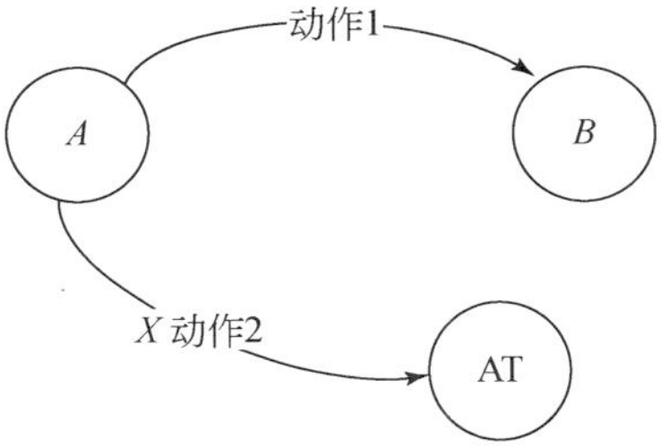

图 2.39 将有害动作从受影响的组件中剔除

分析

如果水被冷冻后的膨胀力指向另一个组件，则可以解决问题。

解

根据美国专利 No.6338364，将圆形柔性塑料插件放置在水管内（图 2.40），通过导轨将插件的轴向位置固定在管道内。当水处于液体状态时，插件保持其原始形状。当水结冰时，插件受到挤压而缩小，从而容纳冷冻水的体积膨胀，防止管道破裂。当冰融化时，插件又弹回原来的形状。

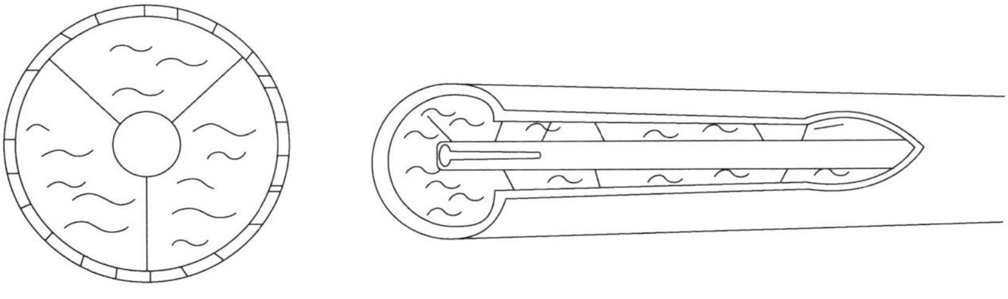

图 2.40 用于防止管道破裂的插件（美国专利 No.6338364）

2.7 总　　结

解决系统冲突是解决问题和开发新技术系统的重要部分。解决系统冲突主要有三种方法：理想策略、克服物理矛盾和引入新工具。其中，第一种方法是最优选择，因为它能够简化系统。一旦明确了系统冲突，就应首先考虑这一方法。如果这种方法不适用，就尝试其他两种方法。此时，应当尽量简化系统，优先使用现成的资源（图 2.41）。

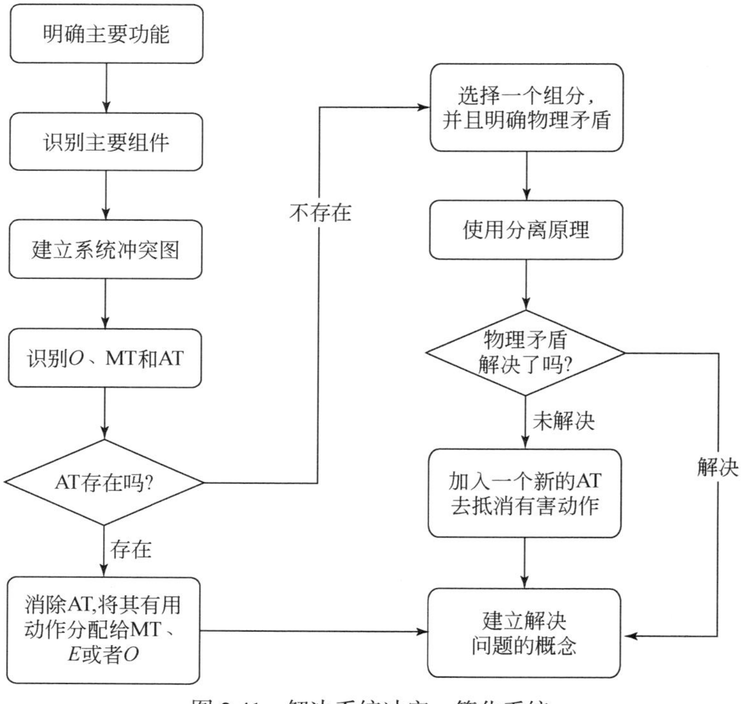

图 2.41　解决系统冲突：简化系统

2.8 练　　习

这些练习（以及以下章节中的练习）主要用于提升分析问题和建立概念框架的技巧，因此，即使看起来很明显，也尽量不要猜测答案，而是使用 TRIZ 的概念和工具寻求答案。

1）制定主要功能：剃须刀、牙刷、邮箱、键盘、手电、雪橇。

2）对不同组件的功能进行排名：剃须刀、牙刷、邮箱、键盘、手电、雪橇。

3）使用理想策略，为问题 2.1 提供可选的概念化解决方案。

4）如图 2.42 所示，IC 芯片产生的热量穿过导线和散热片（由焊料材料制成的小棒）。在将 IC 芯片焊接到电路板上之前，散热片就已经制造好了，也因此会在焊接时造成焊接区域的热量损失，可能降低焊点的机械强度。可见，散热片在工作时有助于 IC 芯片的散热，但是降低了电路板制造时的焊料温度（由于某些生产限制，无法在焊接后制造散热片）。使用理想策略来解决这个问题。

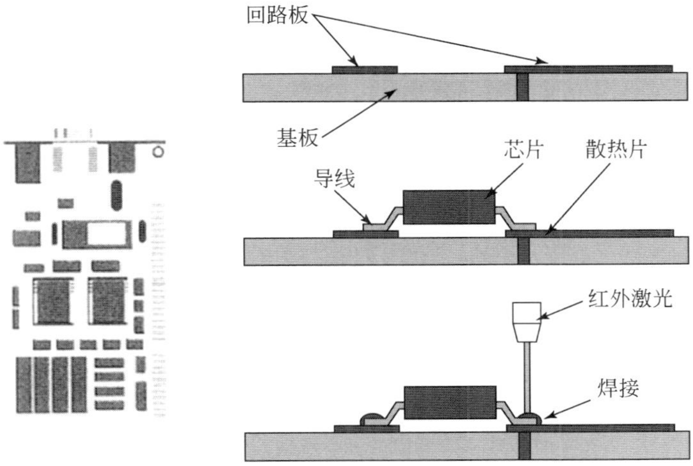

图 2.42　IC 芯片焊接到电路板

5）发现和解决以下问题的物理矛盾。

为了给金属部件镀上另一种金属，一般将该部件放置在填充有涂层金属的盐溶液中。加热溶液使其分解，溶液中的金属沉淀到部件表面上。高温下溶液的分解速度非常快，75% 的盐被浪费，沉积在容器底部和壁上。但形成涂层的速度与温度相关，降低温度则生产率过低。

6）瑞士著名发明家 Auguste Piccard 开发了一种用于探索海洋深

度的潜艇。1960 年，由 Piccard 设计，并由其儿子 Jack 和美国海军的 Donald Walsh 操控的深海艇 Trieste，下潜了 10 916 米，到达了已知的海洋最深处——马里亚纳海沟的底部。

在 Piccard 之前，深水潜艇需包含一个潜水球（一种厚壁的金属容器，由船上的钢缆吊起）。若钢缆断裂，则潜艇无法从海底浮起。Piccard 决定设计一种能够进行自主操作的容器：要使潜艇浮起，容器必须比水轻，则必须有一个较大的体积和较薄的壁面；而为了抵抗深海的巨大水压，容器必须具有较小的表面积和较厚的壁面。

“重新发明”Piccard 发现的解决方案。

7）高炉 230 000 磅重的基底被移动到基础井旁边（图 2.43）。如何将基底降至井底？使用特殊的起重机不仅不可靠，还将大大增加操作的复杂性和成本。那么，应该怎么做？

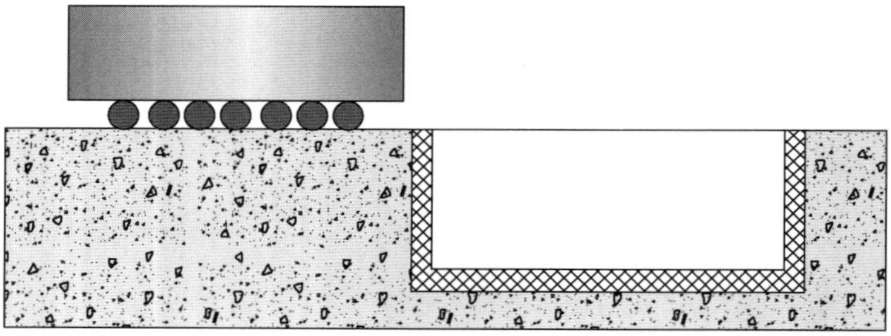

图 2.43　在不借助特殊设备的条件下使高炉下降

8）磁共振成像（MRI）扫描仪主要依靠强磁场和强大的无线电波脉冲成像，不能用于装有起搏器的患者——这些起搏器通常被封闭在能够防止外界电磁辐射的金属盒子中，由 MRI 产生的无线电波将在盒子内引起非常大的涡流，使温度上升，超过 70℃（约等于 160°F），将烧伤周围的组织。使用图 2.41 中的模板来解决这一问题。

第 3 章　物场的分析基础

物理现象是所有技术系统的基础。执行功能要求某些物理现象在空间和时间上适当排列。例如，为移动电动牙刷的刷毛，电池将电能提供给电动机，电动机将其转换成转子的旋转动能，其转动带动传动连杆，使刷头运动。

改进现有功能或引入新功能，意味着从一种特定系统的物理结构或成分转换为另一种更有效的结构或成分。这种转变的一个例子是从外燃（蒸汽）发动机到内燃机。在外燃发动机中，活塞由在发动机气缸外部产生的高压蒸汽推动；在内燃机中，缸内燃料燃烧，推动活塞。除了不同的物理结构之外，这些发动机通过不同的物理现象来产生运动。

本章介绍了 TRIZ 中用于技术系统物理结构和过程分析与综合的建模方法。

3.1　最小技术系统：物场模型

工具与对象之间的任何相互作用都伴随着能量的产生、吸收或转化。因此，对象、工具和它们之间相互作用的能量就构成了仅执行一个功能的最小技术系统（图 3.1）。功能的有效执行需要这三个元素的存在和相互作用。

TRIZ 中有关物质和场的部分，将其描述为“对象 – 工具 – 能量”三元组。

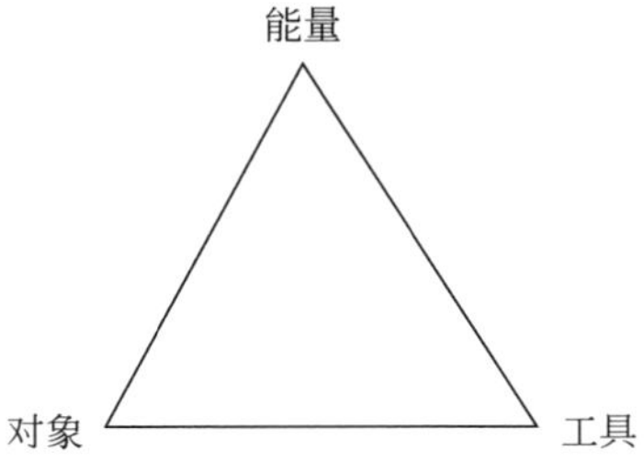

图 3.1　最小技术系统的要素

术语"物质"具有相当广泛的含义，通常是不同复杂程度的技术系统，如指甲、键盘、船等。

术语 "场" 是指两个物质之间相互作用所需的能量。现代物理学中有四种基本场（力）。

1）力学场（存在于任何两个或多个物质之间）；

2）电磁场（引起电磁效应，将原子和分子结合在一起）；

3）弱核场（导致放射性衰变）；

4）强核场（将原子核聚集在一起）。

然而，在解决概念设计问题时，这种分类并不够。TRIZ 中不同场的含义完全不同，可以方便地区分各种相互关系。TRIZ 常用于力学、热、电、磁和化学等工程领域，这些领域中的场常由许多物理化学现象中产生的物质引起。其中一些如表 3.1 所示。

表 3.1　TRIZ 中使用的场

场				
力学	热	电	磁	化学
摩擦力 离心力 振动 超声波 压力 压强梯度	红外线 温度梯度	单极 偶极 电荷 电极 电缆 极化	永磁体 直丝弓场 螺线管场 磁场	电化学梯度 表面能

通常将对象物质记为 S_1，将工具物质记为 S_2，将场记为 F。由 S_1、

S_2 和 F 组成的物质－场结构称为物场（物质＋场，如图 3.2 所示）。

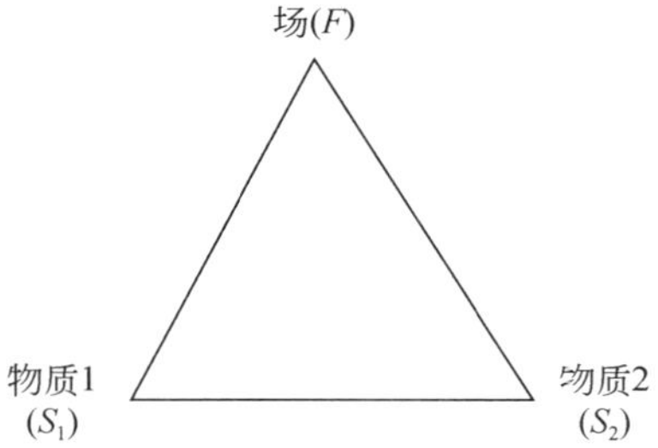

图 3.2　最简单完整的物场结构

物场分析中使用的符号和线条如表 3.2 所示。物质可以产生场［图 3.3（a）］，场可以作用于物质［图 3.3（b）］，物质可以将一种场转换成另一种场［图 3.3（c）］。

表 3.2　物场符号

物场符号	描述
	物场
————	未指定的动作
————→	指定动作
—·—·—·—·—·→	有用动作不足
——X——→	有害动作
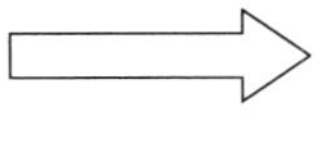	从初始的物场结构转换为理想的
——→ F	物质产生场
F ——→	场作用于物质
F'	变化场
S'	变化物质
（S_1 S_2）	附加物质（如双金属条）

图 3.2 展示了物质 1（S_1）和物质 2（S_2）的完整物场结构。

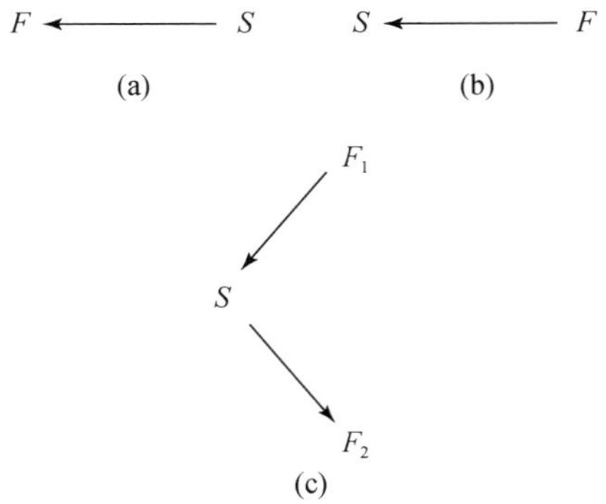

图 3.3　场和物质间可能的相互作用

物场中的物质通过场相互作用。必须显示这些相互作用以精确描述物场（图 3.4）。

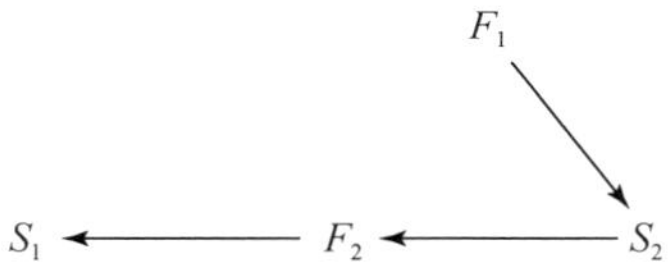

图 3.4　物质通过场相互作用

这一规则被描述为：场 F_1 作用于物质 S_2，被转换为作用于物质 S_1 的场 F_2。场 F_2 可以与场 F_1 相同或不同。

例如，“锤击钉子进入墙壁”的系统可由物场（图 3.5）表示，其中 F 是施加到锤子 S_2 上的机械能，S_2 将 F 引导到钉子 S_1 上。

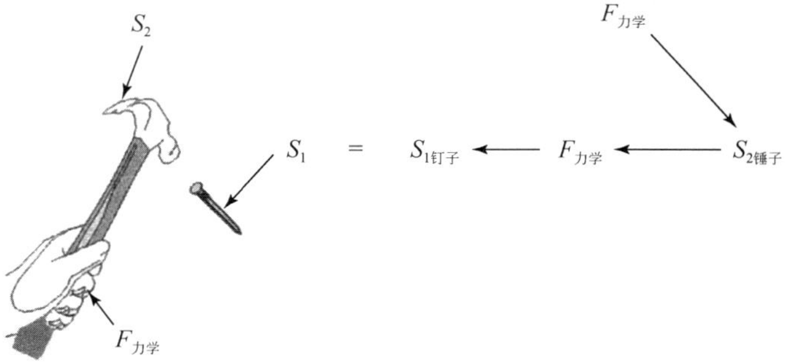

图 3.5　简单机械系统的物场模型

为简单起见，在下文中，仅当 F_2 与 F_1 不同时，才将场表达出来。

最有趣的设计解决方案通常将输入的场变为具有另一种性质的场（如将热场转换成力学场、将力学场转换成磁场等）。

在某些情况下，物场模型的工具 S_2 不易被识别。这种情况通常发生在 S_2“隐藏于”对象物质 S_1 中时。例如，S_2 是 S_1 中的粒子所执行动作的一部分（微观级，请参见第 5 章）。

金属部件的感应加热可以建立如图 3.6 所示的模型：高频电磁场直接加热零件。但对感应加热物理机理的更深刻分析，则揭示了零件内部的结构——自由电子的集合。电磁场通过影响这些电子，加热整个零件。这一过程构成图 3.7 所示物场三元组模型。TRIZ 中研究物场结构及其转换的分支领域，称为物场分析（Altshuller et al.，1973）。

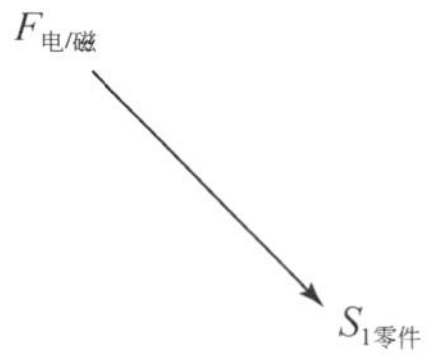

图 3.6　感应加热的二元物场模型

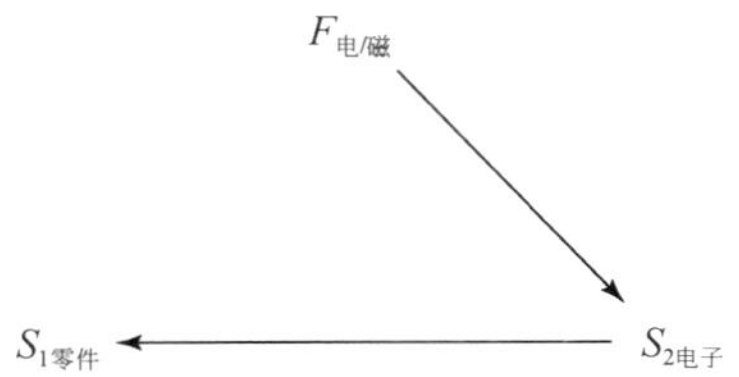

图 3.7　感应加热的三元物场模型

3.2　对物理效应建立物场模型

从 TRIZ 的角度来看，物场语言为在技术系统中对相互作用（物理效应）进行建模提供了方便（Altshuller，1988）。从物场分析的角度看，物理效应是物质（或一组物质）和场之间的某种相互作用。

物理效应的一般模型如图 3.8 所示。它包括一种或多种物质，这些物质将输入场 F_1 转换为输出场 F_2，其本身的参数 P（如形状、尺寸、摩擦系数、磁导率、折射率、密度、位置、空间等）也可能发生改变。该模型还包括控制场 F，可以调整输入场 F_1 的增加、抑制、打开 / 关闭等动作。热膨胀效应（由温度变化引起的材料尺寸变化）的物场模型如图 3.9 所示。

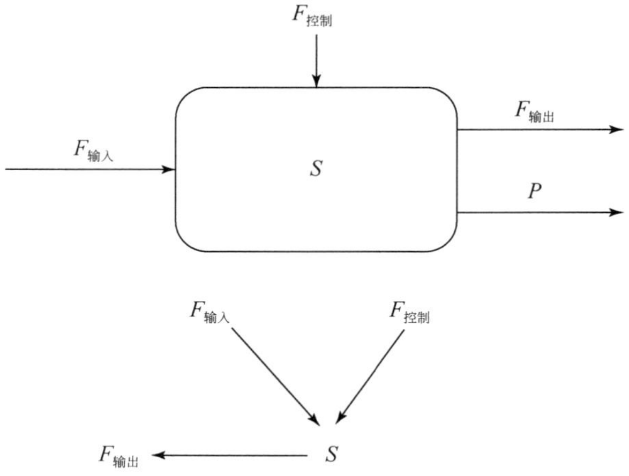

图 3.8　物理效应的普遍物场模型

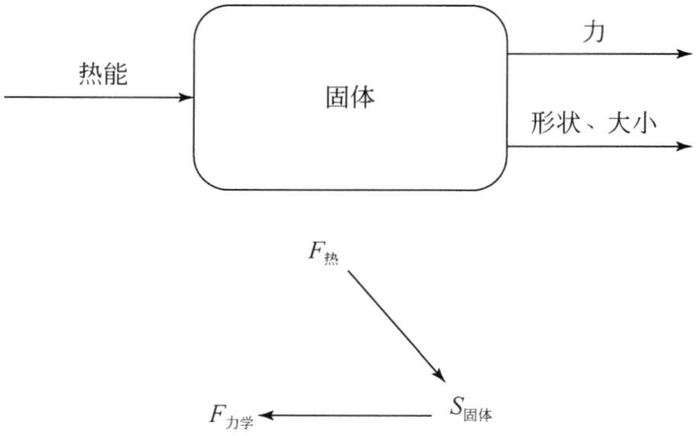

图 3.9　热膨胀效应的物场模型

图 3.10 描述了压电效应的物场模型，压电是指一些晶体在机械力作

用下产生电压的能力。这种效应被用于电动香烟打火机和气体烤架的火花塞：按压按钮压缩机，产生高压的压电晶体，从而产生点燃气体的火花。它也用于压电麦克风、负载传感器和许多其他应用中。这一效果是可逆的：当受到外部施加的电场时，压电晶体会变形。磁致伸缩（图 3.11）是铁磁材料在磁场中发生几何形变的性质。相反，当铁磁材料处于机械力下时，其磁化强度会发生改变。这些效果也被用于各种执行器（如超声波发生器）和传感器中。

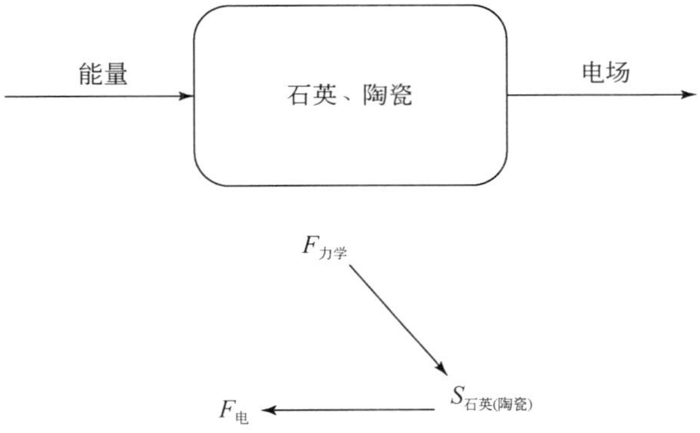

图 3.10　压电效应的物场模型

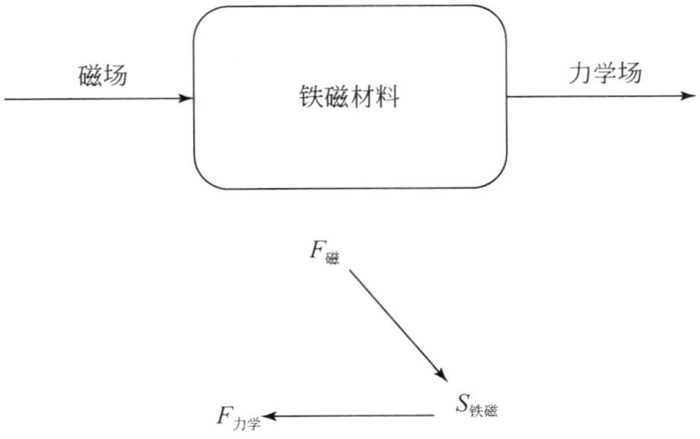

图 3.11　磁致伸缩的物场模型

在超声波的振动下，两个滑动部件之间的接触摩擦减小（图 3.12）。这种效果用于减少拉丝、轧制和其他金属成型工艺中的负荷。

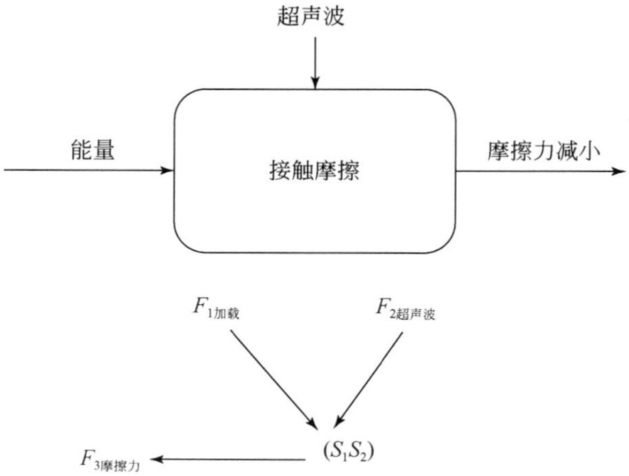

图 3.12　在超声波振动下，摩擦力减小的物场模型

正如人们所期望的，如图 3.13 所示，个体的物理效应可以形成链，该链可用于测量或检测金属部件的热诱导变形。

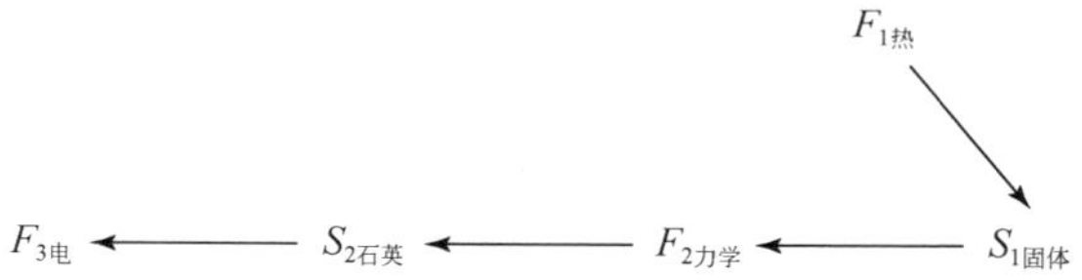

图 3.13　物理效应链（热膨胀 + 逆压电）

截至本书编撰时，已经发现超过 6000 种物理效应，还有许多新的效应不断被发现。包含大多数效应的列表可以在发明机器公司的软件产品中获取。

3.3　对物理效应使用物场模型

在识别新技术系统的潜在物理构造时，物理现象的物场模型非常有效（图 3.14）。

问题 3.1

微量注射泵用于将少量流体注入各种生物体（组织样本、个体细胞

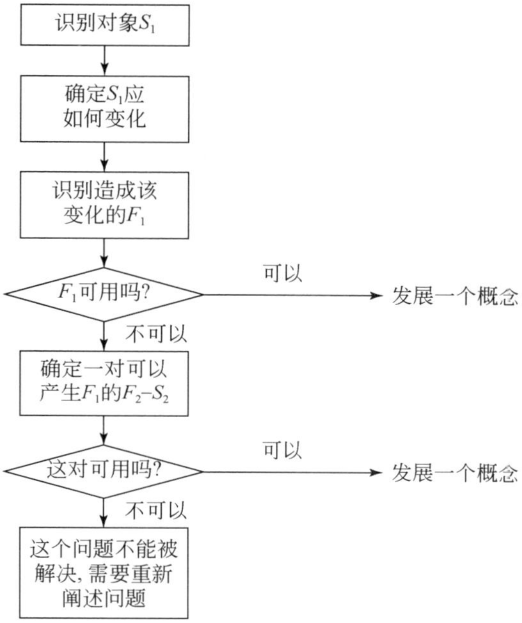

图 3.14　构建新系统潜在物理构造物场模型的步骤

等）或从生物体中抽出。典型的微量注射泵（如图 3.15 所示）由针、容器和活塞三部分构成。活塞可以手动移动（如借助千分尺旋钮）或通过电脑控制的电力驱动。调制解调器微量注射泵可以精确到 ±0.01 μL。让我们使用图 3.14 中的步骤，来识别新型微量注射泵的一些潜在物理构造。

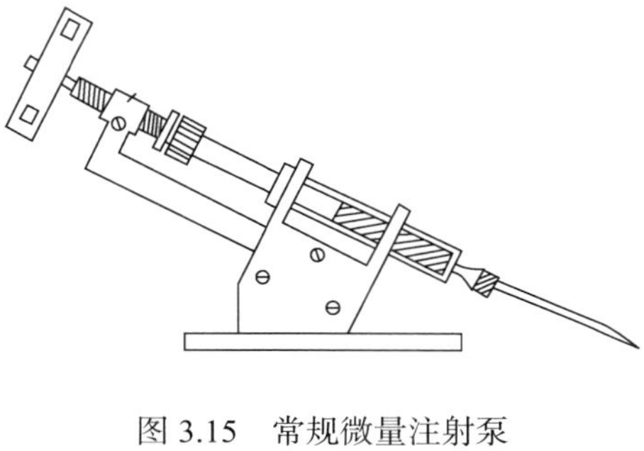

图 3.15　常规微量注射泵

1）识别对象 S_1：被置换的液体。

2）确定 S_1 如何改变：液体 S_1 应从容器中被移出。

3）识别可能导致这种变化的 F：这应该是一个力学场（机械力）F_1。

4）这个场可用吗？我们假设答案是“不可以”。

5）在 $F_2 \to S_2$ 中识别可以产生 F_1 的对：至少存在三个这样的对会导致转换。

- 热场 $F \to$ 固体或液体 S（热膨胀的作用）。
- 电场 $F \to$ 压电陶瓷 S（压电效应）。
- 磁场 $F \to$ 铁磁 S（磁致伸缩效应）。

6）建立概念。

- 热场 $F \to$ 固体或液体 S：加热元件的膨胀使液体发生位移。
- 电场 $F \to$ 压电陶瓷 S：电场中压电陶瓷的膨胀使液体发生位移。
- 磁场 $F \to$ 铁磁 S：由于铁磁材料在磁场中的膨胀而引起的位移。

（选择最佳概念不在此练习的范围之内。）

如果假设没有能够生成所需 F_1 的对 $F_2 \to S_2$，则需要解决一个不同的问题。例如，如何在不注入液体的情况下达到所需的效果。

3.4 典型物场转换：标准解

技术系统的许多变化可以通过几种典型的物场模型及其组合来描述。本章中描述的最典型的物场模型如表 3.3 所示（为了简单起见，这些模型中一些动作的数量和方向未被指定）。

表 3.3 典型的物场模型

典型的物场模型	物场模型类型
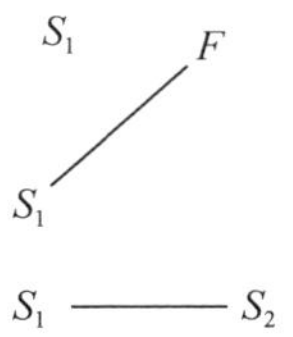	不完整的物场

续表

典型的物场模型	物场模型类型
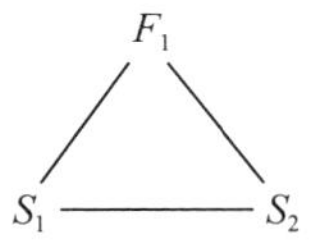 	完整的物场
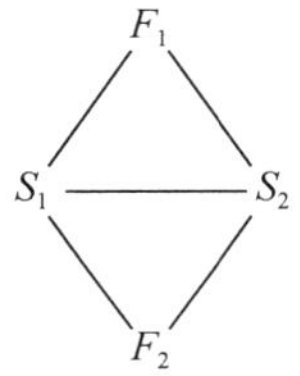 	双物场
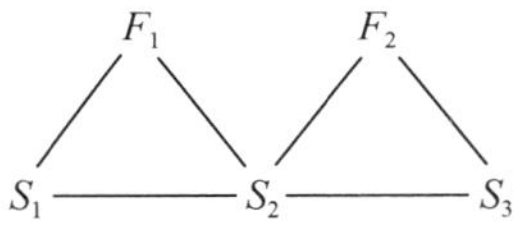 	物场链
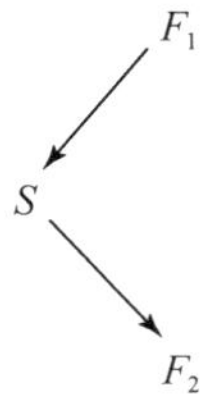 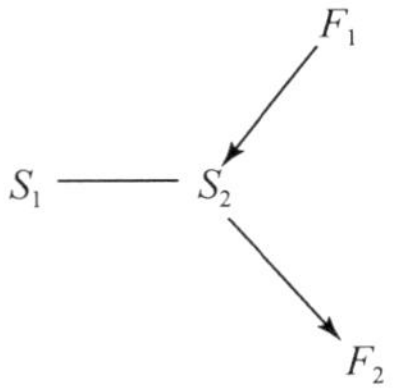 	观察 / 测量的物场

注：标准解应表述为，“如果（某种条件）存在，则（建议采用某种具体方法）”。

如果需要某种改进的系统可以用典型物场建模，则可以使用相应的典型物场转换来实现改进。典型物场转换称为解决问题的标准方法，简称为标准解。

标准解的使用（对任何情况的物场分析而言，图 3.16）开始于从对问题或情况的自由描述中提取初始物场模型（ISM）（对问题的理解不同，可能是多个 ISM）。这一步骤必须确定以下内容。

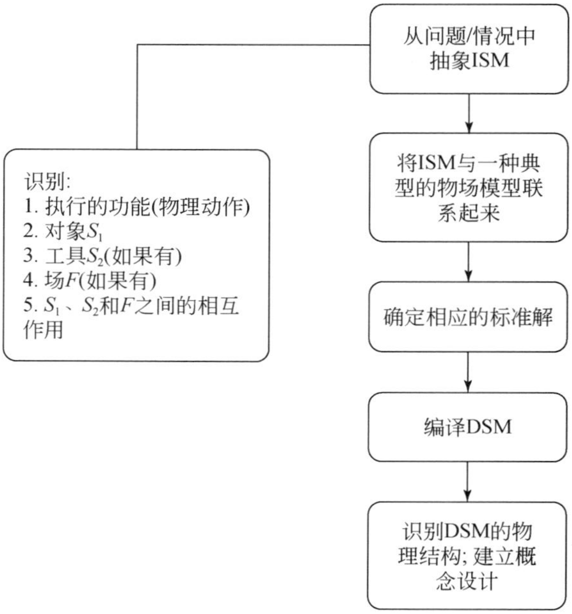

图 3.16　建立使用了标准解的物场模型

- 功能（需要被执行的物理动作：参见第 2 章）。
- 对象 S_1。
- 工具 S_2（如果存在）。
- 一个或多个场 F（如果有）。
- S_1、S_2 和 F 之间的相互作用。

在 ISM 建立后，它们必须与可用的典型物场模型相关联。反过来，这些物场模型必须与一个或多个标准解相关，这些标准解“规定”了初始物场模型要过渡到更先进、更符合预期的物场模型（DSM）。随后应该确定 DSM 的物理结构，并建立起各自的概念设计。

附录 3 包含所有已知的标准解（标准体系）和使用它们的算法。以下部分将描述最常用的标准解。

3.4.1 完整物场的合成

合成物场的主要方法遵循最小技术系统的定义。

标准解 1.1.1

为提高不完整物场的有效性和可控性，必须将缺失的元素引入（图 3.17）。

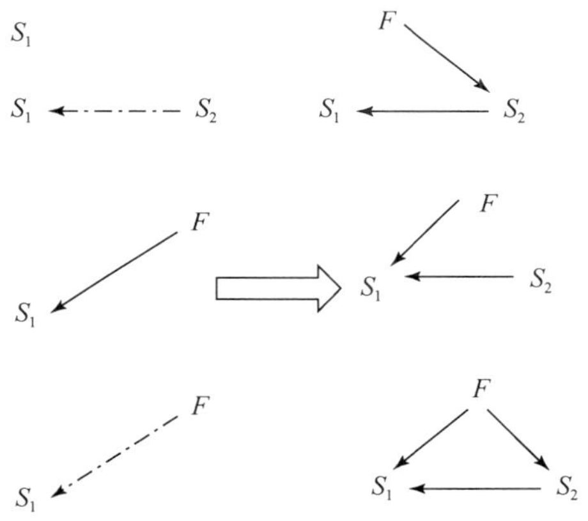

图 3.17 不完整的物场变为完整

物场常在引入新的有用动作或改善不足时使用（参见第 2 章，图 2.5）。

问题 3.2

金属的热轧需要变形区的润滑（图 3.18）。液体润滑剂通常用特殊的刷子和喷雾器涂抹。这两种技术都无法将润滑剂均匀涂抹在变形区域，大部分油会溅出而造成浪费。因此，需要一种具有成本效益的均匀涂抹方法。

分析

这个问题要实现的主要功能是将所需数量的润滑剂输送到变形区。润滑剂可以被认为是物质 S_1。问题的出现是因为缺少准确运载 S_1 的合适

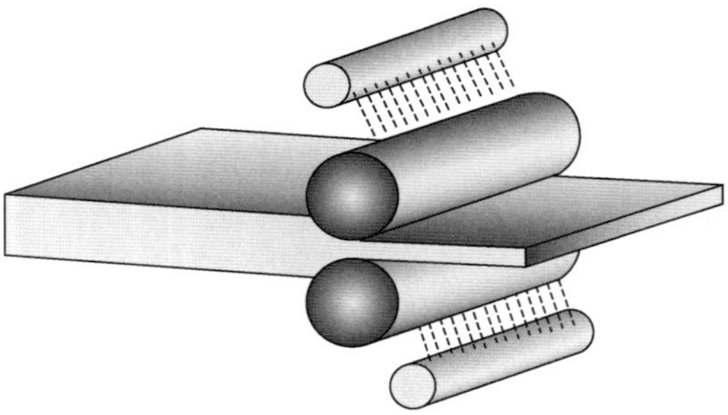

图 3.18　变形区的润滑剂

工具。此外，在初始系统中，由润滑剂喷雾器产生并作用于润滑剂的力学场（液压）不足。

基于这些考虑，可以组成如图 3.19 所示的 ISM。

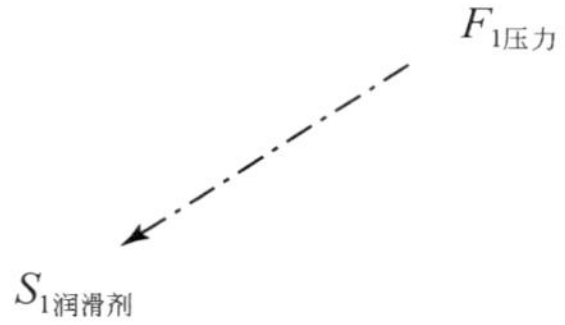

图 3.19　变形区润滑剂作用过程的初始物场模型

根据标准解 1.1.1，应通过引入对润滑剂 S_1 施加机械力的一对 $F_2 \rightarrow S_2$（图 3.20）来优化该 ISM。

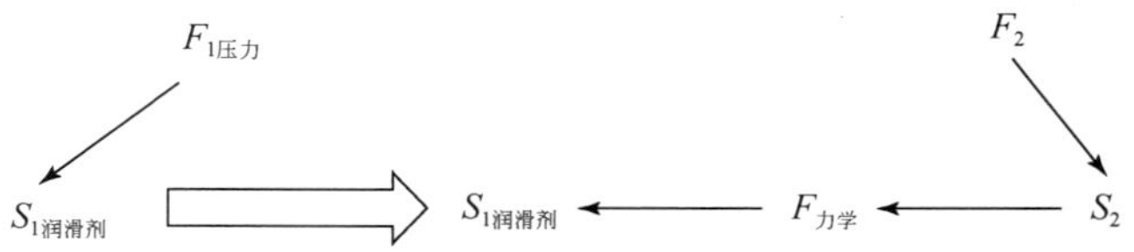

图 3.20　一个新润滑剂作用过程的 DSM

现在，应该识别出 S_2 和 F。理想的 S_2 将携带润滑剂，而不干扰轧制过程。这意味着在输送润滑剂时，S_2 应该在变形区域消失。对于 F_2，理想情况是使用系统中已经存在的场，即旋转辊的力学场和变形区的热场。

解

以上讨论有助于我们形成实际解决方案：向辊和金属条之间供给浸渍有液体润滑剂的纸张，当传送至变形区域时，高温将纸张燃烧掉（图 3.21）。

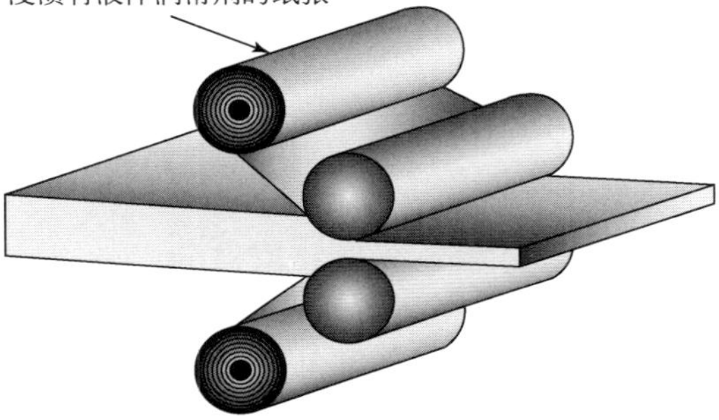

图 3.21　用纸将润滑剂输送到变形区

可以看出，物场分析本身并不提供解决问题的具体答案，但有助于构思一系列解决问题的概念化方案，再通过后续的工程和成本分析来选择最佳解决方案。

3.4.2　利用物场消除有害动作

以下一组标准解用于解决两个物质既存在有用相互作用、又存在有害相互作用的情况（系统冲突）。目标是保留有用作用并消除有害作用。这一目标通常可以通过引入分离原始物质的、新的、第三种物质 S_3 来实现①。

标准解 1.2.1

如果两种物质之间同时存在有用和有害的动作，并且允许使用外部物质，则应在两种物质之间引入第三种物质（图 3.22）。

添加的物质应尽可能便宜，最好由易获取的资源制成。

---

①解决系统冲突的第三种方法基本上可以用这一标准解，以及其他用于消除有害动作的标准解解释：引入一个新工具（见第 2 章）。这些解释有助于将引入系统的新辅助工具定义为物质或场。

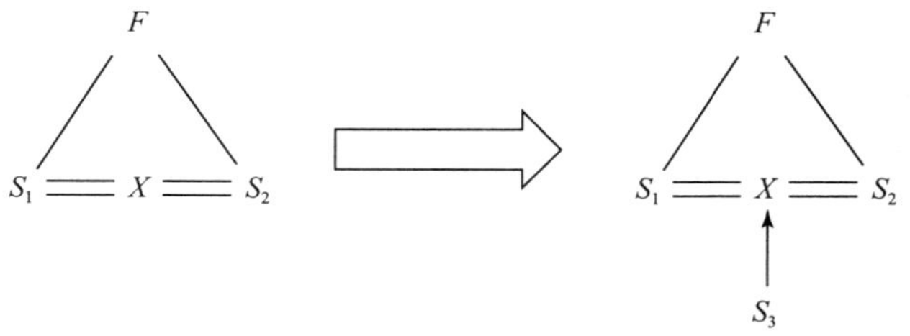

图 3.22　引入外来物质作为一个部件

问题 3.3

为进行科学实验，需要数千个尺寸精密的、由铝箔制成、1毫米厚的圆形铝盘（图 3.23）。然而，在车床上车削一堆柔软的薄铝盘会导致其弯曲和边缘撕裂。

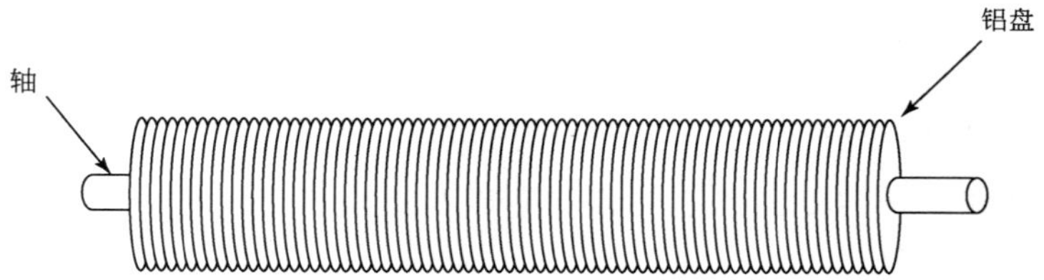

图 3.23　如何加工细长的铝盘?

分析

初始物场模型（图 3.24）包括 S_1（铝盘）、S_2（切割器）和 F（力学场）。在这个 ISM 中，切割铝盘是有用的动作，而损坏它是有害的。根据标准解 1.2.1，如果 S_1 与另一种物质 S_3 组合使用，则可以强化机械加工过程（图 3.25）。

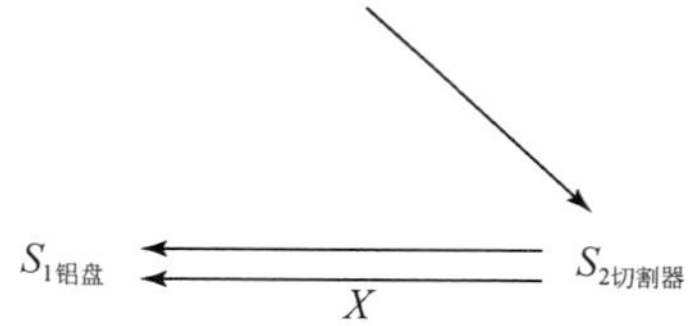

图 3.24　铝盘切割问题的 ISM

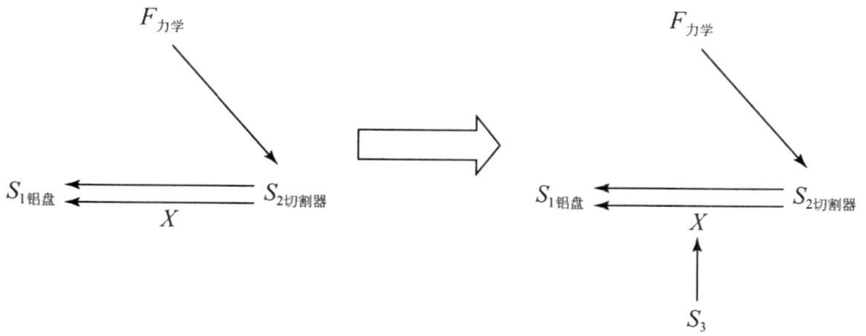

图 3.25　采用 S_3 加强铝盘

解

通过将空白盘堆放在充满水的容器中并将其冷冻来解决问题。含有坯料的硬冰块容易加工。

然而，通常引入“外来物质”可能使系统过度复杂。因此，这就导致了系统冲突：为消除有害行为，必须引入第三种物质 S_3，但这会使系统过度复杂。

不过，这一系统冲突可以通过使第三种物质脱离原来的物质来解决。脱离过程应按照以下标准解进行。

标准解 1.2.2

如果两种物质之间同时存在有用和有害的动作，且不允许或不希望使用外部物质，则引入的第三种物质应当是由至少一种原始物质改性得到的（图 3.26）。

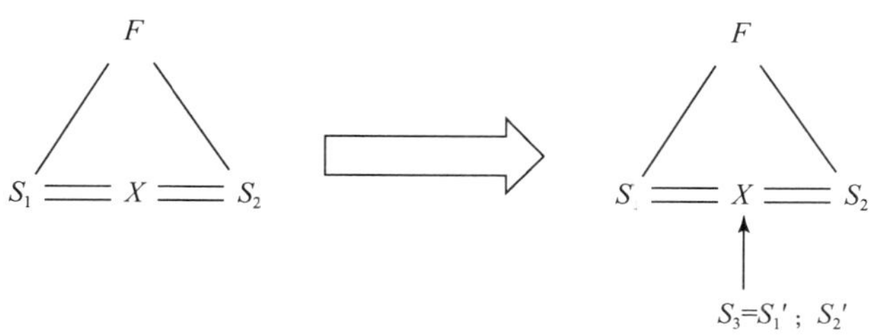

图 3.26　第三种物质的引入改变了原始物质

可以使用以下几种方法来获得改性物质。一种可能的方法是改变可获取的资源物质的总体状态。例如，冰和蒸汽可以由水得到，因此可以认为是其改性物质。另一种方法是将给定物质分解成其组成元素（如将水分子分解成氧原子和氢原子）。还可以通过改变原料的物理状态，如通过磁化、电离、使静止物体移动或使运动物体停止、改变温度、组合两种原始物质等来获得改性物质。

引入 S_3（以及任何其他物质或场）可能需要构建辅助物场（如图 3.27 所示），其目的是控制 S_3（如将其创建、移动、保持等）。

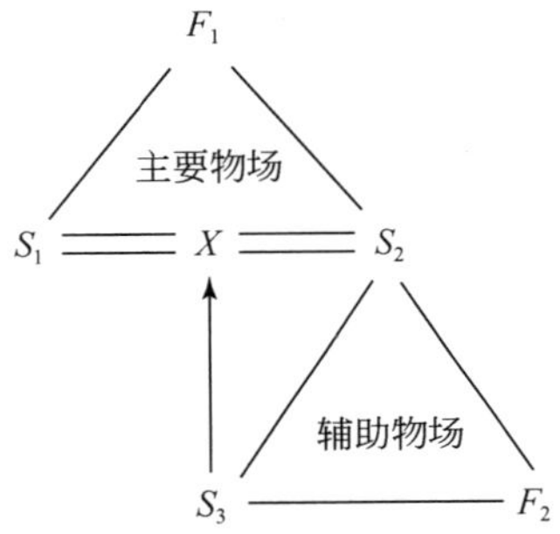

图 3.27　辅助物场控制加入的物质

问题 2.10（抛丸机中的管道磨损）很好地说明了这种方法（图 3.28）。在进行物场分析时，应首先构建主要的物场（包括 S_1 和 S_2）。如果需要辅助物场，则可在识别出 S_3 之后构建。简单起见，辅助物场通常不会在物场模型中显示。标准解 1.2.2 是最常用的。现在考虑另一个例子。

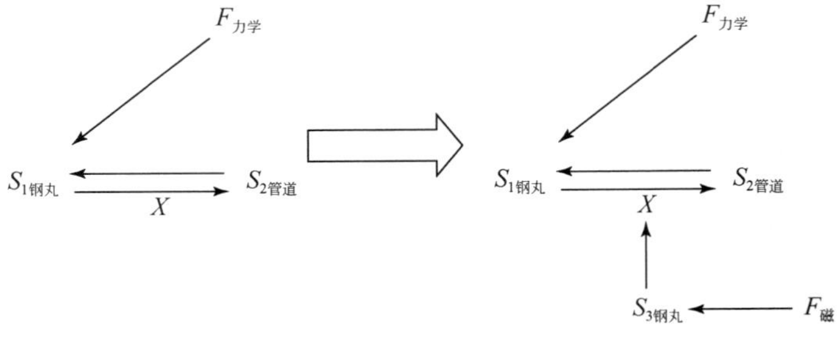

图 3.28　抛丸机问题的物场解决方法

问题 3.4

水翼船通常在军事和商业活动中使用（图 3.29）。水翼将船体从水中提起，从而减少阻力。但水翼会受到剧烈的气蚀侵蚀，形成气泡（空腔）。气泡破裂时，会产生瞬时高压变化（冲击波），从而损坏水翼表面。如果气蚀剧烈，水翼表面会迅速覆盖许多凹坑和穿孔。使用难熔金属或其他各种材料制成水翼保护层，存在边际效应。

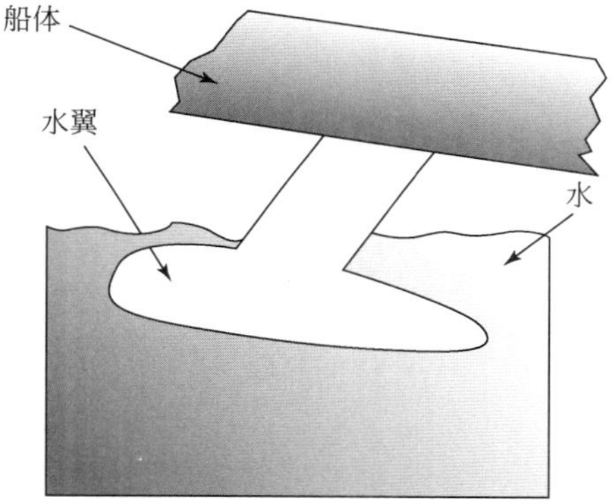

图 3.29 水中水翼示意图

分析

在这个问题上，水翼为 S_1，水为 S_2，力学场 F 是推动船舶的机械力。问题的条件表明，用不同物质分离水和水翼都不能达到预期效果。问题与前一个相类似，解决方案也相类似：S_3 应该是改性水翼或改性水（图 3.30）。

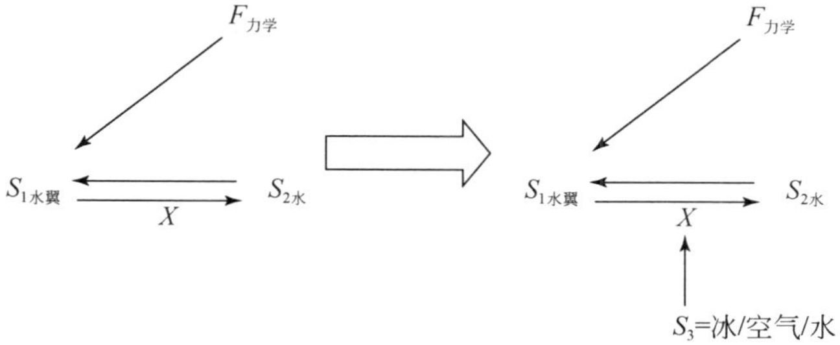

图 3.30 利用物场解决水翼侵蚀问题

由于已经尝试改变水翼，现在尝试改变水——可能是改变蒸汽、冰或水所处的速度、压强等状态。

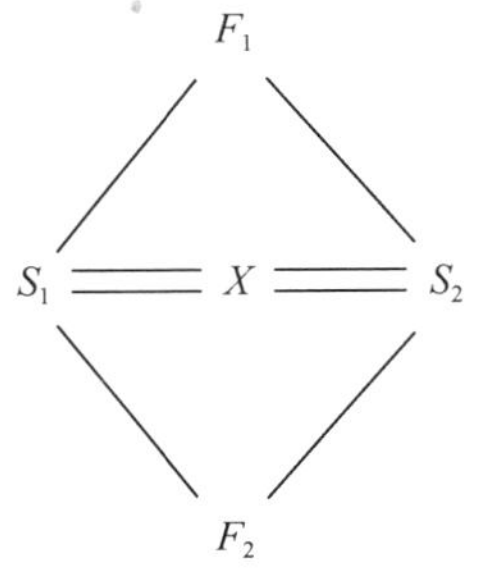

图 3.31　消除 / 减小有害相互作用的另一种场

解

尝试使用两种解决方案：①通过前缘中的穿孔泵使空气在水翼周围形成空气幕；②在水翼表面上形成一层薄冰（如通过船上小型制冷机实现），这层薄冰不断被气蚀破坏，但又迅速重新形成。

有时，问题的条件不允许任何对 S_1 和 S_2 进行的分离。此时应使用以下标准解（图 3.31）。

标准解 1.2.4

如果在两种物质之间同时存在有用和有害的动作，且必须保持物质之间的直接接触，则应当由现有的场 F_1 提供有用动作，引入第二个场 F_2 中和有害动作。

问题 3.5

蒸汽轮机在蒸汽和水的混合环境中运行。大液滴（通常直径为 50 ~ 800μm）碰撞快速旋转的叶片，会将其侵蚀（图 3.32）。

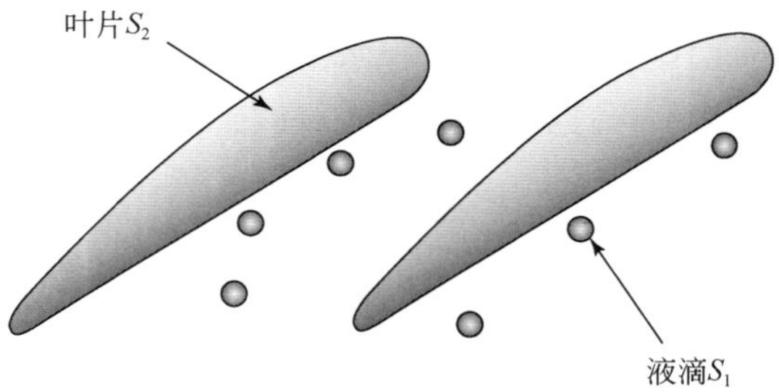

图 3.32　液滴侵蚀叶片示意图

分析

从物场分析的角度看，这种情况与前面的水翼侵蚀问题有些相似（图

3.33）。然而，类似的解决方案——在叶片表面形成保护层——几乎不现实。这就需要应用标准解 1.2.4（图 3.34）。新场 F_2 的任务是清楚的：防止叶片表面和液滴之间的接触。求助于基础物理学，得到使用静电场的想法。

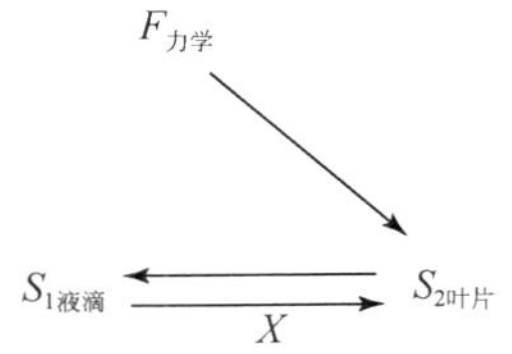

图 3.33 叶片侵蚀问题的 ISM

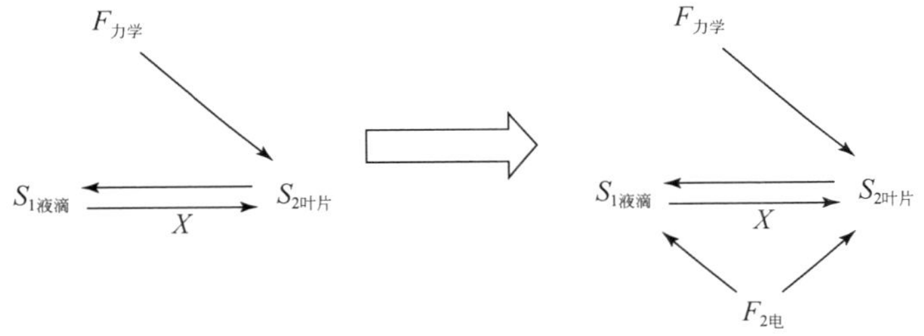

图 3.34 包括第二场的 DSM

解

对液滴和涡轮叶片（图 3.35）施加相同的电压（使用电晕放电，一种在静电过滤器中使用的技术），则液滴和叶片相互排斥，有效降低了液滴撞击叶片的相对速度。

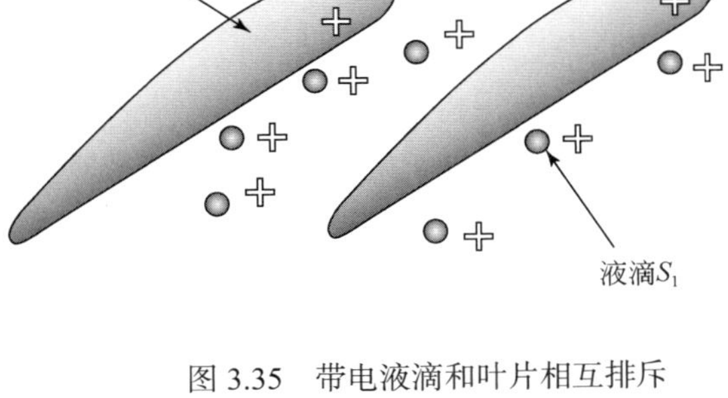

图 3.35 带电液滴和叶片相互排斥

3.4.3 物场的检测与测量

工程实践中常遇到两类问题：修改问题和测量 / 检测问题。在第一类问题中，应该改善给定系统的功能，通常通过修改系统或其环境或同时修改两者来实现。之前讨论的问题都是修改问题。

在测量 / 检测问题中，需要对参数或物理状态进行测量的系统是给定的，不能更改。解决测量 / 检测问题的一种方法是不再需要解决问题。在大多数系统中，测量和检测是重要的，但仍然是补充功能。若有必要测量 / 检测系统参数，则表明系统性能存在某些缺陷（即系统本身不能将这些参数保持在特定范围内，因此需要某种控制器）。理想情况下，系统应该起作用，则不需要对其参数进行测量 / 检测。这种方法体现在以下标准解中。

标准解 4.1.1

如果系统中存在需要测量或检测的问题，则应更改系统，以消除对测量或检测的需要。

问题 3.6

焊铁用于检测和修理昂贵的电路板。铁的尖端温度应使用可行的最低温，以免损坏组件和电路板。由于各种工作需要的温度不同，焊铁必须经常重新校准，这降低了生产率，并使技术人员感到烦恼。此外，技术人员通常将焊铁尖端温度设置得高于最低要求以提高产量，增加了组件和电路板过热的风险。而使用自动温度控制系统将增加复杂性和成本。

分析

理想状态是将用于精密温度控制的复杂系统 “并入”能够将温度保持在指定范围内的物质。为实现这一点，可以使用居里点做过渡，居里点是使磁体失去磁性的温度（图 3.36）。

解

在 Metcal 公司制造的焊铁中，尖端是可更换墨盒的一部分，是镀有

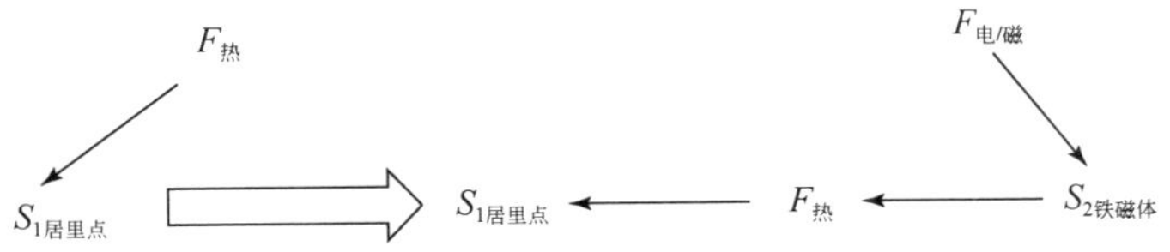

图 3.36 物场解决温度稳定问题

铁镍合金薄层的铜棒（图 3.37）。周围线圈产生的高频交变磁场在铁镍层中引起涡流来加热尖端，当金属层的温度达到预定的居里点时，磁场不可渗透该金属层，从而电流转向内部铜芯，感应加热强度下降。当金属层冷却时，磁场再次渗透，电流返回，加热周期持续。该焊铁的稳定性为 ±1.1℃，可以通过使用不同居里点的铁镍合金来实现不同的尖端温度。

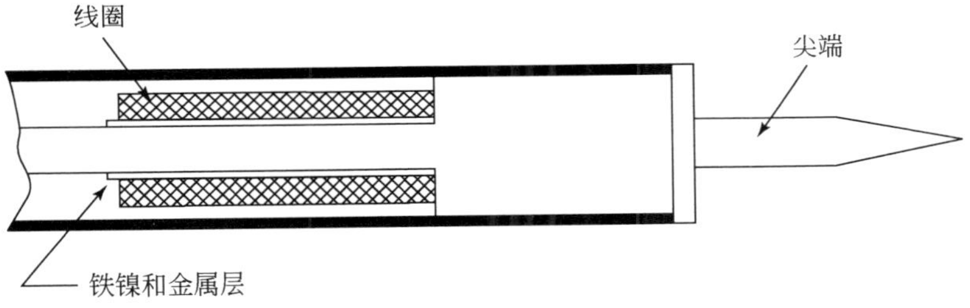

图 3.37 自动调节尖端的可更换墨盒示意图

在标准解 3.1.1 不适用的情况下（如系统不易改变），完整的物场概念可以提供帮助。

在测量 / 检测问题中，将感兴趣的对象设为物质 S_1。从物场分析的角度看，被测量或检测的 S_1 应该产生一些携带相关物质条件信息的输出场 [图 3.38（a）]。

如果 S_1 本身不能产生这样的场，则将另一场应用于 S_1，使得物质将该输入场转换成所需的输出场；后者的参数取决于 S_1 的物理状态 [图 3.38（b）]。

如果 S_1 没有对可能具有实际意义的场做出反应，或者该问题的条件

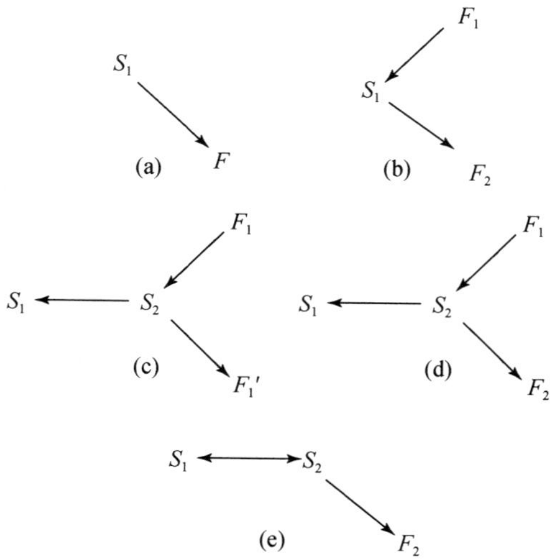

图 3.38　测量 / 检测油田泄漏的典型方法

限制了该场的使用，则添加第二种物质 S_2。该物质可以改变输入场的参数 [图 3.38（c）]，或者可以将输入场转换成不同的输出场 [图 3.38（d）]，或者它可以产生所需的输出场本身 [图 3.38（e）]。典型的物场组如图 3.38（c）和图 3.38（d）所示。

因此，技术系统的测量和检测涉及物场的建立，输出场可以较容易地携带信息。为了建成测量 / 检测系统，可以使用类似于建成修改系统的方法，即通过物场来完成。测量 / 检测系统的一个突出特点就是必须保证输出场的可得性。

标准解 4.2.1

如果难以测量或检测一个不完整物场的元素，那么先建成完整的物场，且必须有一个场作为其输出。

在测量和检测可用的各种场中，电磁场（即磁、电、光）是最方便的，因为它们能够方便地被测量、检测或转换成其他场并在三维空间中传输。

问题 3.7

为防止冰箱管道中的冷却剂发生泄漏，需要对冰箱进行检测。因此需要一种简单、成本有效且可靠的可视化检漏方法（图 3.39）。

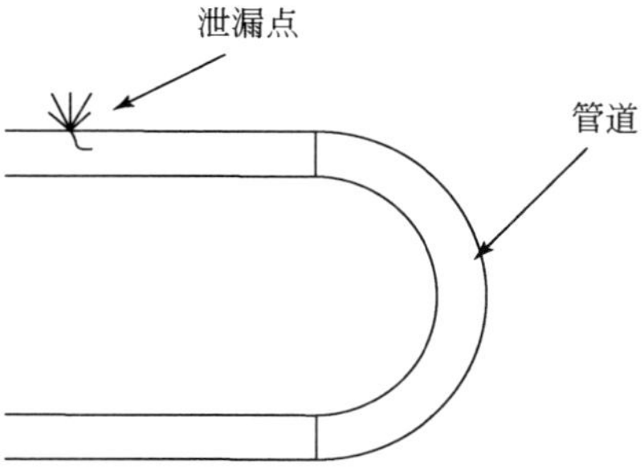

图 3.39 如何检测冰箱管道中的泄漏点

分析

泄漏的液滴可以被认为是 S_1。ISM 是一个不完整的物场。应引入一个新的 S_2，它将与光场 F 相互作用，使液滴变得可见，或者它将其他场转换成光场 F（图 3.40）。

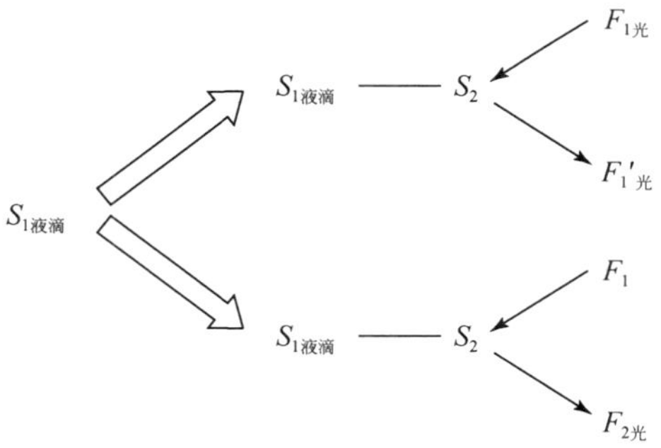

图 3.40 用于检测液滴的物场模型

解

使用两种方法。

第一种方法是借助冰箱管道外表面的涂料层来实现的。如果发生泄漏，油漆涂料会膨胀，使得目视检查更容易。

第二种方法利用发光体将紫外线辐射转换成可见光的能力。在冷却剂中加入少量发光体，使紫外线照射到的泄漏点发光。

3.5 如何在物场中引入新物质

物场的基本概念中谈到，可通过将缺失的物质和 / 或场引入现有系统来建成一个完整的物场。通常，这将增加系统的复杂性，甚至引起非期望的技术效果。因此，在构建物场时，可能会面临冲突：建立有效的物场（系统）需要引入某些物质和 / 或场，但这可能使系统过度复杂。这种冲突可以通过各种间接的方法来解决，“在不引入的情况下引入物质或场”。

物质的引入可以通过以下方法来规避。

标准解 5.1.1

如果物质需要被添加到系统中，但是由于规范或性能条件等原因不允许添加，就应该采用一些间接的方式。

• 使用系统环境中的物质。

示例：第 2 章中自卸式驳船的问题 2.4。

• 使用空隙而非物质。

“空隙”并不一定意味着“真空”。固体物质中的空隙可以是孔或毛细管，也可以是液体或气体。在液体中，空隙可以是简单的气泡。空隙是非常有用的资源，它通常是可用的、无限的、廉价的，并且易于与其他资源“混合”，如中空和多孔结构、泡沫、气泡等。

问题 3.8

制造商检查光学透明液体的杂质。

如果液体样品含有超过一定数量的杂质，那么该液体应该被整体重制。杂质是各种性质的、小的非磁性颗粒，可能在生产过程中的不同阶段进入液体。好的检测方法是光学检测：用激光束扫描液体样品，通过颗粒反射的激光进行计数。

然而，粒子很小（直径大约为 580nm 或更小），不能很好地反射光（光的波长与粒子大小相当，所以光可以在其周围流动）。

需要设计一种用于检测（计数）小颗粒的光学方法。

分析

问题中的 ISM 包括一个粒子 S_1，它不能与光学场 F 相互作用。应将第二种物质 S_2 附加到 S_1 中，以将 F 变换成反射光 F'（图 3.41）。

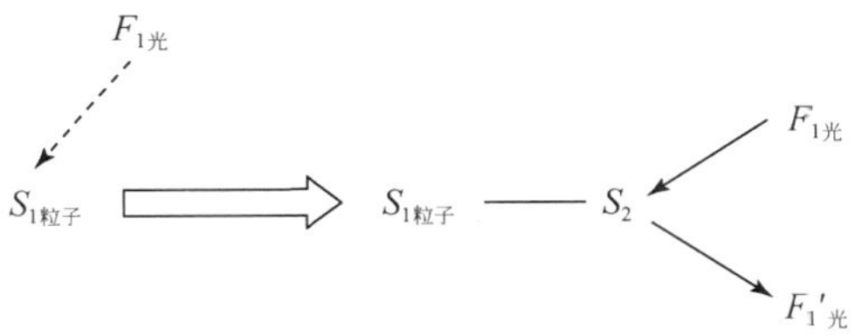

图 3.41 粒子检测问题的物场分析

S_2 应满足三个主要要求：①应足够大，以可靠地反射入射光。②它应该是“黏性的”，以附着在粒子上（这可能存在不同的问题，如如何防止液体的污染；或如何从液体中检测颗粒而不检测它们；或如何使用非光学手段检测颗粒。然而，问题 3.8 旨在说明某种 TRIZ 方法，对所有潜在解决方案的全面分析超出了其范围）。③不要污染液体。要求①和②是比较容易的，但最后一个要求是一个真正的挑战。理想情况下，液体本身应被修正为 S_2。

解

将气泡用于检测颗粒。加热样品液体，如果颗粒存在于液体中，其周围的液体开始沸腾，产生小气泡（Talanquer，2002）。气泡迅速变大，易于检测。

• 使用对象或对象中的部分（成分）作为工具进行修改。

问题 3.9

从氧化铍熔化物中生成铍氧化物的纯晶体。使用该方法时，氧化铍粉末必须在无污染环境中加热至超过 2000℃的温度。在由难熔金属制成的坩埚中加热氧化物，不能保证坩埚材料中的原子不进入熔体。情况包含明显的物理矛盾：必须存在熔炉以盛装熔体，同时必须不存在熔炉以防止熔体受到污染。

分析

为解决这个矛盾，有人建议在氧化铍自身内部将其熔化。如果可以用高频电流（感应加热）加热氧化铍粉末的中心，那么粉末的熔化部分不会暴露于氧化物以外的任何物质中。然而，氧化物是电介质，并且仅在熔融状态下具有导电性，将导体（可能是某些金属的颗粒）引入粉末中可能导致氧化物的污染。

这是一个典型的情况：要解决一个问题，必须克服不是一个，而是许多障碍——一个所谓的“矛盾链”。第二个物理矛盾是，导体必须存在于粉末中以进行感应加热，同时导体必须不存在，以免污染氧化物。合理的推断是使用改性的氧化铍作为导体。

解

使用金属铍作为导体，确保感应场的吸收和氧化物的加热。同时，高温下铍会燃烧并氧化，不会污染熔体。

• 从化合物中获取物质。

问题 3.10

润滑剂（Malinovsky，1988）是金属微粒在油中形成的胶体悬浊液。工作时，颗粒从悬浊液中沉淀并沉积在摩擦表面上，从而形成保护层。制作润滑剂时，通常先在研磨机中粉碎金属粉末，再将其与油混合。

虽然这一方法非常有效，但是当溶液中的金属颗粒大于两个摩擦表面之间的间隙时，这种润滑剂不起作用。对粉末进行更加密集而长时间的研磨可能产生更细的颗粒，但是这将增加制造成本。

分析

使用金属颗粒的完美方法是将其从胶体悬浊液转变为真正的溶液，其中金属将以分子或原子的形式存在。然而，金属通常不溶于油。物理矛盾是清楚的：金属应存在于润滑剂中以使表面平整，并且金属不应该在润滑剂中，因为它不能溶于油中。这是引入物质的典型问题，看起来问题或系统的性能条件不允许引入新物质。

解

使用含有所需金属的化合物。这种化合物必须满足两个要求：它必须溶于油，从而产生真正的溶液；同时必须在摩擦力的作用下释放金属。由于油是一种有机物质，因此使用有机金属化合物可以满足第一个要求。

第二个要求也被自动满足，因为这些化合物被摩擦表面产生的热场分解。

可以看出，以上两种方法是相互对立的。后者建议从化合物中提取所需物质，前者则建议使用一种简单物质，且其在完成功能后成为化合物的一部分。

• 使用场而非物质。

问题 3.11

监测轨道电缆的拉伸程度和速度是必要的（图 3.42），所使用方法的准确性应不受各种环境因素的影响，如温度、湿度、电缆污染等。

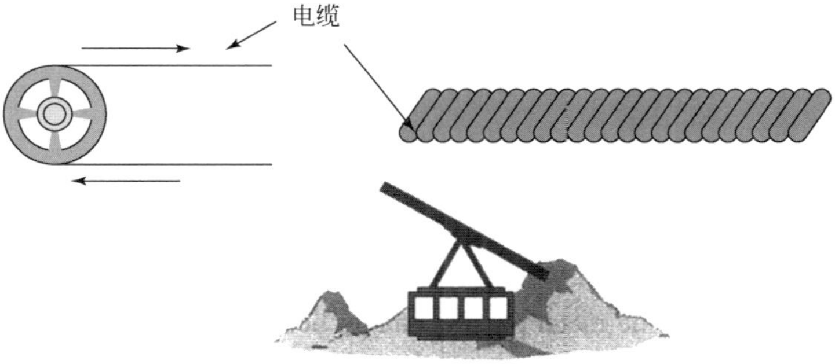

图 3.42 电缆车示意图

分析

原始测量物场如图 3.43 所示。这里的“标记”可以是任何潜在物质（如油漆）。系统冲突是显而易见的：外部“标记”可以测量电缆数据，但是它会被电缆的环境损坏。

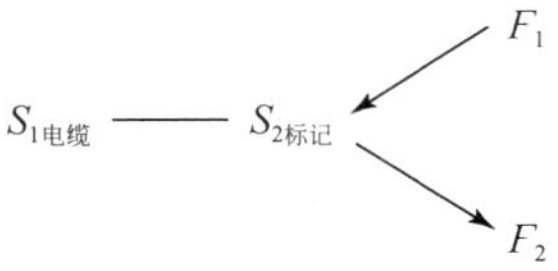

图 3.43 电缆检测问题的 ISM

解

这种系统冲突可以用理想策略 2（第 2 章）的思路解决：“标记”

在电缆内移动。

使用磁痕代替油漆（图 3.44）。脉冲长度反映电缆拉伸程度，脉冲频率反映电缆的速度。电缆的磁化部分受环境因素的影响较小，从而提高了监测过程的准确性和可靠性。

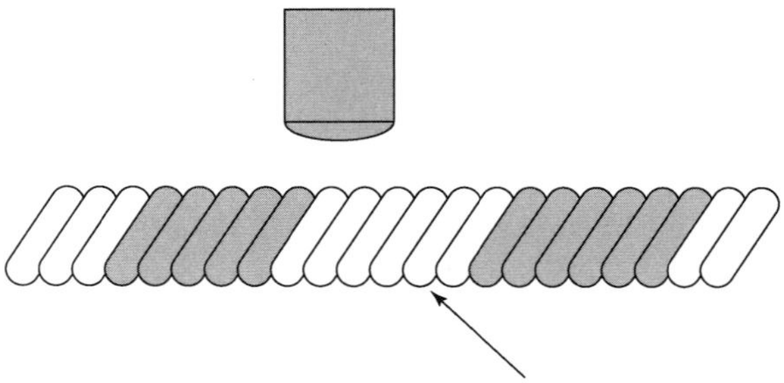

图 3.44 磁标记监测电缆

3.6 如何在物场中引入新的场

与引入物质相类似，引入场也需要遵循将功能委托给现有物质或能源的一般性原则。

标准解 5.2.1

使用系统中可用的场。

问题 3.12

火箭油箱充满液态氧，但必须保证气态氧不会进入油箱。

分析

ISM 由两种物质组成，即 S_1 气态氧和 S_2 液态氧（图 3.45），没有任何可以使它们分离的场。[注意，由于无法控制，因此浮力（即重力场）不包括在 ISM 中。]

应利用一个容易控制的场来建物场，该场在物质上的作用不同，从而使其分离。场与物质之间的不同相互作用是通过物质间物理性质的差异来实现的，如质量上的差异。因此，可以使用离心力作为分离所用的场（图 3.46）。

图 3.45 液态分离问题的 ISM

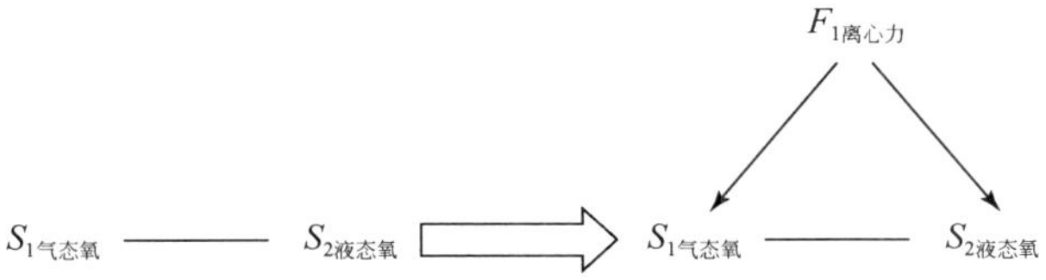

图 3.46 离心力分离气态氧

引入离心力不应使系统过度复杂。首先考虑已经存在的场，如液氧流的力学场。

解

可通过旋转流改变液态氧和气体的运动模式来解决这一问题。将板子放置在稍微向流轴线倾斜的管道内，离心力将冷却剂压到壁上，并将气体限制在管道的轴线上。然后借助导管，从液氧流中除去气体。

标准解 5.2.2

如果内部场不可用，则考虑系统环境中存在的场。

用于汽车柴油发动机的颗粒过滤器每七万五千英里[①]需要维修（清洁）一次。PSA Peugeot Citroen 开发的新型颗粒过滤器（http：//www.psa-peugeot-citroen.com/en/morning.php）则可以每二百英里至三百英里自行清洁一次。

过滤器由毛细管结构组成，催化涂层覆盖碳化硅。自清洁包括对过滤器中累积颗粒的周期性燃烧。传感器检查颗粒过滤器内的温度和压力，将烟灰量反馈给燃料喷射计算机，计算机在一定条件下启动燃油喷射。废气温度升高至超过颗粒燃烧阈值（550℃）时，过热气体引入过滤器并燃烧烟灰。

① 1 英里 =1.609 344 千米。

标准解 5.2.3

如果内部场和外部场都不容易获得，则使用一个场，这个场的输出或输入为已经存在于系统或系统环境中的物质。

问题 3.13

为防止昂贵机械旋转轴的滑动轴承过热，常使用热传感器进行检测（图 3.47）。在过热的情况下，传感器将电信号发送至安全开关，立即停止轴转动。来自轴承的热量可能不能及时传导到传感器，从而使开关的响应不及时，危及机械安全。

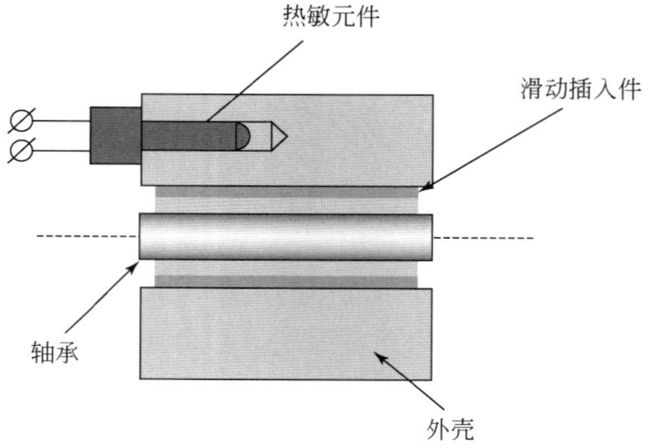

图 3.47　测量轴承温度

分析

这是一个构建测量平台的典型问题。ISM（图 3.48 中粗箭头左侧图）由轴承 S_1 和热场 F_1 组成。这是一个不完整的物场，必须添加缺少的元素。DSM（图 3.48 中粗箭头右侧图）显示了一个完整的物场，其中 S_1 轴承和 S_2 之间的热互动产生了良好的电场 F_2。因此，问题被简化为寻找与轴承 S_1 一起产生电场的这种物质 S_2。

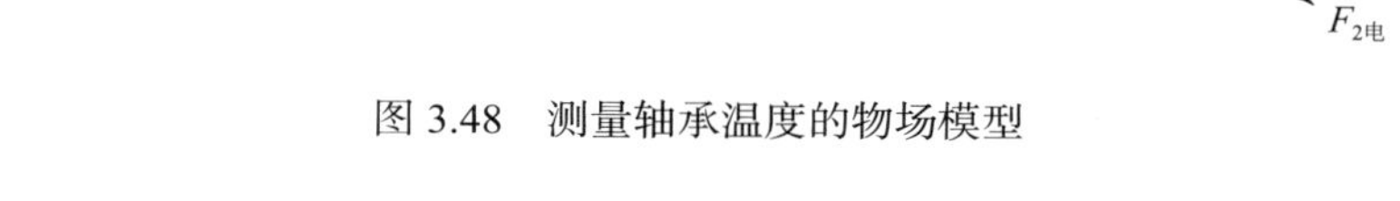

图 3.48　测量轴承温度的物场模型

标准解 5.2.3 表明，该物质必须在现有系统的资源中寻找。建议将壳体作为 S_2。众所周知，两种温度不同的导电材料在接触时会产生电位差（塞贝克效应），这种现象与珀耳帖效应（电流会导致不同金属接头的温度差，Nolas et al.，2001）相反。

解

使用壳体和滑动插入件产生的热电压控制安全开关（图 3.49）。

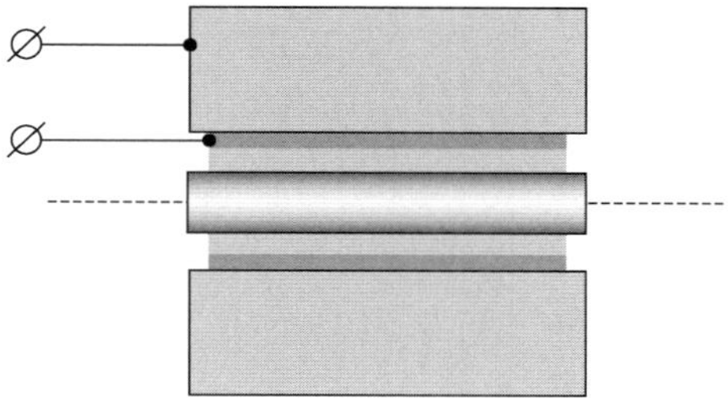

图 3.49　由资源物质组成的热电偶

3.7 总　　结

物场是技术系统的一个模型，反映问题中所给系统（最重要的）物理属性。作为一种范式，物场的使用非常广泛；它可以用于描述大量技术结构及其在物质 – 场相互作用方面的变化。改进系统结构的主要目的是提高系统的可控性。正确构建的物场模型应反映给定问题的本质而非次要因素。物场建模方法提供了一种记录问题所给内容以及应给内容的方法。

3.8 练　　习

1）建立包含如下功能的物场模型。

刷牙。

梳头发。

滑雪。

在水壶里烧开水。

点亮图 3.50 中的灯泡。

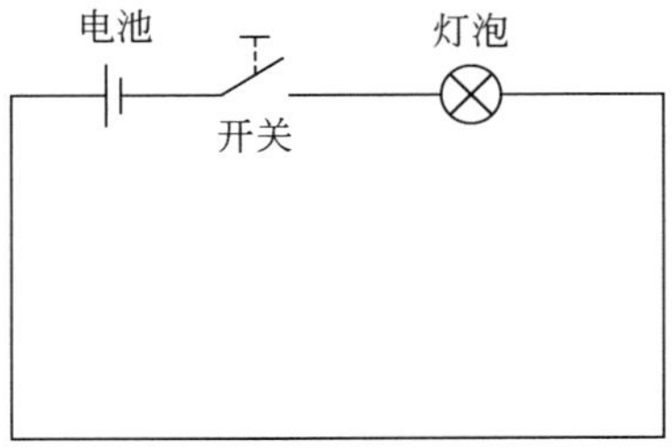

图 3.50　点亮灯泡的电路图

2）通常使用特殊的静压机来制造金属管道的扩口（图 3.51），但这种技术在现场紧急维修时并不总是适用。因此，需要一种简单而具有成本效益的管道扩口方法。

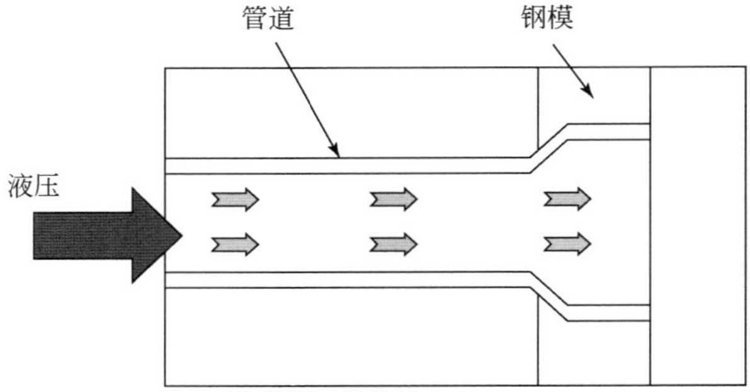

图 3.51　管道扩口的液体流动方式

3）在用挖掘机卸载泥土时，泥土经常粘在铲斗上（图 3.52）。需要一种简单而具有成本效益的方法来解决这个问题。

4）运输松散材料时，通常需要将容器填充满（图 3.53）。在运输过程中，材料受到晃动，不断移动，彼此之间及与容器壁之间相互摩擦，使得颗粒被磨成粉尘，并可能因静电积聚而导致爆炸。提出可以预防这些影响的概念化解决方案。

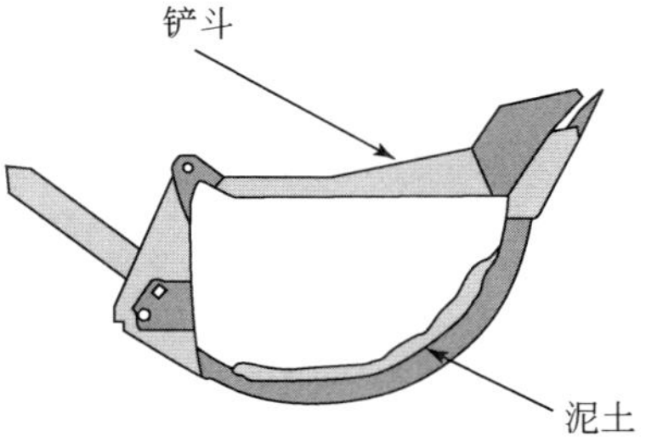

图 3.52　挖掘机铲斗

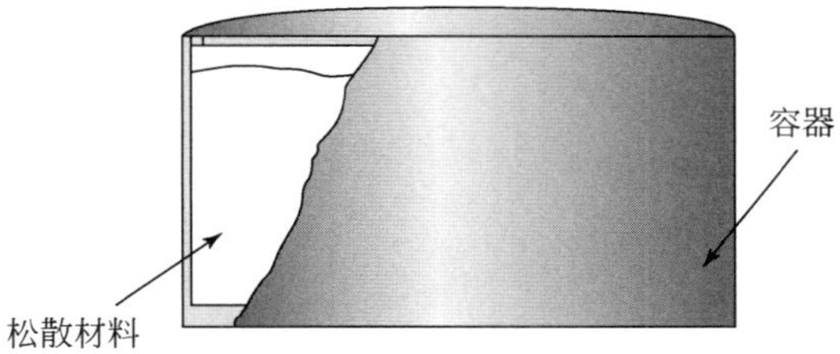

图 3.53　在容器中运输松散材料

5）在造纸工业中，原木是纸制品的原料。交付给工厂的原木经常含有塑料件（环境污染的后果）。在将木材加工成木片时，塑料会碎裂，污染纸制品。普遍的做法是目视检查原木并清除可见的塑料片，但这种方法效率低下。开发更好的塑料去除方法。

6）旋转钻井设备使用一系列被称为钻柱的旋转管道，以进入油气藏（图 3.54）。钻柱由井架支撑，并由其底层的旋转台驱动。由泵循环的泥状流体，随着钻头钻入储有石油天然气的岩石，由泵带动的循环泥浆可以带走打钻过程中形成的岩石屑。

特殊导流板用于钻弯曲井。随着井曲率半径的变化，必须将新的导流板切换到钻柱上。切换时需要将整个钻柱提起，然后再放回到井中，大大降低了钻井的整体效率。提出没有上述缺点的导流板设计概念。

7）在流化床中干燥粉末时（图 3.55），粉末在被热空气流加热的同时，也被声振动搅拌，搅拌加剧了干燥过程。声音振动的频率与颗粒

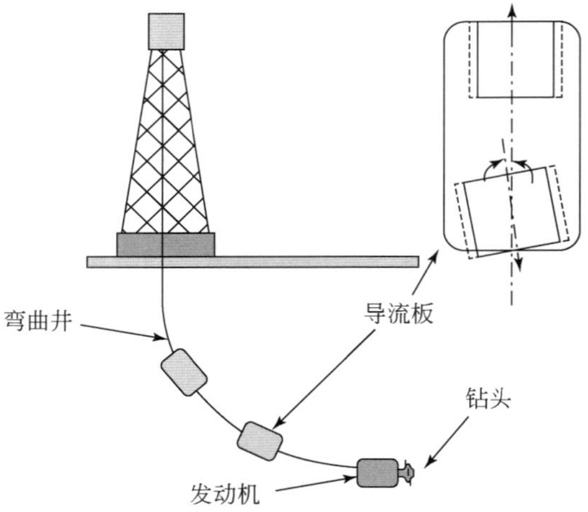

图 3.54　弯曲钻井

固有频率相同时效果最佳。由于粒子很小，其固有频率处于超声波范围，但超声波在粉末中传播不良。定义一个小问题，并用物场分析解决它。

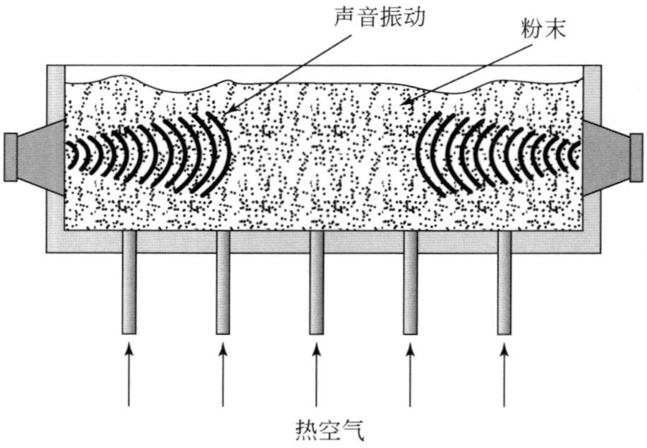

图 3.55　流化床中干燥粉末

第 4 章 发明问题解决算法（ARIZ）

本书第 2 章和第 3 章中讲述的 TRIZ 工具在寻找新的概念解决方案方面非常有用。然而在复杂情况下直接应用 TRIZ 工具有时是相当令人困惑的：或许不清楚应该解决什么样的系统矛盾，或应该更改哪个系统组件，或用哪个物场模型描述问题才最合适。为协助问题解决者做出这些和其他问题相关的重要决策，阿奇舒勒开发了发明问题解决算法或称 ARIZ（算法的俄语缩写）。

4.1 ARIZ 的目标

ARIZ[①]追求三个主要目标：问题描述、打破思维惯性[②]、融合多种 TRIZ 工具的威力。

4.1.1 问题描述

传统的解决问题的方法是一旦提出问题就跳转到潜在的解决方案。一个难题或许需要经过无数次的跳转才能解决。从 TRIZ 的观点来看，

①根里奇 • 阿奇舒勒开发了 ARIZ 的相关概念和一系列的 ARIZ 版本：ARIZ-61、ARIZ-64、ARIZ-69、ARIZ-71、ARIZ-75、ARIZ-77 等（ARIZ 后面的数字代表每个特定版本出现的年份）。现在的版本是由维克多 • 费伊修订的 ARIZ-85C。

②译者注：在这里把 psychological inertia 翻译为思维惯性而不是心理惯性，是基于目前已经翻译为中文的资料中多采用思维惯性这个术语，后文中也是这样处理这个术语。

如果一个问题难以解决，通常意味着它没能被很好地表述出来。一个表述正确的问题很容易就能自动求解，或者很明显没有必要的科学知识或技术可以找到解决方案。在许多情况下，适当地描述问题还包括选择需要更改的系统组件并为该组件构建物理矛盾。

基于这个原因，ARIZ 包含了一系列步骤，从最初模糊或错误定义的问题，引导求解流程[①]（逐步）构建清晰的系统冲突和物理矛盾。ARIZ 的每一个步骤都是以使问题更容易得到解决的方式去不断地修正对问题初始情境的理解。很多时候，正确地实施 ARIZ 的初始步骤，甚至不构建物理矛盾就能获得解决方案。因此，ARIZ 主要关注的是怎样重新表述初始问题：正确地分析问题的结果就是解决方案。

4.1.2　打破思维惯性

目前 ARIZ 的形式是一种为人类而非计算机设计的算法，因此在求解流程中配备了一系列打破思维惯性的工具。

第一个工具是建议不要使用专业术语来描述问题，这些专业术语反映了对技术系统已有的认知并有可能在寻找有效解决方案的路径上建立起很强的心理障碍。

第二个工具是强化系统冲突。传统思维没有明确地认识到系统冲突或者试图缓解系统冲突。与传统思维相反，ARIZ（以及所有的 TRIZ 方法）喜欢系统冲突。为抵消人们缓和系统冲突的自然倾向，ARIZ 提供了相反的恶化矛盾的做法。驱使系统冲突达到其极端状态有助于解决问题的人遏制他或她自身的思维惯性并常常能够加深他（她）们对问题的理解。

4.1.3　融合多种 TRIZ 工具的威力

ARIZ 集成了 TRIZ 所有的基本概念和方法，如理想系统、系统冲突、

---

①译者注：这里把 problem solver 翻译为“求解流程”，ARIZ 本身是一个结构化的解题流程；后面另一个单词 problem-solver 翻译为“解决问题的人”。

物理矛盾，以及物场分析、标准解和进化法则。这使得 ARIZ 成为现代 TRIZ 中分析和解决问题最有力的工具。

4.2 ARIZ 的结构

ARIZ 的四部结构如图 4.1 所示。

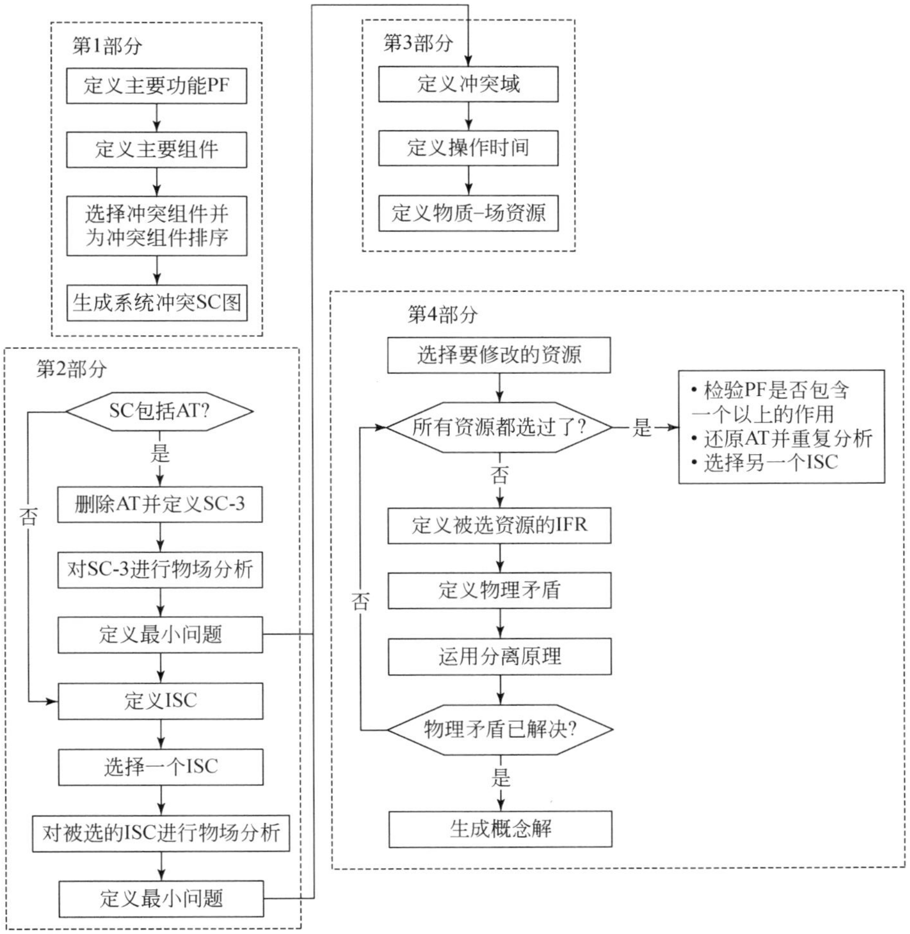

图 4.1　TRIZ 结构图

• 第 1 部分——定义系统冲突——从详述给定系统的主要功能开始，然后识别系统的主要组件和它们执行的作用，下一步明确对象、工具和环境要素。环境要素是系统的环境中或相邻系统中的组件，其会对系统组件产生不利的影响（如空气中的氧气会导致有害的氧化）。工具则分为主要的或辅助的两种类别。

ARIZ 识别与初始情境相关的两种相反的系统冲突。一个系统组件的物理状态决定了它与其他组件的相互作用。如果这个组件处于相反的物理状态，则相互作用也会反转（图 4.2）。例如，在图 4.3 中展示了问题 2.3 中动态吸振器的两种物理状态所定义的两个系统冲突图。ARIZ 分析的结果取决于被解决的是哪个系统冲突。

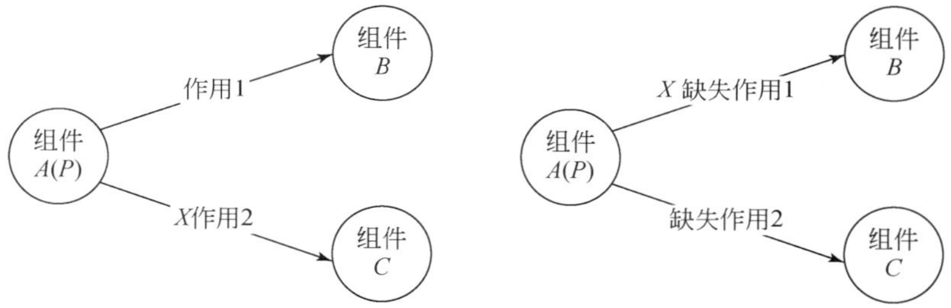

图 4.2　系统冲突总是成对出现

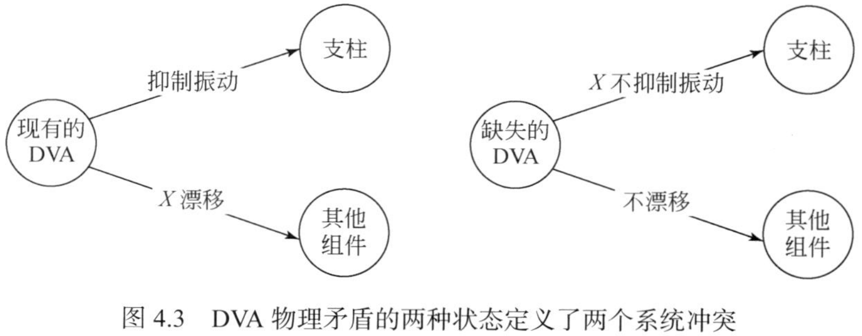

图 4.3　DVA 物理矛盾的两种状态定义了两个系统冲突

• 第 2 部分——分析系统冲突并定义最小问题——从检验点开始：构建的系统冲突涉及辅助工具吗？如第 2 章中所述，如果一个系统冲突涉及了一个辅助工具，可以通过删除这个工具消除冲突，并把工具的有用作用分配给（系统中）已有的另一个组件或分配到系统的环境中。因此，如果这个问题的答案是肯定的，辅助工具（连同其所有有用的和有害的作用）都将被删除并构建一个新的系统。通常系统冲突会涉及一个辅助工具的两个物理状态：存在与缺失。在前面这个案例中，被选中的是缺失辅助工具的系统冲突。

不包含辅助工具的系统冲突将被强化：主要工具相反的物理状态或有害作用会被激化到极致。很多情况下，解决一个强化的系统冲突会指向一个最大问题，解决其他的系统冲突则处于解决最小问题的框架内。一系列的规则有助于解决问题的人选择最有希望（解决）的系统冲突。

其中的一个规则处理的情况是，强化两个系统冲突将导致（技术系统）的主要功能无法实现或是对整个技术系统造成重大的损害。在这种情况下，必须删除主要工具并构建新的系统冲突。这一规则是基于这样的观点，即强化的系统冲突有助于揭示系统的进化潜力或其潜在的物理原理。系统的严重恶化是一个可靠的迹象，由于一些主要组件重要参数的显著变动所导致的恶化表明该组件已经达到其进化发展的边界，任何进一步的重大改进几乎无法达成。应该考虑引入新的组件执行所需的物理作用或（使系统）运行新的物理原理（即一个新的物理作用）。

在下一个步骤，物场分析有助于确定是否可以通过标准解来解决所选择的系统冲突。即使解决方案在这一步变得清晰，继续分析也是有意义的，因为后续的步骤可能有助于完善和加强解决方案。

第 2 部分的最后一步是定义最小问题。总结前面的步骤，对系统冲突的分析可能有以下三个结果（和相应的三个最小问题）。

删除一个辅助工具因而它的有用作用也被删除了。最小问题是要找到一个未知的资源（*X*- 资源，*X*-resource），能够实现这个有用的作用。

删除一个主要工具，问题是相似的。

不删除工具，则其有用的和有害的作用都被保留了下来。最小问题是要找到一个 *X*- 资源，在消除或中和有害作用的同时保留有用的作用。

• 第 3 部分——对可用资源的分析——从定义冲突域开始，冲突域是造成系统冲突的组件所占用的系统内的空间。由于冲突组件不仅占用空间，而且也存在于时间中，后者就成为了资源。操作时间是解决系统冲突最好的时期。接下来，把可用的物质资源、场资源和时间资源归集在一起。物质 – 场资源可分为以下三组。

1）系统内部资源。这些是冲突域中的资源，是对象资源和工具资源。

2）环境资源。这些是针对冲突域的环境资源，以及对任何环境都存在的一般自然资源，如地球的磁场和引力场。

3）整体系统资源。这组资源包含由其他系统或任何廉价或免费的“外来的”物质和场所提供的副产品（如废物）。

建议首先利用系统内部资源来尝试解决问题，如果此方法不起作用，则尝试从其他组别中获取资源。

• 第 4 部分——生成概念解——顾名思义包含利用已识别出的资源来解决系统冲突的步骤。首先，某个物质 – 场资源——*X*- 资源——被选中进行修改。最终理想解（IFR）定义为在冲突域中被选中的资源的理想功能。本质上讲，被选中的资源必须执行在定义最小问题时所明确的作用。

如果 IFR 很容易就能实现，那么问题就解决了。然而通常对所选资源的物理状态的相反的要求（物理矛盾）使得 IFR 不可能直接实现。随后则用分离原理来解决物理矛盾，有必要定义并尝试解决两个物理矛盾——宏观的和微观的。

如果不能为选定的资源构建物理矛盾或者构建的矛盾无法解决，则应选择另一种资源。

如果上述所有步骤都没有得到好的概念解，我们该怎么办呢？首先，我们需要复查所定义的主要功能是否包含一个以上的物理作用。例如，主要功能“（由机器人）处理零件”可以是不同物理作用的组合，包括诸如“沿 x 轴移动零件”和“旋转零件”等作用。这些作用中只能有一个与确切的系统冲突直接关联；把这些作用混在一起可能会混淆后续的分析。即使两个或两个以上的作用直接引起了系统冲突，也必须对它们单独进行分析。

另一个继续分析的机会是“复活”在第 2 部分中被删除的辅助工具

及它造成的系统冲突。解决这些系统冲突很难具有突破性，但仍有可能给系统带来显著的改善。如果没有辅助工具是系统冲突相互作用的一部分，那么就应该分析和解决另一个强化的系统冲突（通常与最大问题相关联）。

以下是 ARIZ 的文字版（各部分及步骤），以及用以展示如何运用 ARIZ 的案例。在许多情况下，其中的一些步骤是不相关的并可以“跳过”这些步骤。

4.3 文字版 ARIZ

文字版 ARIZ 如表 4.1 所示。

表 4.1 文字版 ARIZ

步骤	作用、规则和建议
第 1 部分 定义系统冲突	
1.1 定义主要功能（primary function，PF）	建议 1：避免用专业术语描述功能、组件及其作用
1.2 定义系统的主要组件（main component，MC）	列出系统的主要组件及环境的主要组件
1.3 选择冲突的组件	选出与主要组件相关的有用功能和有害功能 目标（object，*O*） 主要工具（main tools，MT） 辅助工具（auxiliary tools，AT） 环境要素（environmental element，EE）
	规则 1：如果缺失主要工具，将物场补充完整（用第 1 类标准解求解）
	规则 2：如果有多对完全相同的冲突组件，只分析其中的一对
	规则 3：如果不止一个辅助工具（AT），将辅助工具按实现、增强、修正和测量进行排序
1.4 定义系统冲突 SC	（a）生成系统冲突图 （b）定义系统冲突 SC-1 和 SC-2
	规则 4：定义系统冲突，用名词表示组件，用动词描述组件的作用
	规则 5：只对物理实体（如物质、场）定义系统冲突，不可对参数定义系统冲突
	规则 6：针对主要组件和 / 或辅助组件的对立的物理状态定义物理矛盾

续表

步骤	作用、规则和建议
转向第 2 部分，步骤 2.1	
第 2 部分 系统冲突分析和最小问题定义	
2.1 系统冲突包括辅助工具吗？	是，转去第 2-1 部分，步骤 2.1-1 否，转去步骤 2.2
2.2 定义强化系统冲突（intensified system conflict，ISC）	强化系统冲突 （a）定义 ISC，ISC-1 和 ISC-2 展示所涉及的组件的极端状态（作用、条件） （b）生成 ISC-1 和 ISC-2 的系统冲突图
2.3 选择一个 ISC	选择一个 ISC 进行后续的分析 规则 7：选择使主要功能 PF 更突出的 ISC 规则 8：如果两个 ISC 都导致不可能执行技术系统或整个系统的主要功能（PF），则选择与缺失的主要工具相关联的 ISC（或定义新的 ISC-3）
2.4 进行物场分析：构建表现被选 ISC 的物场模型	建立被选的 ISC 的物场模型 识别可用于求解这个 ISC 的标准解
2.5 定义最小问题	明确能够解决被选 ISC 的 *X*- 资源的作用 这里要求引入的 *X*- 资源既能保持（明确的有用作用 UA），同时能消除或中和（明确的有害作用 HA）
转向第 3 部分，步骤 3.1	
第 2-1 部分	
2.1-1 删除辅助工具 AT	建议 2：消除 AT 的优先顺序 ●增强 ●修正和测量 ●实现
2.2-1 定义 SC-3	按以下形式定义新的 SC-3：“如果辅助工具 AT 不存在，则（明确的有害作用 HA）消失，但是（由当前的辅助工具 AT 执行的明确的有用作用 UA）也消失了”
2.3-1 进行 SC-3 的物场分析	建立表现 SC-3 的物场模型 识别可用于解决 SC-3 的标准解
2.4-1 定义最小问题	明确能够解决 SC-3 的 *X*- 资源的作用 要求引入的 *X*- 资源能提供（缺失的辅助工具 AT 的有用作用），也不阻碍执行系统的主要功能 PF
转向第 3 部分，步骤 3.1	

续表

步骤	作用、规则和建议
第 3 部分 可用资源分析	
3.1 定义冲突域 CD	定义形成冲突的空间
3.2 定义操作时间 OT	定义克服系统冲突的时间段 冲突发生前的时间 T_1 冲突发生中的时间 T_2 冲突发生后的时间 T_3
3.3 定义物质－场资源	冲突域资源 （a）主要工具的物质 （b）主要工具的场 （c）对象的物质 （d）对象的场 环境资源 （e）环境中的物质 （f）环境中的场 整体系统资源 （g）整体系统中的物质 （h）整体系统中的场
转向第 4 部分，步骤 4.1 如果是辅助工具 AT 缺失的情况（步骤 2.1-1 ～步骤 2.4-1），转向第 4-1 部分，步骤 4.1-1	
第 4 部分 形成概念解	
4.1 选择 X- 资源进行修改	在步骤 3.3 列出的资源中选一个进行修改 规则 9：首先选择冲突域（CD）中的资源 建议 3：修改资源的优先顺序 （a）修改工具 （b）修改环境 （c）修改冲突域（CD）中的某个对象 （d）修改整个技术系统
4.2 定义选定资源的最终理想解（ideal final result，IFR）	（a）IFR 可以定义如下 被选的 X- 资源在冲突域 CD 内、操作时间 OT 时段里既提供（步骤 2.5 中定义的 UA）同时又消除或中和（步骤 2.5 中定义的 HA） （b）验证实现最终理想解 IFR 的机会。如果答案是肯定的，那么提出解决方案的概念，否则转到步骤 4.3
4.3 定义宏观物理矛盾	为提供有用作用 UA，所选的 X- 资源必须具有（明确宏观属性 P） 要消除有害作用 HA，所选的 X- 资源必须具有（明确相反的宏观属性 $-P$） 规则 10：如果物理矛盾无法解决，回到步骤 4.1，选另一个资源，重复执行步骤 4.2 ～步骤 4.3
4.4 宏观层面解决物理问题	单独或组合运用分离原理
4.5 定义微观物理矛盾	要具有微观[①]的属性 P，所选资源必须由具有属性（明确的属性 μP）的粒子构成 要具有微观属性 $-P$，所选资源必须由具有属性（明确的属性 $-\mu P$）的粒子构成

①编辑注：原文此处为微观，步骤 4.5-1 处为宏观，疑原文有误。

续表

步骤	作用、规则和建议
4.6 微观层面解决物理问题	如步骤 4.4 相同地运用分离原理
4.7 如果未能求解最小问题	检查以下机会 ●选择另一个资源（步骤 4.1）并重复步骤 4.2 ～步骤 4.6 ●检查步骤 2.5 中对最小问题的定义；它可能是两个或更多不同问题的集群 ●若执行上述两个子步骤后最小问题仍然没有解决，选择另一个 ISC（即解决一个最大问题）
第 4-1 部分	
4.1-1 选择要修改的 *X*- 资源	在步骤 3.3 列出的资源中选一个进行修改 规则 11：首先选择冲突域（CD）中的资源 建议 3：修改资源的优先顺序 （a）修改工具 （b）修改环境 （c）修改冲突域（CD）中的某个对象 （d）修改整个技术系统
4.2-1 定义所选资源的最终理想解（IFR）	（a）IFR 可以定义如下 所选择的 *X*- 资源既能提供（步骤 2.4-1 中缺失的辅助工具 AT 的有用作用 UA），同时又不阻碍实现主要功能 PF （b）验证实现最终理想解 IFR 的机会。如果答案是肯定的，那么提出解决问题的概念解，否则转到步骤 4.3-1
4.3-1 定义宏观物理矛盾	●为提供有用作用 UA，所选的 *X*- 资源必须具有属性（明确的宏观属性 P） ●要消除有害作用 HA，所选的 *X*- 资源必须具有属性（明确的相反的宏观属性 $-P$） 规则 12：如果一个物理矛盾在宏观层面无法定义，则回到步骤 4.1-1 并选择另一个资源，对该资源重复执行步骤 4.2-1 ～步骤 4.3-1
4.4-1 宏观层面解决物理问题	单独或组合运用分离原理
4.5-1 定义微观物理矛盾	●要具有宏观属性 P，所选资源必须由具有属性（明确的属性 μP）的粒子构成 ●要具有宏观属性 $-P$，所选资源必须由具有属性（明确的属性 $-\mu P$）的粒子构成
4.6-1 微观层面解决物理问题	与步骤 4.4-1 相同地运用分离原理
4.7-1 如果未能求解最小问题	检查以下机会 ●选择另一个资源（步骤 4.1-1）并重复步骤 4.2-1 ～步骤 4.6-1 ●检查步骤 2.4-1 中对最小问题的定义；它可能是两个或更多不同问题的集群 ●返回步骤 2.2，复原辅助工具 AT 并继续进行分析

例 4.1

某技术系统要用到真空，该系统包含由玻璃管焊接而成的玻璃生产线。在玻璃管焊接完成后，必须对焊缝进行孔缝检测。为此要把一个电极插入玻璃管内并定位在焊缝上（图 4.4），另一个电极位于焊缝外部。在电极上施加高压时会穿过玻璃形成电晕放电（这被看成电极之间的光晕）。如果焊缝中有一个微小的孔，则放电会集中在其内部，小孔中的空气会非常亮。随后移开外部电极，用气焊枪封闭小孔。但是一旦移开外部电极，小孔就看不到了，维修工可能被迫熔化超出必要宽度的焊接区域（以确保孔被关闭）。这是不可取的，因为这可能引起有害的热应力。如果检测孔缝与封闭孔缝同步进行的话，外部电极很快会被烧毁。

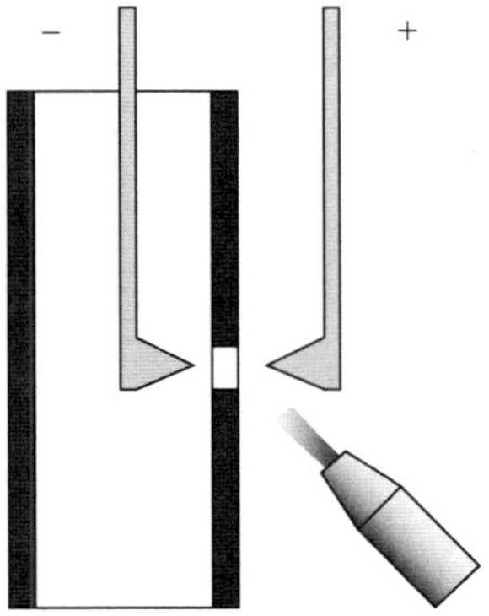

图 4.4　在玻璃管中探查和修补孔

分析

第 1 部分　定义系统冲突

1.1 主要功能

在所描述的系统中存在两个过程：探查玻璃管中潜在的孔（或更精确的说法是空气）和封闭被检测到的孔（即熔化围绕孔的玻璃）。后一个过程显然占据主导地位，因此，主要功能可以表述为，熔化玻璃管。

1.2 主要组件

玻璃、焊枪（火焰）、电极（外部和内部）、空气（孔内的）。

1.3 冲突组件

对象：玻璃管。

主要工具：焊枪（火焰）。

辅助工具：外部电极。

环境元素：空气（孔内的）。

1.4 系统冲突

系统冲突 1（SC-1；图 4.5）。

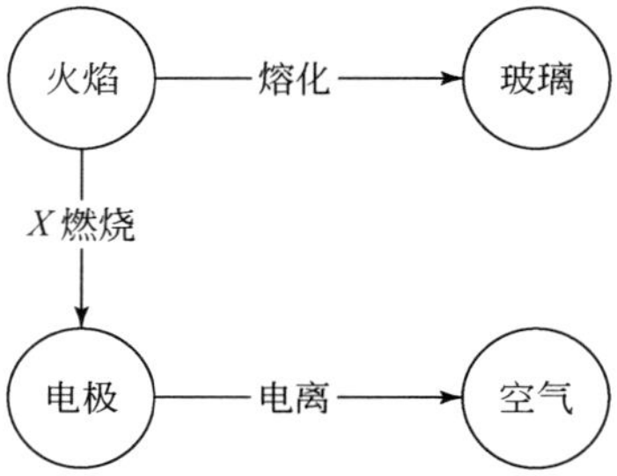

图 4.5　系统冲突 1

如果外部电极靠近小孔，它能检测到孔内的空气（即电离空气），但是它会被用来熔化玻璃的火焰烧毁。

系统冲突 2（SC-2；图 4.6）。

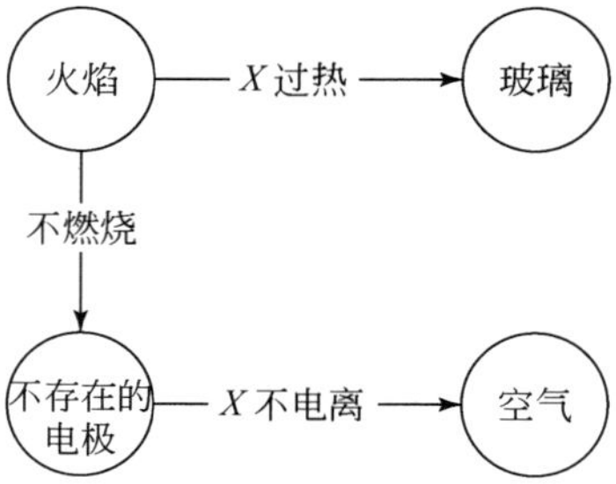

图 4.6　系统冲突 2

一个不存在的电极不能电离孔中的空气，但也不会被可能导致玻璃过热的火焰烧毁。

第 2 部分　系统冲突分析和最小问题定义

由于 SC-1 和 SC-2 都涉及冲突的辅助工具（外电极），下一步分析应该执行步骤 2.1-1。

2.1-1 删除辅助工具

外电极——测量（作用）的辅助工具——应该删除。

2.2-1 定义系统冲突 3（SC-3）

显然，SC-3 就是 SC-2。

2.3-1 SC-3 的物场分析

物场模型如图 4.7 所示：没有外部电极，空气不被施加电场，结果是不会发光；这就需要从已有的可用组件中选第二个物质添加进来。显然这一资源组件必须导电以便把电场施加到空气中。

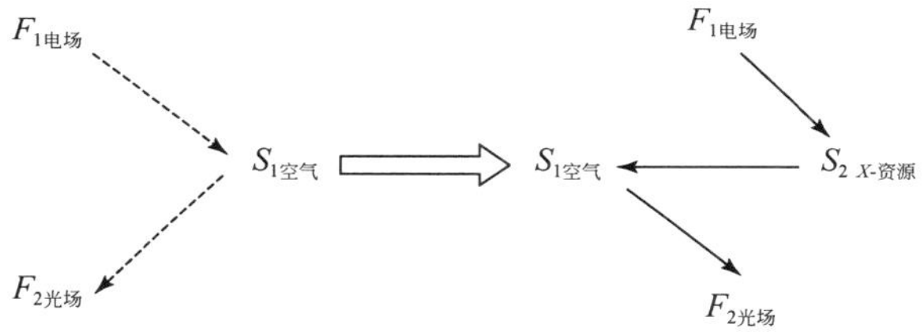

图 4.7　现有的导电元件应作为外电极

2.4-1 定义最小问题

要找到一个 *X*- 资源，在不妨碍玻璃焊接的前提下将电场施加到空气中。

第 3 部分　可用资源分析

3.1 冲突域

冲突域是之前被外部电极占用的空间及其附近的区域。

3.2 操作时间

操作时间是焊接前和焊接过程中那段时间。

3.3 物质－场资源的识别

在解决实际问题时，所有这三个组别的资源都应该考虑到——系统内的（冲突域）、环境的和整体的。在本章中，为简单起见，仅考虑冲突域和环境的资源。本例中，冲突域的资源是火焰（等离子体，即离子和电子）、玻璃、空气和电场。环境中的主要资源是空气。

第 4 部分　形成概念解

4.1-1 选择 *X*- 资源

由于火焰是主要工具，应该首选它作为 *X*- 资源。

4.2-1 最终理想解（IFR）

在最小问题的描述中（步骤 2.4-1），用前面选定的资源的名称取代“*X*- 资源”来定义最终理想解 IFR。

在操作时间内，冲突域中的火焰将电场施加到空气而不妨碍自身焊接玻璃的能力。火焰能满足这些需求吗？答案：可以，因为火焰（等离子体）是能导电的带电粒子的集合。在焊接开始之前，火焰可以作为电极使用（图 4.8）。

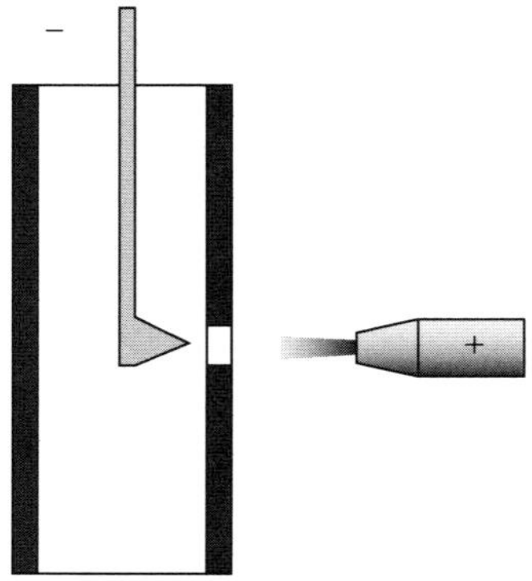

图 4.8　用焊枪做电极

例 4.2

军用涡轮风扇发动机通常应用了加力燃烧技术。在加力燃烧阶段，燃料被注入涡轮风扇发动机排出的废气中并被点燃以产生额外的推力。当废气燃烧时其密度会降低，为了保持发动机正常运行所需的排气量，需要将排气喷嘴的开口开得更大。喷嘴面积不足限制了排气流量并且在风扇上产生了有害的背压。为了阻止背压积聚，使用了排气面积可调的喷嘴。当加力燃烧室启动后，排气管喉道的周长会增大，这使得废气更容易排出，排气室的压力因此降低了。

这种方法有许多缺点。排气面积可调的喷嘴通常由带有联动机构与液压执行机构的大型重金属襟翼构成（图 4.9）。因此，与固定结构的喷嘴相比，这种喷嘴的设计更复杂、重量更重、制造和操作成本更高。

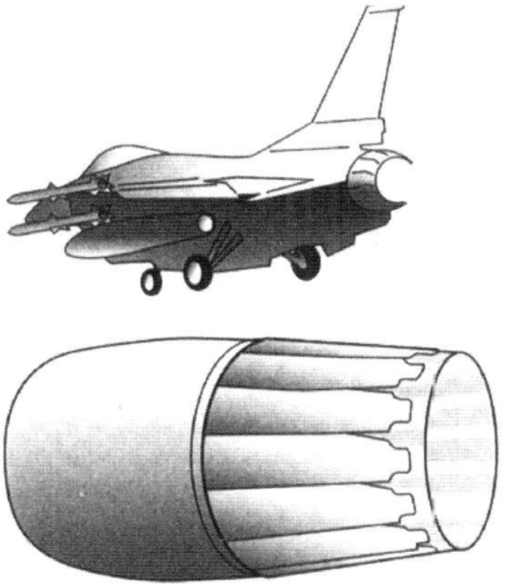

图 4.9　配备面积可调襟翼的排气管

此外，每个可移动的襟翼都有边缘并与相邻结构间存在缝隙，这增大了排气管的雷达可见度，对军用飞机来说这是一个非常不利的特性。

排气面积可调喷嘴的雷达特征使得在隐形飞机上不能使用加力燃烧室。目前这些飞机必须使用固定结构的喷嘴。其结果是，机身隐形特性的代价是机组成员更容易被攻击，因为他们没有加力燃烧室提供的额外推力。

为了说明主要功能的不同定义会如何影响 ARIZ 分析的进程，我们首先从加力燃烧室系统制造商的角度来分析这种情况（版本 1）。

分析版本 1

第 1 部分　定义系统冲突

1.1 主要功能

整个加力燃烧系统的主要功能是快速加速飞机。

1.2 主要组件

飞机、废气、襟翼和雷达信号。

1.3 冲突组件

对象：飞机。

主要工具：废气。

辅助工具：襟翼。

环境因素：雷达信号。

1.4 系统冲突

系统冲突 1（SC-1，图 4.10）。

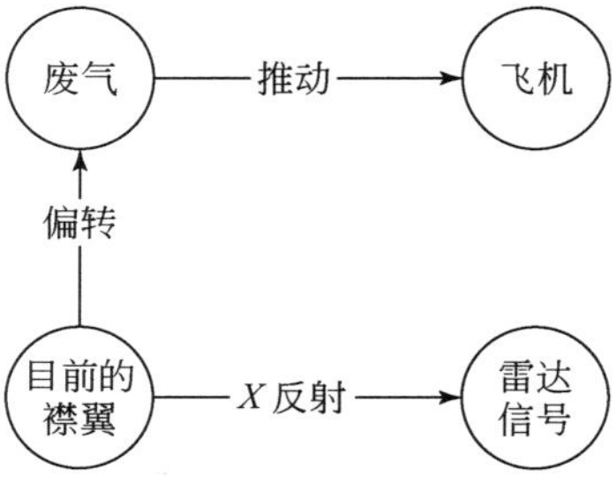

图 4.10　襟翼相关系统

襟翼控制（偏转）废气（在加力前和加力后），它推动飞机但会反射雷达信号。

系统冲突 2（SC-2，图 4.11）。

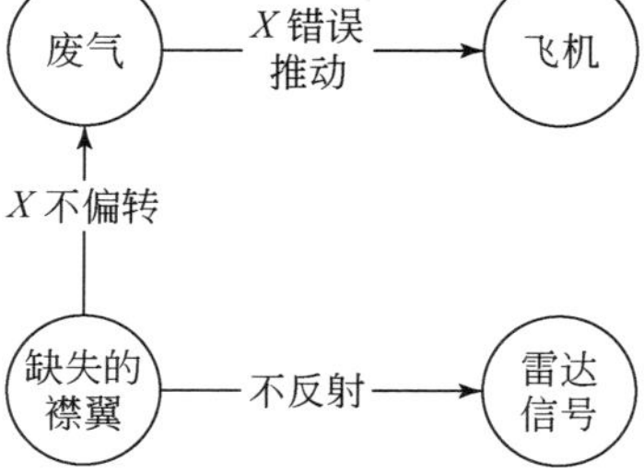

图 4.11　缺失襟翼相关的系统冲突

如果襟翼不存在就不反射雷达信号，但它也不会偏转废气，这可能对飞机的推进造成不利的影响。

第 2 部分　系统冲突分析和最小问题定义

由于 SC-1 和 SC-2 都涉及相互冲突的辅助工具（襟翼），后续分析应执行步骤 2.1-1。

2.1-1 删除辅助工具

襟翼——修正（作用）的辅助工具——应该删除。

2.2-1 定义系统冲突 3（SC-3）

显然，SC-3 就是 SC-2。

2.3-1 SC-3 的物场分析

物场模型如图 4.12 所示：如果没有襟翼则废气就不能偏转。必须引入一种新的物质和一个场来实现这个作用。

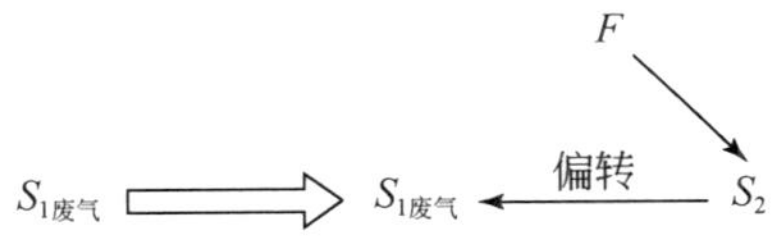

图 4.12　需要利用现有资源制造一种新废气“偏转器”

2.4-1 定义最小问题

需要寻找这样一种 *X*- 资源，它可以在加力燃烧前后偏转废气而不妨碍飞机的推进。

第 3 部分　可用资源分析

3.1 冲突域

以前襟翼占用的空间（图 4.13）。

3.2 操作时间

加力燃烧前和加力燃烧期间。

3.3 物质 – 场资源的识别

在冲突域中唯一的物质资源是废气，可用的场是力学场和热场，大

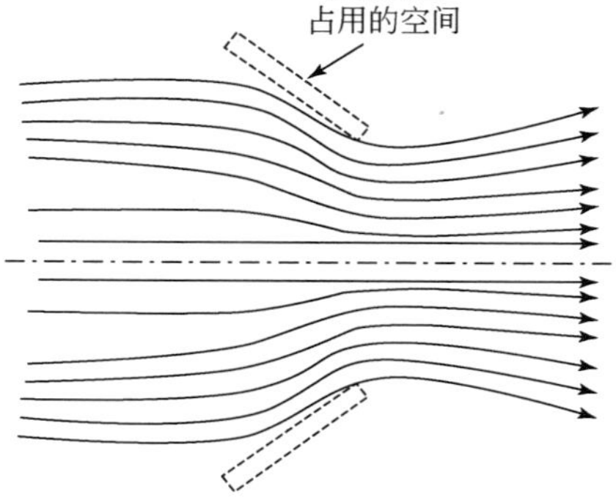

图 4.13　*X*- 资源应像襟翼那样偏转废气

量存在于环境中的物质 – 场资源是冷空气。

第 4 部分　形成概念解

4.1-1 选择 *X*- 资源

由于冲突域中没有工具，应当从环境中引入一个物质（图 4.12 中的 S_2）充当 *X*- 资源。显然，空气就是 *X*- 资源。

4.2-1 最终理想解（IFR）

冲突域中的空气在操作时间内既偏转了废气又不妨碍飞机的推进。

在图 4.14 中展示了这个想法的一个概念性实施例子。在这个设计方案中，通过在喷嘴周边选定的位置注入加压空气来调节有效的通风面积。加压空气压缩了可用于废气的区域，从而气动地阻塞了废气的流动区域。结果是喷嘴的几何形状可以机械地固定住而不需要任何可移动的襟翼。

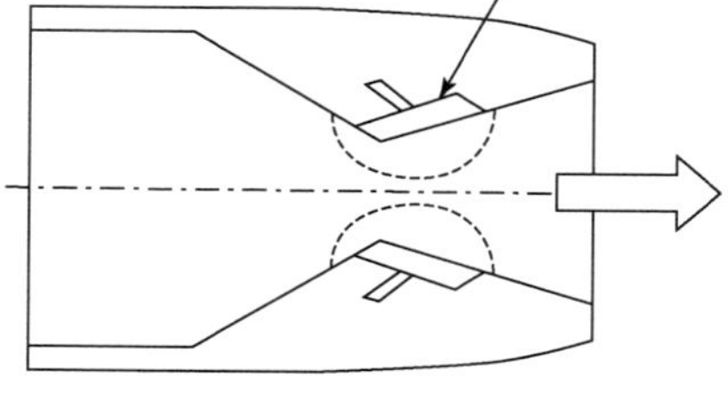

图 4.14　将泵入喷嘴的外部空气作为“襟翼”

由于没有执行机构或运动部件，喷嘴的重量更轻并且结构更加有效。喷嘴可以是任何所需的形状，因此更容易集成到飞行器的结构设计中。喷嘴的表面是光滑的，没有间隙，显著地降低了雷达信号特征。

现在让我们从一个假想的襟翼制造商的角度对相同的情况进行分析（版本 2）。

分析版本 2

第 1 部分　定义系统冲突

1.1 主要功能

襟翼控制（偏转）废气。

1.2 主要组件

飞机、废气、襟翼和雷达信号。

1.3 冲突组件

对象：废气。

主要工具：襟翼。

辅助工具：无。

环境要素：雷达信号。

1.4 系统冲突

系统冲突 1（SC-1；图 4.15）。

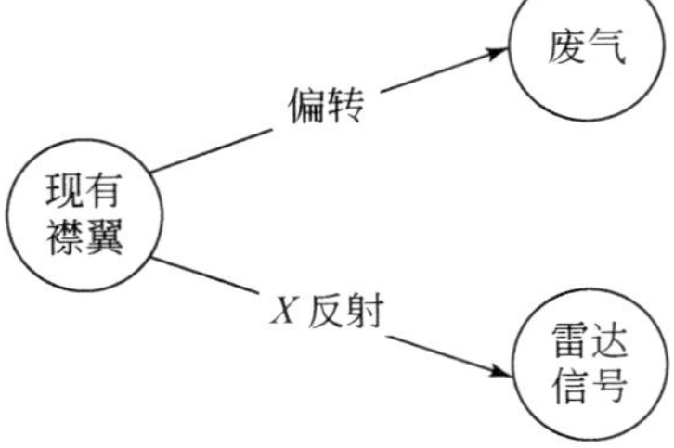

图 4.15　与现有襟翼相关的系统矛盾

襟翼偏转废气（在加力前和加力后），但会反射雷达信号。

系统冲突 2（SC-2；图 4.16）。

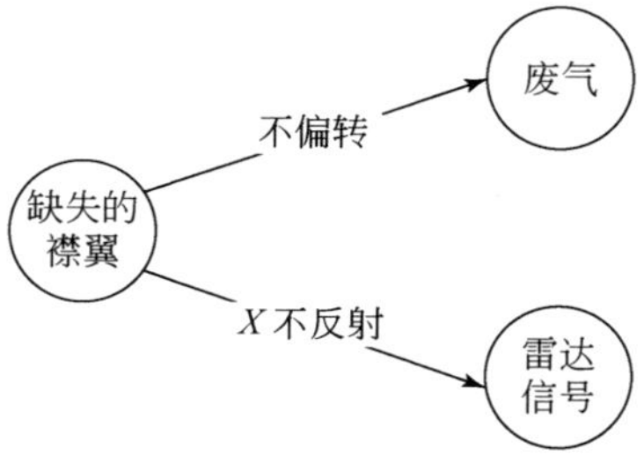

图 4.16 与缺失襟翼相关的系统矛盾

如果没有襟翼就不反射雷达信号，但它也不会偏转废气。

第 2 部分 系统冲突分析和最小问题定义

由于 SC-1 和 SC-2 都不涉及冲突的辅助工具，后续分析应执行步骤 2.2。

2.2 强化系统冲突

ISC-1（图 4.17）。

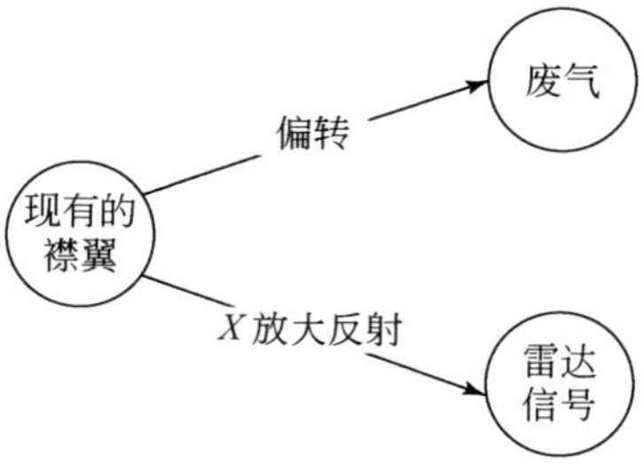

图 4.17 强化襟翼有害作用构建 ISC-1

襟翼偏转废气，但它反射放大了雷达信号（这大大增加了敌人的导弹击中飞机的概率）。

显然，进一步强化 SC-2 不会导致冲突的相互作用发生质的变化（即 ISC-2 是有效的 SC-2）。

2.3 选择强化的系统冲突

两个 ISC 都与对飞机的最终有害（作用）相关。这触发了规则 7——

必须消除襟翼——选择 ISC-2。

从这一步开始，后续的分析（及其结果）与版本 1 中对应的部分是相似的。

一般来说，由于任何技术系统都是一些高阶系统的组成部分，因此需要对两个主要功能分别进行 ARIZ 分析：一个对给定的技术系统，另一个用于更高阶的系统。如果两个 ARIZ 分析得到的结果是相同的概念解（如例 4.2 的情况），它可靠地表明这个概念解是非常有希望的。相反，如果结果不一致，那么应优先考虑与高级系统有关的概念解。例如，如果上述 ARIZ 分析的版本 1 和版本 2 的结果不同（即版本 2 的结论是应该修改但保留襟翼），那么版本 1 的结果——删除襟翼——应该被认为更有希望（因为它与高阶系统加力燃烧室相关）。这种歧视性的待遇遵循更高层次具有系统进化优势的概念（在第 6 章中有更多的介绍）。

例 4.3

等离子切割是用电离气体（即等离子体）的高速射流去切割金属工件的一种加工工艺（图 4.18）。为了产生等离子体，要在电极和工件之间产生电弧。高温等离子体加热工件并熔化金属，高速等离子体射流将熔融金属吹走从而切割工件。传统等离子切割的一个大问题是高达 3000℃高温的电极的磨损问题。常规解决法是在电极中加入铪或锆或钛，利用这些材料的耐高温特性，但是这些材料非常昂贵并且需要频繁地更

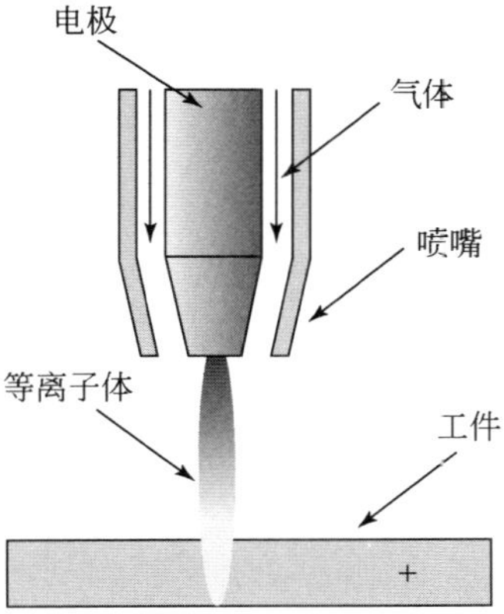

图 4.18　焊枪装置主要部件图（示意）

换。冷却电极会使整个系统变得复杂而且效果非常有限。

分析

第 1 部分　定义系统冲突

1.1 主要功能

切割工件。

1.2 主要组件

等离子体、工件、气体、喷嘴、电极 。

1.3 冲突组件

对象：工件。

主要工具：等离子体。

辅助工具：电极。

1.4 系统冲突

系统冲突 1（SC-1；图 4.19）。

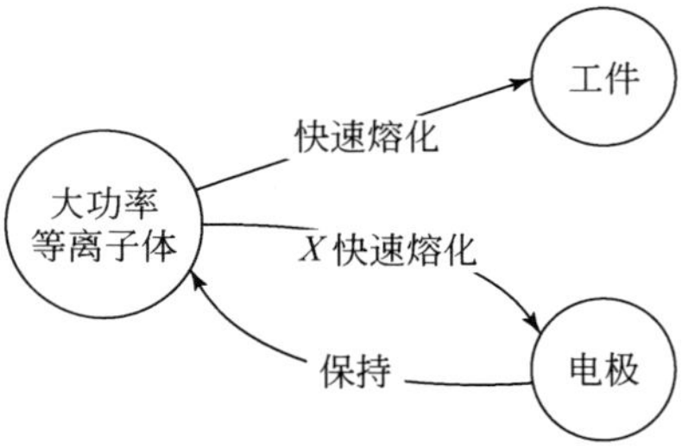

图 4.19　涉及大功率等离子体的 SC-1

大功率等离子体快速切割（熔化）工件，但也迅速烧毁（熔化）电极。

系统冲突 2（SC-2；图 4.20）。

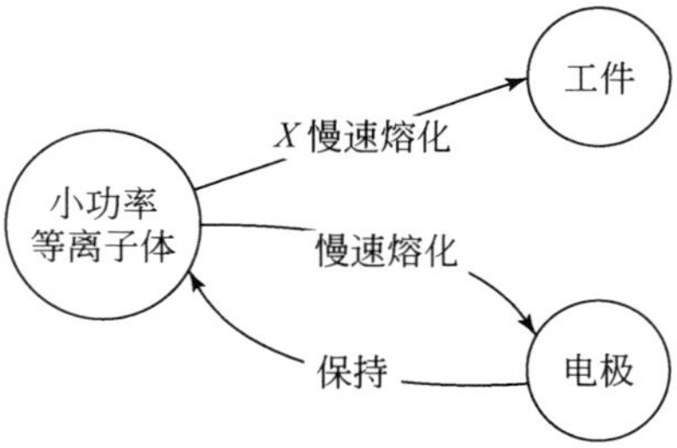

图 4.20　涉及小功率等离子体的 SC-2

小功率等离子体切割（熔化）工件慢得多，但熔化电极也慢得多。

第 2 部分 系统冲突分析和最小问题定义

由于这两个系统冲突都涉及辅助工具,后续的分析应执行步骤 2.1-1。

2.1-1 删除辅助工具

电极——实现（功能）的辅助工具——应该被消除。

2.2-1 定义系统冲突 3（SC-3）

一个“不存在的电极”不可能被等离子体烧毁，但它也不可能执行主要功能（图 4.21）。

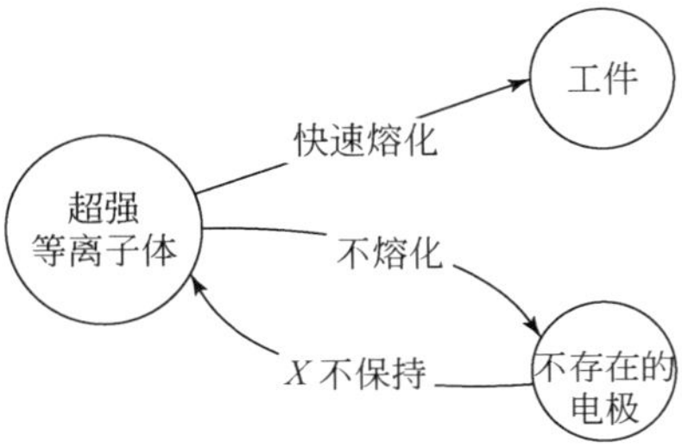

图 4.21 复活电极产生新的系统冲突

现在很容易预见到在接下来的 ARIZ 步骤里应该发生些什么：电极的有效作用——为等离子体提供电流（简而言之就是维持等离子体）——应该分配给一个可用的组件。该组件必须满足两个关键要求：既导电又耐高温。虽然很容易确定一个由导电材料制成的部件（如喷嘴），但没有其他可用的组件能满足第二个需求，从而使得进一步的分析（和形成概念解）可以遵循以下三种可能路径中的某一个。

改用或开发一种新的切割厚金属板材的工艺，新工艺中没有等离子体。

开发一种新的无需电极产生大功率等离子体的工艺。这一工艺流程可以利用产生高温等离子体的科学实验中所用到的物理现象。在这些实验中，超导线圈产生非常强的磁场，从产生等离子体的气体原子中剥离电子。

找到一种新的方法能显著延长电极的使用寿命。

虽然在理论上具有可能性，但前两个路径可能涉及大量的研发工作和 / 或巨大的重组成本（最大问题的方法），大多数使用传统等离子切割设备的用户认为它们不切实际。因此，为了继续研究这个案例并使用最小问题的方法，应该“复活”电极并且在步骤 2.2 中重新开始分析。

2.2 强化系统冲突

ISC-1（图 4.22）。

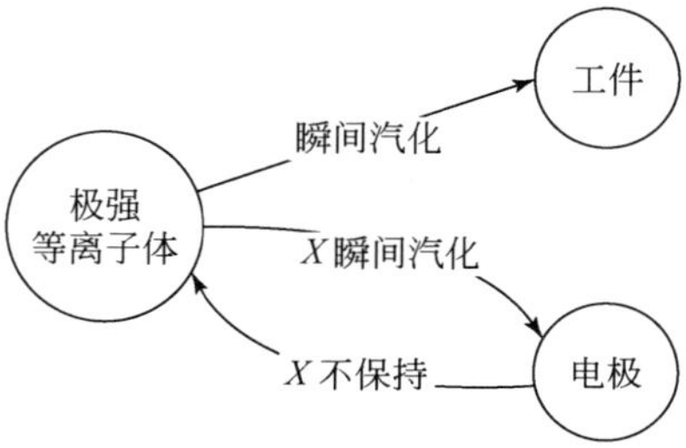

图 4.22　最大化等离子体功率构建 ISC-1

一个超级功率的等离子体焊枪在瞬间同时使工件和电极汽化。

ISC-2（图 4.23）。

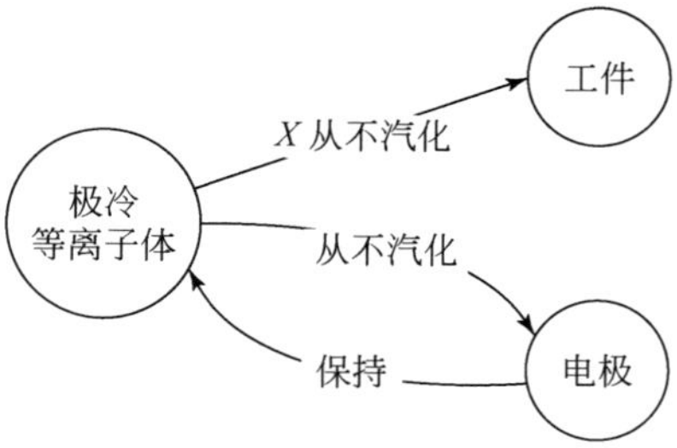

图 4.23　删除等离子体构建 ISC-2

一个超级冷的（即不存在的）等离子体不会使工件和电极汽化。

2.3 选择强化的系统冲突

由于 ISC-2 关系到主要功能无法实现的问题，因此应选择 ISC-2 进行进一步分析。

2.4 对 ISC-2 进行物场分析

位于图 4.24 左半部分的“方程式”展示了在一个完整的物场中两种物质都参与了有用的和有害的相互作用。在第 3 章中描述的消除有害作用的标准解之一（或这些标准解的组合）可用于防止（或至少显著地延缓）电极的汽化。

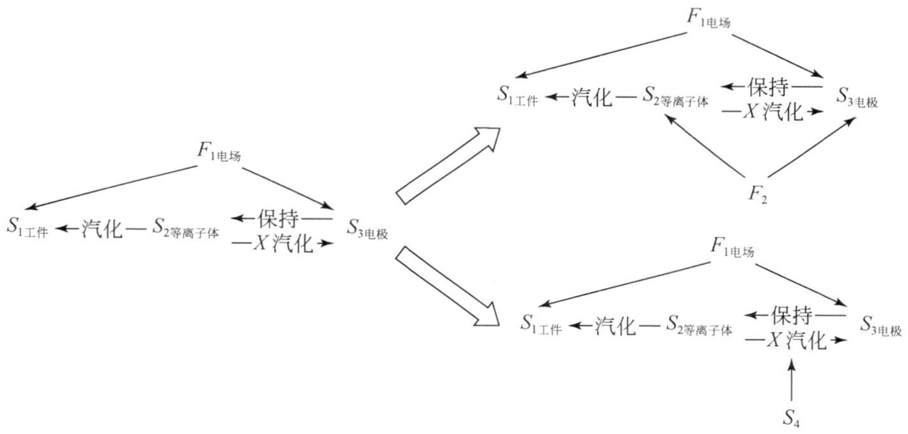

图 4.24　潜在解决方案的物场模型

2.5 定义最小问题

需要找到这样一种 X- 资源，它能在不阻碍工件汽化的前提下防止等离子体使电极汽化。

第 3 部分　可用资源分析

3.1 冲突域

冲突域包括冲突组件中直接产生有用和有害作用的那些构成部分：电极的尖端、整个等离子体和焊枪上受到影响的那一部分。

3.2 操作时间

切割工件的时间。

3.3 物质 – 场资源的识别

冲突域中的物质资源是电极和等离子体。冲突域中容易获得的场资源是电场和热场。

在冲突域的环境中，物质资源是气体（尚未转化为等离子体）、喷嘴和空气。场资源是力学场和运动气体。

第 4 部分　形成概念解

4.1 选择 X- 资源

ARIZ 的建议 3 有助于选择等离子体（主要工具）进行修改。

4.2 最终理想解（IFR）

在操作时间内，冲突域中的等离子体中和电极的汽化而不阻碍工件的汽化，显然，等离子体不可能完成这一最终理想解 IFR。

4.3 定义宏观物理矛盾

- 为了防止电极的汽化，等离子体不能与电极接触。
- 为了保持工件的汽化（即主要功能），等离子体必须与电极接触。

4.4 解决宏观物理矛盾

让我们运用第 2 章中讲述的分离原理。

时间分离意味着等离子体仅仅短时接触电极从而不足以汽化其材料，这会导致生产速率急剧下降，因此是不可接受的。

空间分离意味着等离子体仅仅接触电极的一部分。这也是没有意义的。

整体和部分分离要求，整个等离子体不接触电极而让它的一部分组件去接触电极。可以想象这种方法是难以实施的。

由于单独应用分离原理并没有产生一个好的概念解，应该尝试组合运用分离原理。例如在时间和空间分离对立的需求。这意味着，等离子体仅仅在极短的时刻接触电极表面的一个点；下一时刻它就移动到另一个点。由于等离子体和电极不可能在瞬间传递热量，快速地使等离子体穿过电极表面可以显著地减缓电极的侵蚀。图 4.24 中的物场模型建议引入一个新的场 F_2 来控制等离子体的运动。对可用资源的简单分析表明可以完成这一任务的场是电场和磁场以及移动气体的力学场。

图 4.25 中的草图展示了基于此原理的持久电极（详细描述见美国专

利 No.4034250）。办法是通过电极中的空腔给工件供气。涡流气流驱动等离子弧上根部在空心电极内行进并围绕其内表面强烈旋转。由包围电极的线圈产生磁场，磁场产生的电动力也有助于移动等离子弧的上根部，电动力的大小与工作电流成比例变化。

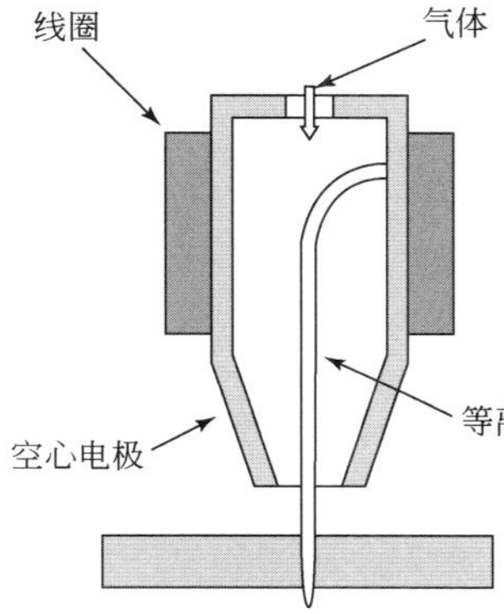

图 4.25　移动等离子体显著延长电极使用寿命（示意）

4.4 总　　结

ARIZ 是 TRIZ 的核心分析工具。它的基础是一系列有序的逻辑步骤，用来分析一个模糊的或不明确的初始问题，并将其转化为一个独特的系统冲突。通过分析系统冲突，最终形成一个物理矛盾，并通过最大化利用学科体系内的相关资源来消除物理矛盾。ARIZ 汇集了 TRIZ 大部分的基本概念和方法，如理想系统、系统冲突、物理矛盾、物场分析、标准解和技术系统进化法则等。

4.5 练　　习

1）许多热交换装置使用了与发热表面平行流动的流体（液体或气体）。由于流体沿表面流动会变得更热，流体与发热表面的温差减小而使流体的散热能力下降。开发一种（发热）表面和流体之间更好的热传导方法。

2）1931 年 5 月 27 日，Auguste Piccard 和他的伙伴 Paul Kipfer 第一次搭乘载人气球进入平流层，上升高度为 51 961 英尺（15 838 米，1 英尺 =0.3048 米）。

Piccard 的平流层气球包括一个气囊和一个气密的铝制乘客吊舱（图 4.26）。气球出气阀的控制电缆必须穿过吊舱的顶板。为了维持吊舱内的空气，电缆和顶板之间不应该有间隙，但是这会阻止电缆的自由运动。多种密封装置经验证均不能可靠地工作。运用 ARIZ 重塑 Piccard 发现的解决方案。

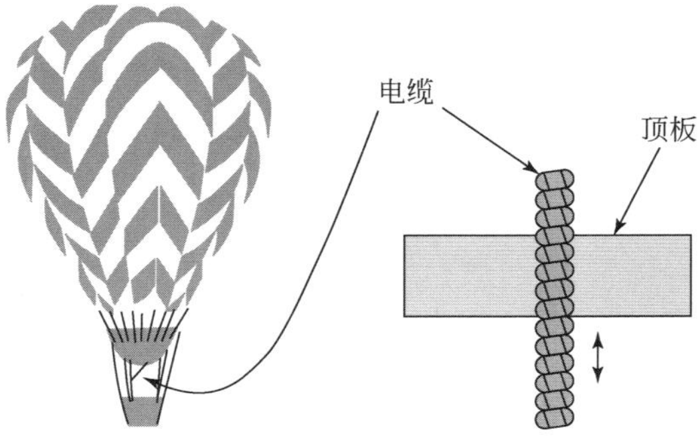

图 4.26　电缆穿过顶板控制吊舱中的出气阀（示意）

3） 机器人夹持器由两个由硬尼龙制成的空气管供电（图 4.27）。其中一条空气管为夹持器的夹片提供动力，另一条为旋转夹持器的气动

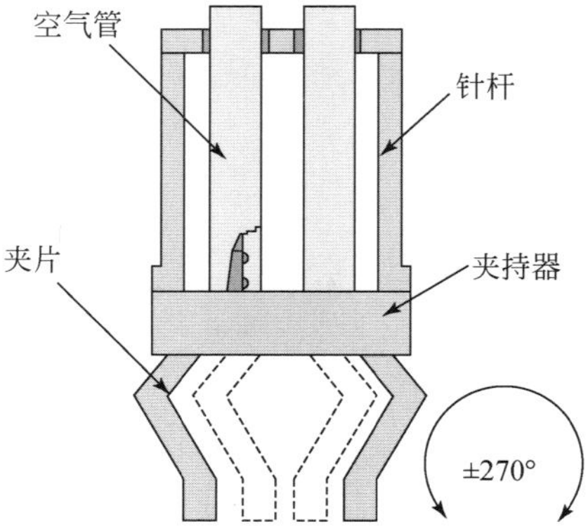

图 4.27　尼龙空气管影响夹持器的定位精度（示意）

马达提供动力。空气管牢牢地附着在针杆的顶部和旋转角度为 ±270° 的夹持器上。夹持器的旋转使得尼龙管发生扭转，结果给夹持器的运动造成很高且变化的扭转阻力，因此降低了夹持器的定位精度。

把较软的 PVC 管用在夹持器上会出现快速疲劳失效，如何在使用硬尼龙管时获得低的扭转阻力?

4）IC 芯片通常封装在支撑基底上，构成支撑基底的材料与 IC 芯片自身的材料有着不同的热膨胀系数。这种差异引起的热应力可能会导致 IC 芯片与基底的连接发生断裂（图 4.28）。找到缓解不同热膨胀率的不良影响的方法。

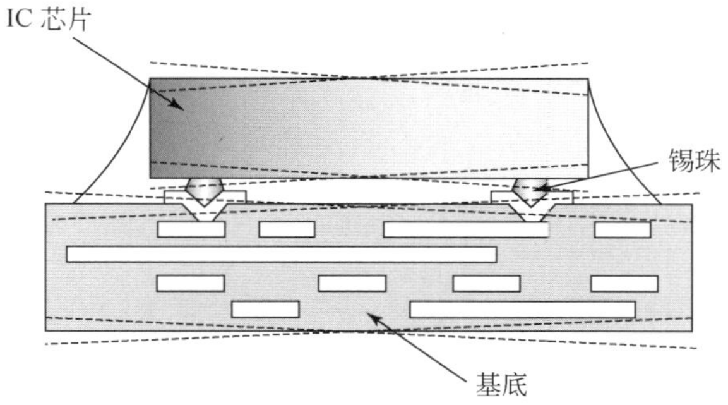

图 4.28　IC 芯片常规封装（示意）

5）已知蜗杆传动的效率（图 4.29）取决于接触面的摩擦系数和蜗杆的导角。通过增加导角，可以提高蜗杆的传动效率。然而，增加导角降低了蜗杆传动相对于给定蜗杆 / 轮直径的传动比。求解能够满足这些需求的蜗杆传动的概念解。

图 4.29　蜗杆传动（示意）

第 5 章　技术系统进化法则

根里奇・阿奇舒勒提出的可以预测技术系统进化的概念意味着，做出突破性发明的个人、市场力量、政治条件、文化传统等各种因素可能会极大地影响进化速度（加速或减慢），但不能显著改变进化方向。蒸汽机、电动机、汽车、飞机、收音机、圆珠笔、激光、晶体管、集成电路及所有其他重大创新，即使它们的发明人没有出生，迟早也会由其他人发明出来。

本章介绍 TRIZ 的理论基础之一——技术系统进化法则。恰当地运用这些法则，能够让技术领导者和设计师从众多备选创新中确定最有希望的创新，从而有助于商业和工程实践的成功。通过客观评估系统的商业潜力，并预测竞争对手可能遇到的问题，这些法则也可用于提高开发新技术和产品的效率。

5.1　技术系统进化法则

技术系统不是静止不变的，而是不断发生变化以满足变化的社会需求，并在竞争激烈的全球市场中获得一席之地。任何技术系统的进化都可以视为一系列阶段，每个阶段的系统与前一阶段不同。在这些阶段之间，系统可能会经历许多发展，并逐渐积累，然后使系统进入下一阶段。

技术系统进化的动态性可以用汽车设计在过去 50 年的发展来说明。从 20 世纪 50 年代具有翅片的、结构巨大的汽车，到时尚的现代汽车，车身变矮，但往往具有相同甚至更大的内部空间。成百上千的汽车模型的设计变化，受到空气动力学要求、新材料和系统（如气囊、防抱死制动器）的可用性、动力传动系统的变化（如前轮驱动、体型较小但功能强大的发动机）、客户品味和设计师艺术品味等诸多因素的影响。许多变化发生时没有痕迹，其他变化演进发展，但每三年到五年，新的设计趋势就会变得明显。

技术系统时刻受到社会的、直接或间接的市场压力，进化成绩效更好的系统——对资源的需求更少，或整合多种功能。这种进化通常由创新引起，既有增量变化，也有突破发展。不仅仅是工程师，每年都有成千上万的人做出各种或大或小的发明。只有一小部分的发明被运用，其对一般工程领域和特定领域（即针对特定类别技术系统）的技术水平都有贡献。

任何人都可能成为发明人，发明家在很大程度上与其创造力相独立（虽然会受到市场压力和 / 或来自其雇主的压力），并且常常不了解相同技术系统内其他发明家的工作。他们努力的目标方向看起来是随机的。许多发明未被应用在一定程度上可以被资本不足、投资者的心理惰性、“没有在这里发明”的态度等因素解释，但从长远来看，发明最终被接受与否，取决于它是否符合技术系统进化的逻辑。

技术系统进化法则描述了系统要素之间重要的、稳定的、可重复的互动关系，以及进化过程中系统间的环境因素。

第 1 章中已经列出了已知的进化法则，但这里仍然要再次列出。

- 提高理想度法则。
- 子系统的非均衡进化法则。
- 向更高层次的系统进化法则。
- 增强动态性（柔性化）法则。
- 向微观层次进化法则。
- 完备性法则。
- 能量传递路径缩短法则。
- 增加物 – 场相互作用法则。

• 协调性法则。

这些法则是在分析了成千上万专利和众多现实生活中系统的历史发展后提出的。这个过程包括突破性发明的选择和测试，可以从中看出系统进化的典型阶段。

并非所有法则都适用于系统进化的所有阶段。其中一些法则是增加理想度的，在技术系统进化的各个阶段都适用，如子系统的非均衡进化法则、向更高层次的系统进化法则、增强动态性（柔性化）法则。例如，无论是新开发的系统还是成熟的系统，不同子系统进化速度都是不均衡的，这种不均衡进化导致子系统间产生冲突，需要被解决。

其他法则只在系统进化的某些阶段适用。协调性法则就是一个例子：最佳系统的主要部分应彼此同步（协调），一旦节奏协调一致，这项法则就不再适用了。

与自然法则不同，进化法则是“软性”的，可以暂时被“超越”。任何自然法则都不能被违反或忽视，但违反进化法则是非常普遍的。受各种非技术因素影响，如现有制造设施的昂贵沉没成本、政治利益、心理惯性等，下一代产品或工艺时常延迟诞生。偏离进化路径常常导致珍贵资源的浪费和竞争力的丧失。

例 5.1

瑞士钟表业的失败在这方面具有启发性。1974 年，瑞士机械手表制造商占有近 40% 的世界市场份额（Glasmeier，1997）。那时电子手表的概念开始出现。从机械手表向电子手表的进化早晚会发生，因为向微观层次进化的规律和增强动态性（柔性化）法则“预测”了从机械系统到电气系统的进化。但瑞士钟表行业的领导者对这种全新计时装置的可行性持怀疑态度。10 年后，由于日本手表制造商率先推出电子手表，瑞士机械手表在世界市场上的份额急剧下降至 10%。

任何进化法则指出的都是下一代系统发展的总体方向，其中一些法则的预测能力在与相关进化曲线结合时显著增强（进化曲线沿着总体方向，指出了系统进化的特定阶段）。进化法则与其进化曲线的关系，就像罗盘与路线图的关系：前者有助于确定目的地的方向，而后者则显示出到达目的地的特定可能路径。例如，增强动态性（柔性化）法则表明，在进化过程中，技术系统的活力与适应性增强；增强动态性（柔性化）曲线识别出特定柔性阶段，如“分段系统”“弹性系统”等。

并非所有系统的进化都要经历所有阶段，这与特定系统的自然属性相关，它可能会跳过特定进化曲线的某些阶段。

5.2 提高理想度法则

技术系统进化的基本法则是，技术系统向着理想程度提高的方向进化。

这意味着在进化过程中，执行特定功能的系统变得不那么复杂、昂贵、“有问题”，它能够更好地执行其功能，或它能够执行更多功能。这些进化过程的组合也经常发生。

例 5.2

图 5.1 显示了 1947 ~ 1997 年美国家用电器价格的变化（以 1997 年

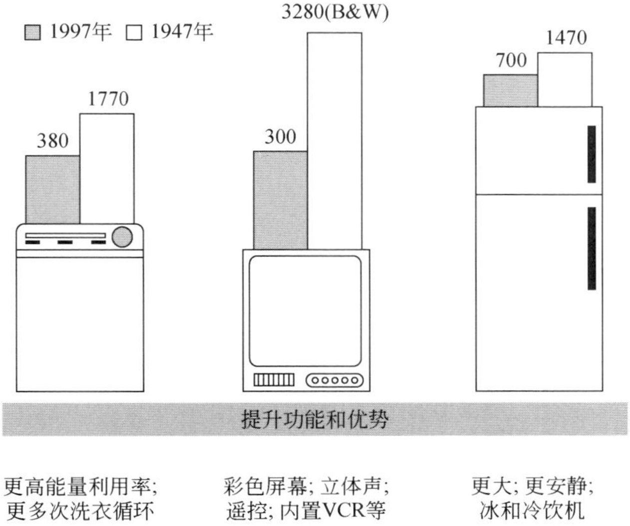

图 5.1 家用电器理想度分析（单位：美元）

来源：USA TODAY 1997-9-1。

美元表示）。1997 年洗衣机 / 烘干机、电视机和冰箱的功能明显提升，但其价格远低于 1947 年的价格。这一对比清楚地显示了电器是如何向更理想系统进化的。

许多我们所熟悉的系统，也是向着越来越理想进化的。

过去 10 年，手机的价格和电耗是以前的近 1/10，同时，手机获得了新功能：电子邮件、GPS、掌上电脑、电视、游戏和其他（在编写这本书时，一些额外的功能可能正在被引入）。

虽然现代的大功率 / 高精度 / 高速机床价格在上涨，但由于生产率不断提高，这些机床生产零件的成本在不断下降。同时，生产零件的精度和表面光洁度也不断提高。

具有较高理想程度的系统更易在市场选择中获胜，并长期引领市场。这揭示了技术的选择过程：为什么有些技术变得流行，而其他技术则被边缘化甚至消失？

例 5.3

在 20 世纪初，三种发动机在汽车领域竞争：内燃机、蒸汽机和电动机。内燃机赢得了这场比赛，因为它不仅在技术上优越，非技术的问题也较少。新兴汽油机的热效率高于高度发达的蒸汽发动机，且与由电池供电的电动机相比，“充电”后的使用时间更长。然而，这些技术优势并不是确定汽油发动机最终胜利的唯一因素。

1913 年，一名英国观察家指出，“美国买家从不询问机制。他只想知道想买什么样的车……他已经为自己的汽车付了钱，将去做他想做的事，而对汽车的机械结构不感兴趣。欧洲的普通买主则知道，或者至少喜欢认为他知道，关于他汽车底盘的机械细节”。传说中的斯坦利蒸汽动力汽车需要按照规定，定期关注锅炉水位、蒸汽压力、主油箱燃油压力、先导油箱燃油压力、油位观察窗和水箱水位。仅仅是发动蒸汽动力汽车，就需要操作 13 个阀门、杠杆、手柄和泵。电动汽车在城市交通中表现出色，但大多数司机即使在日常用途中，也希望驾驶存在一些冲击和兴奋。当时的汽车与男性文化紧密相连，电动车被认定为“女士车”是其最致命的失败（Volti，1996）。

提高理想度法则是进化法则的基础，因为它是技术系统历史发展的主要方向。其他进化法则可以视为提高下一代系统理想程度的机制。

5.3 子系统的非均衡进化法则

任何技术系统通常都要满足一些比系统进化速度更快的需求。这也造成了系统的进化压力和系统冲突的增加。

子系统的非均衡进化法则：系统各部分进化速度不一致。系统越复杂，其部件的进化越不一致。

这种不一致导致的系统冲突，通常通过新发明促进进化过程来解决。这项法则可以通过众多技术系统的进化来说明。

例 5.4

自行车的进化。

表 5.1 显示了自行车进化中的里程碑（Altshuller and Shapiro，1956）。需要记住，表 5.1 只反映了主要系统的进化，还有许多较小的进化分支，如开发实用的可运输自行车（可折叠或可拆卸）等。

表 5.1 自行车变革中的里程碑

时间	自行车更新换代	系统矛盾
	第一辆自行车：框架，两个木质轮子和手柄。没有踏板和能量传输装置，骑手用自己的脚推动车子	速度的增加受到骑手自身能力的限制
	踏板被引入。轮胎和踏板的改善，提高自行车速度。制动功能不足或不存在，骑手用鞋底制动	提高速度会使得骑手遇到危险，因为制动功能不足

续表

时间	自行车更新换代	系统矛盾
1845 年	制动器的引入。通过增加前轮的直径来实现更高的速度，每转动一次踏板的行驶距离增加	速度的进一步提高受到轮胎材料耐久性的限制
	木轮被金属轮替代。前轮直径增加，速度也增加	车轮直径越大，车轮转动所需的力度就越大
19 世纪 70 年代	引入轮轴轴承。前轮直径不断增加，相应地，自行车的高度不断增加	高度越高，即车轮直径越大、速度越快，骑手的危险就越大（从自行车上摔下，常会造成严重伤害）
	链条传动被引入，减小前轮直径。发明人主要集中设计了新的变速箱，车轮没有发生变化	自行车不可以在粗糙的路面上保持高速行驶
	轮子上安装充气轮胎，速度继续提高	变速箱在轮子后面：当提速后，车手不能再控制高速旋转的踏板
1897 年	超越（续流）离合器的发明。在达到所需速度后，可以保持踏板不动。至此，自行车具有了我们熟悉的外观	

例 5.5

计算系统由计算机和外围设备组成。一个重要的外围设备是打印机。在 20 世纪 60 年代，电传打字机（20 世纪 30 年代为发送电报而发明的）

能够满足电脑相对较慢的需求。计算速度增长很快，特别是在微芯片技术完善之后。在某些情况下，由于使用较重的机械运动部件的电传打字机不能与其相匹配，高计算速度是无用的。此外，高速计算机还可以处理图形问题，但只有绘图仪可以提供硬拷贝的图形。这种系统冲突引起了对输出设备的大力开发，以进行高速打印和任何模式（各种字体和字母、字母数字和图形信息的组合、桌面排版）的硬拷贝。这些发展沿着以下路径进行。

快速的字母数字打印，可以快速改变字符（带有字符球和菊花轮的快速打印机）。它们提供了有限的灵活性。

引入通用光印元件（针），可以生成任何字符或图案。这样的点阵打印机具有更大的灵活性（参见下面的 5.4 节），但是打印质量低，因为点的大小和它们的紧密度受到机械设计的限制（另一个系统冲突）。

喷墨打印机，以合理的成本提供高质量印刷，但是其分辨率相对较低，限制了在复杂图案印刷中的应用。

激光打印机，提供最好的打印质量，但也是（目前）最昂贵的。

另一个限制计算系统速度的外围系统是信息存储系统。快速增长的计算速度与滞后的中间存储器之间的系统冲突，使得磁盘存储器系统不断改进。

例 5.6

第一台冰箱是 T. Moor 在 1803 年发明的。他为华盛顿特区的客户提供黄油，夏季华盛顿的制冷需求非常突出。Moor 使用了一个大型的双层墙箱，墙壁之间的空间用冰块填满。这个系统的冲突在于，实现了有用功能，但冰块只能在冬季制造，而夏季才需要制冷。

制冰是一项非常困难的工作。1850 年，佛罗里达州的 John Gorrie 发明了制冷压缩机。Gorrie 通过冷却来治疗疟疾患者，但需要以非常高的价格（1.25 美元 / 磅）从马萨诸塞州运送冰块。他对压缩机申请专利，但是由于普遍的不信任而无法找到投资者。《纽约时报》称 Gorrie 是一个奇怪的人，嘲笑他的机器，并认为只有全能的神才能制冰。1890 年，受天然冰不足的影响，制冰机开始投入生产，最初在食品仓库、巧克力糖果工厂等地方使用。系统冲突在于，最初设计体积很大，不适合家用。

到 19 世纪末，出现了第一台家用制冰机。系统冲突在于，这些机器使用的燃料为木材、煤炭、煤油等，对于一般家庭来说非常昂贵。

1918 年，通用电气开始生产用于厨房的现代化自动冰箱或“开尔文”。系统冲突：带式压缩机非常嘈杂，且会泄漏气体（氨和硫氧化物）。

1926 年，压缩机被密封以减少噪声和气味。没有压缩机的厨房冰箱（吸收式）是在 1922 年发明的，两个系统从此开始竞争。系统冲突：虽然吸收式冰箱噪声较小，但其产量较低。

另一个系统——固态热电冰箱——于 1957 年被美国宇航局发明。由于制造商不断加入新的有用功能（冰淇淋机、自清洁冷冻机等），带有压缩机的冰箱仍然是家用冰箱领跑者，但现在市面上也有可靠的热电冷却器或加热器。一个火柴盒大小的控制模块能提供冷却 10 磅重冰块的功率。随着玻璃纤维保温材料的发展，半导体制冷技术和相变储能材料被用于超高效的 25 立方英尺和 27 立方英尺家用冰箱。

子系统的非均衡进化法则的运用建议采取以下步骤。

1）确定感兴趣系统的主要子系统及其主要功能。

2）选择主要子系统之一，假设其主要功能大大增强。

3）确定由上述功能增强引起的其他子系统的不足或负面影响，确定其所导致的系统冲突。

4）对所有其他主要子系统重复步骤 1）~ 步骤 3）。

例 5.7

子系统的非均衡进化法则和上述步骤都可以通过农业的战略管理问题来说明。

粮食增长系统由几个子系统组成：粮食种植、收获和加工所收获的产品。当产量较低时，粮食种植子系统是薄弱环节，收获不是一个大问题。由于化肥和耕作技术的提高，产量大幅度增加，收获技术成为瓶颈。联合收割机的发明解决了这一问题。目前，联合收割机的生产率比加工系统（卡车、当地粮仓）可容纳的要高得多（图 5.2）。收割机的动作越快，加料斗被填满速度就越快，则需要更多的加料斗。

图 5.2　收割机和收割处理系统之间的相互作用

令人惊讶的是，行业正在制造更高效的联合收割机，而真正的瓶颈——加工系统——被忽略。系统冲突在于，联合收割机的生产力越高，加工系统就越不足。认识到这一冲突，则应当重新确定行业的努力方向。首先解决这一问题的企业将获得竞争优势。

因此，使用子系统的非均衡进化法则的分析可以识别出进一步发展的方向（即技术预测，见第 6 章），但并没有说明如何实现下一步的进化。

5.4　增强动态性（柔性化）法则

开发新的技术系统通常是用于解决具体问题，即执行一个功能。该系统在特定环境、特定制度下执行这一功能。其设计反映了系统必须满足的具体需求。该系统的构成部件之间通常具有刚性连接，这可能阻碍其适应不断变化的环境。这种系统能够执行所要求的主要任务，但其应用环境和性能潜力都受到限制。这证明了柔性化设计理念的可行性。许多关于系统进化的研究已经证明，典型的进化过程涉及增强动态性（柔性化）阶段，这一阶段中，系统的结构更能适应多变的环境，且常常变得具有更多功能。

柔性化法则：技术系统朝着结构灵活化的方向进化，能够更加适应不同的制度、变化的环境条件和具有更多功能。

在许多常用系统中都很容易识别出这一普遍趋势。

例 5.8

床垫的悠久历史是一个适应性日益提高的故事。

一开始，我们的祖先就在坚硬的土地上睡觉。然后会铺毛皮和树枝，再后来出现将皮革或织物缝合在一起的床垫，并填充诸如稻草、动物毛发或羽毛等缓冲材料。但是那些床垫并不是很柔软。随后（最近），钢螺旋弹簧被引入。弹簧数量逐渐增加，增强床垫对人体曲线的适应性，形成更好的体重分布，柔软度增加。增强柔软度和适应性的下一个主要步骤是水床和空气床垫，即能够完全适应人体的轮廓。如今的高级床垫与整个身体的形状相适应，床垫的不同区域被区别设计，如抬高头部或腿部、增加按摩功能等。

例 5.9

第一架飞机的起落架是刚性的，会带来额外的空气阻力。低速飞行时，这种阻力可以忽略，但随着速度的增加，起落架系统成为飞机中最不先进的子系统之一。随后增强了其适应性：起落架在飞行过程中被收起，仅在起飞和降落时展开。

5.4.1　增强动态性（柔性化）曲线

到目前为止，已经发现了几种增强动态性（柔性化）的进化曲线，这些曲线可以分为两组：使系统组件功能柔性化的曲线和使物理结构柔性化的曲线。例如，床垫是一种功能组件，通过使物理结构柔性化来提高适应性。

系统组件功能柔性化曲线的变化如下。

1）转变为连续变化的系统。

这是增强动态性的主要途径。所有其他增强动态性的路径都是该曲线的各种表现形式（图 5.3）。

图 5.3　向连续变化系统过渡的途径

例 5.10

第一辆车发动机和驱动轮之间的传动是刚性的，通过改变发动机转速来调节车速。多速变速器的引进，使得在发动机转速变化较小的情况下，可以根据环境条件轻松改变速度。由于内燃机的最佳转速范围相当窄，所以这一引进改善了汽车的整体性能，提升了发动机的使用寿命和燃油效率。传动比的优化有助于发动机在最佳转速范围内工作。

汽车变速器适应性在几个方向获得进一步发展。一个方向是增加手动变速器中的换挡次数。虽然 12 ～ 20 速变速箱被用于由专业司机驾驶的商用卡车，但对汽车来说，其价格太贵也不方便使用。另一个方向是使用换挡次数不断增加的自动变速器。其缺点仍然在于齿轮传动的离散性、流体离合器中的高摩擦损耗、高复杂性和高成本。效率最佳的是无级变速器（CVT），可以增强灵活性，且无需驾驶员付出额外努力。这种变速器被用于雪地摩托车，并逐渐开始用于客车，尤其是混合动力车。同时，使用最广泛的是自动变速器。虽然它具有与手动变速器相同（甚至更小）的传动比，但其变速的时刻很准确，不依赖于驾驶员的技术或情绪，能提供更舒适的驾驶体验。

2）向主动型自适应系统发展。

自适应系统的三种主要类型是被动系统、操作员控制系统和主动系统（图 5.4）。

图 5.4　自适应系统过渡途径

被动系统无需任何特殊驱动力或伺服控制机制就能适应变化的环境。汽车传动系统的差异就是被动系统的一个例子，它会根据车辆的转弯半径自动改变驱动轮的速度（参见下面的例 5.11）。

操作员控制系统能够根据操作人员的决定改变其配置。这样的系统可以是操作者驱动的（如手动变速器）或由操作人员指令的动力驱动（如飞机起落架）。

主动型自适应系统具有监测环境条件的传感器，并向能改变系统配置的控制装置传达信息（如 ABS 制动系统）。

虽然被动系统通常是最易使用、最具成本效益和最可靠的，但对其的开发需要很有创意。相反，随着微处理器计算机控制系统的发展，主动型自适应系统是最常见的。但其由几个相互作用的单元（传感器、控制块、执行器、电源）组成，通常更昂贵、更不可靠。

因此，虽然主动，特别是基于微处理器的自适应系统正在快速发展，但被动系统还有很大发展空间。如果设计合理，它们将以相对较少的费用大大提升技术系统的性能特点（从而提高理想度）。同时，在精心设计的精细被动系统中使用主动控制也更有效且成本更低。

例 5.11

第一辆车的后轴是刚性的，因此不能急转弯：急转弯时，外轮行驶的距离远大于内轮，刚性车轴会使得内侧车轮和地面之间产生明显滑动。车辆行驶缓慢时，这种滑动可以忽略，但当车速提高时，就会导致发动机负载增加、轮胎磨损加快、噪声和车辆的潜在不稳定性提高。利用两半驱动轴之间的差异可以缓解这一问题：根据驾驶条件，两半驱动轴可以自动调节车轮之间的速度比。这种灵活化使得轮胎旋转速度比可以根据需要自动调节，增强了对期望转弯半径的适应性。

常规差速器的适应性足以适应非转向轮沿曲线路径移动的不同速度。然而，由于将相同的扭矩施加到两个车轮上，所以地面对每个车轮的摩擦阻力不同时（如一个车轮下有水坑或冰块）可能会产生问题：因为只有所受阻力较小的车轮被驱动（旋转），而另一个车轮不动，所以车辆可能会被卡住。一个最新的进展是使用摩擦传动的差速器，其中润滑剂的摩擦系数与速度相关（这种差速器已在某些斯巴鲁车辆中使用），使得传递到快速旋转轮的扭矩是传递到较慢旋转轮的扭矩的五分之一。这种“智能的”被动适应性大大提高了差速器汽车的性能。

这个进化过程的下一步是引入一个主动四轮转向系统，其中不仅车轮速度根据转弯半径而变化，而且伺服控制系统使所有四个车轮的垂直平面与转弯曲线相一致，从而进一步减少车轮和地面之间的滑动，并允许更小的转弯半径。

3）向自适应系统过渡。

在模块化系统中，组件可以分离并重组（图 5.5）。许多系统向着越来越多的模块化发展，原来紧密集成的组件变得松散耦合，从而提高整个系统的灵活性。例如，一些家用灶具具有可拆卸的燃烧器，可以替换插入式烹饪装置（如烧烤炉和煎饼格栅）。

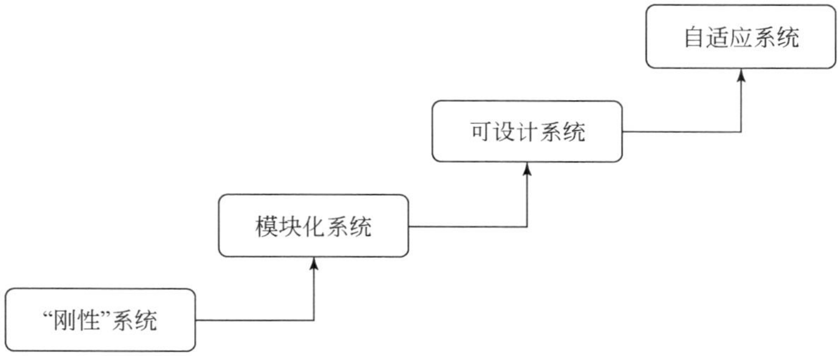

图 5.5　向自适应系统过渡的路线

例 5.12

第一台个人计算机（如 Apple Ⅱ或 Commodore PET）由一套刚性的 CPU、内存和控制芯片组成，但是它们迅速发展成为模块化系统，可以使用来自不同供应商的组件进行不同的组合。

系统层级的许多层次上都可以实现模块化，包括子系统组件层次。20 世纪 80 年代，专用集成电路（ASIC）的发展将模块化的概念引入集成电路芯片设计中。顾名思义，ASIC 是通过将现有的电路块（模块）按特定方式连接起来，而设计出具有特定应用的芯片。显然，制造新的 ASIC 比从头开始设计新的芯片要容易得多。

集成电路的组件（常规的或 ASIC）间紧密连接，由设备供应商完成最终设计。20 世纪 90 年代，一种称为“现场可编程设备”（FPD）的组件系列被引入计算机系统的设计。FPD 是一种适应性更强的设计方法，用户可以在现场定制用以执行一项任务或一组功能的集成电路。它允许系统设计人员自己编程和测试电路，而不涉及供应商。FPD 可以无限次重复编程，可以在几个小时内纠正错误，从而减少了测试和模拟工作（Brown and Rose，1996）。

最常见的 FPD 是现场可编程门阵列（FPGA），具有三个主要的可配置元件：输入 / 输出块（IOB）、可配置逻辑块（CLB）和互连块。CLB 提供构建用户逻辑的功能元素，IOB 提供封装引脚和内部信号线之间的接口，可编程的互连块将 CLB 和 IOB 的输入与输出链接到适当的网络。通过对内部存储单元进行编程以确定 FPGA 中实现的逻辑功能和内部连接来建立定制配置。

麻省理工学院开发的所谓“原始芯片”与常规芯片架构有着根本不同（Taylor et al.，2002）。这些芯片可以自己为任何特定的应用定制内部布线（即自适应）。软件编译器将采用高级语言（如 C++、Java）编写的应用程序直接映射到芯片中。

4）向提前感知过渡。

向自适应系统的过渡需要测量系统对输入的变化和干扰的响应，将该响应与期望的响应进行比较，并在必要时进行校正（图 5.6）。当存在不确定性时，反馈对保证良好性能至关重要。性能最好的系统可以预测即将发生的变化并调整相应参数。

图 5.6　向提前感知过渡途径

例 5.13

传统的无反馈自动悬架使用减震器、弹簧或弹性介质（橡胶、压缩气体）来减轻路面冲击力，这些悬架不能根据道路和运动状况调整参数。

在半主动悬架中，微处理器控制减震器中限位阀的孔口尺寸，从而有效地改变其弹簧刚度。控制输入可以是车辆速度、负载、加速度、侧向力或驾驶员个人喜好。

在最先进的主动式汽车悬架（如凯迪拉克的 STS 连续变化道路感应

悬架）中，减震器设置根据预期的道路条件进行微调。例如，当前轮撞到坑洞时，信号被发送到微处理器，后轮碰到坑洞之前就会立刻调整后减震器设置。

物理结构柔性化曲线的变化如下。

1）向流体和场过渡。

增强动态性的过程通常涉及用移动部件替代固定部件：刚性连杆结构到通过铰链连接的分段连杆结构，再到用液压和气动系统等替换刚性部件等，最后是向电磁场的转变（磁和电，如图 5.7 所示）。这些场是进化的最高级别，因为它们可以在参数变化、跨越三维空间等非常复杂的情形中被控制。

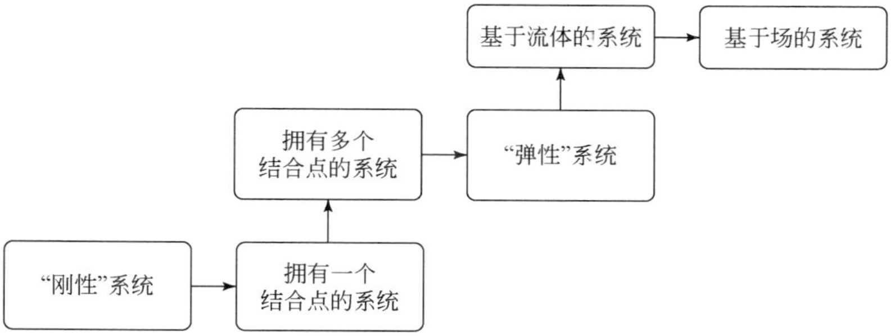

图 5.7　向动态性增强的物理结构过渡过程

例 5.14

早期汽车的挡风玻璃由平板玻璃制成，因此最早的挡风玻璃雨刮器是带有橡胶叶片的直金属条（图 5.8）。当挡风玻璃根据空气动力学和美学要求演变成三维形状时（该发展本身体现了系统的灵活化），雨刮器的金属棒被调整至大致与玻璃形状相符，雨刮器移动路径中玻璃曲率的小变化被橡胶叶片的柔性所适应。挡风玻璃的形状在汽车间的差异，要求据此设计不同的挡风玻璃雨刮器；同时所制造的雨刮器与理想形状间的公差也将导致雨刮器的快速磨损和性能下降。“挡风玻璃雨刮器”系统已经进化出各种自适应系统。其中一种现有系统中，多个枢轴在平衡臂的多个水平处产生力平衡作用，这种平衡作用使得压力沿着雨刮器，在雨刮器与玻璃之间均匀分布，而与玻璃的形状无关。

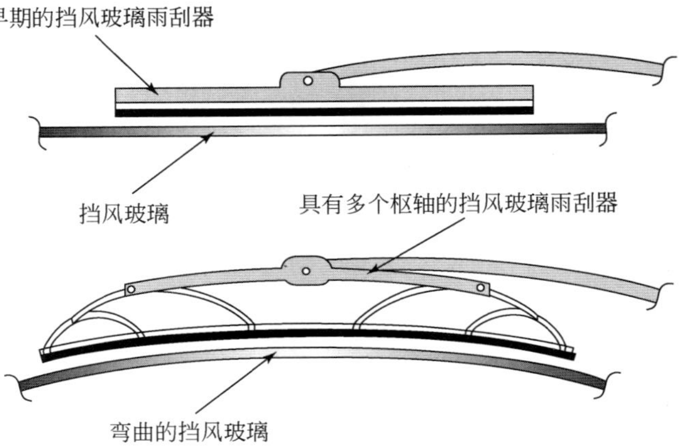

图 5.8　挡风玻璃雨刮器的变革

例 5.15

柔性化进化曲线的另一个例证是过去几年手持式计算机键盘的快速发展（见第 2 章，时间分离原理部分）。

2）破碎化增强。

将连续的整体系统变成由几个元素（片段）组成的系统，也可以增强系统的适应性（图 5.9）。对于许多系统而言，这一变化包括用一组较小的物体（如棒、丸粒、纤维、粉末等）替换整体物体。替换物越分散和碎片化，系统就变得越一致。

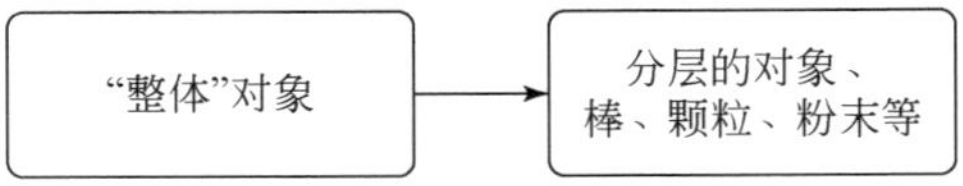

图 5.9　破碎化增强的路径

例 5.16

制造钣金零件时，成型工具的设计和制造占了大部分时间。成型工具只能大规模生产，但通常非常需要制造小批量的成形钣金或塑料部件。麻省理工学院构建了一种可以制作各种形状的零件的单一通用冲压工具（Walczyk and Hardt，1998），并由 DARPA、Northrop Grumman 公司、麻省理工学院和 Cyril Bath 公司（Papazian，2002）合作开发。该工具（成型模具如图 5.10 所示）具有 2688 个可移动的、21 英寸（1 英寸 =2.54 厘米）长的带有圆形头的尖针，8 个尖针构成一个模块。该工具拥有 336 个可独立安装和拆除的模块（图 5.11）。

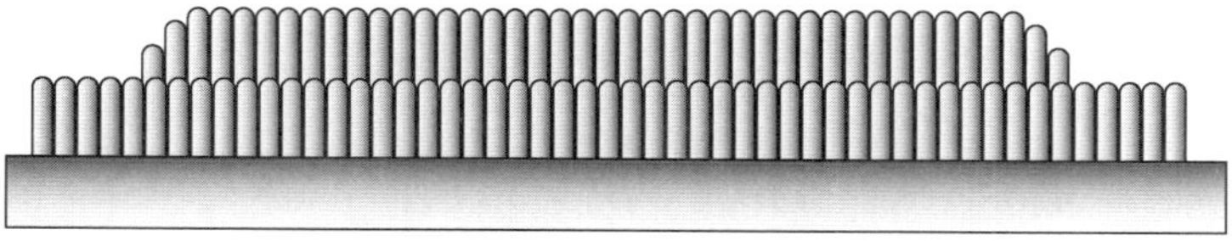

图 5.10　成型模具上的尖针形成具有正负曲线的环形板

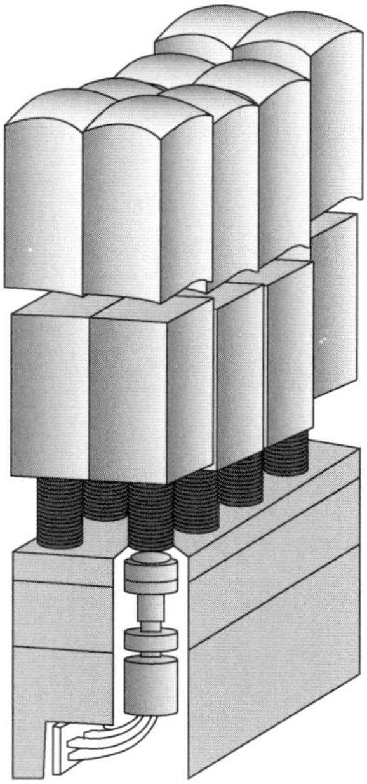

图 5.11　可移动的尖针模块

每个模块都包含电机、微处理器和电机控制器。微处理器从主计算机接收指令，控制电机并连续存储有关每个尖针位置的信息。软件将模具分成几个区域，每次移动一个区域中的所有模块，不到 12 分钟就能完成重构。

5.4.2 智能材料

智能材料能适应环境要求，其在设备中的应用的增加，有助于促进系统适应性进化的实现。电致伸缩和磁致伸缩材料（见第 3 章，用物场对物理效应建模部分）、形状记忆合金（SMA）①、电流变学和磁流变流体②都是目前可用的智能材料（Banks et al.，1996）。

智能材料可以显著增强传感、驱动和计算功能。嵌入其他系统时，它们使设计更紧凑，减少复杂性并提高可靠性。智能材料的潜在应用领域包括航空和航海工具中的监控系统、汽车监控装置、生物医学设备和制造过程的监控设备。

例 5.17

其中一个应用是美国宇航局、波音公司和美国空军的革命性发明——主动航空机翼（AAW），这种机翼采用智能材料和执行器来达到最大的空气动力学效率（Wlezien et al.，1998；Cole，2002）。

1903 年莱特兄弟制造的第一架飞机没有用于转向和侧滚控制的副翼或襟翼。飞机的翅膀由织物构成，莱特兄弟通过缆绳“弯曲”翼尖来控制机翼的形状。拉动缆绳可以向上或向下扭转翼尖，从而使莱特飞机转向。

随着机翼中的织物被木材替代，随后又被金属取代，副翼、襟翼和前缘板条被引入（这对应于柔性化中的“多关节”阶段）。这些装置通常由液压或电动执行器控制，如图 5.12 所示。智能材料（特殊形状的记忆合金）允许设计师回到莱特兄弟的想法——鸟的翅膀（柔性化中的“弹性”阶段），当然是更高级别的“鸟的翅膀”。

---

①这些合金制成的零件能够根据温度改变形状。这些零件具有“记忆”，发生临时形变后，加热又可以恢复到原来的几何形状。SMA 零件通常用于夹紧的机械装置和执行器。

②当暴露于电场或磁场时，这些流体的黏度显著改变，可以在一毫秒内从稠油（类似于机油）变成近似固体的物质。当场被移除时，效果相反。这些流体正在被开发用于汽车减震器、发动机支架、机器部件的表面抛光、阀门、离合器等。

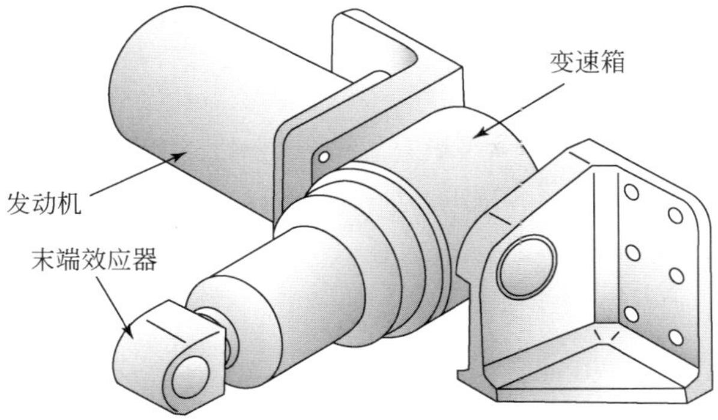

图 5.12　机电执行器

用两组形状记忆线（图 5.13）操纵柔性机翼表面。需要机翼向下弯曲时，用电流加热控制电线，则机翼底部的记忆线缩短、顶部的记忆线伸长。机翼向上弯曲时则相反。

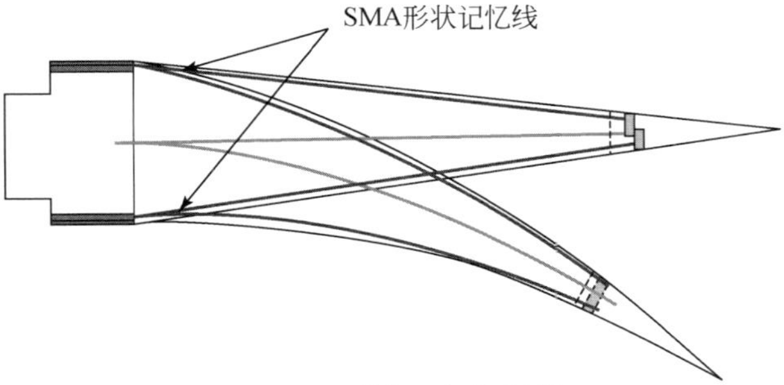

图 5.13　形状记忆执行器

配备 AAW 的飞机能够使用传感器测量整个机翼表面的压力，从而适应不断变化的航空条件。响应测量情况，执行器将像鸟翼中的肌肉那样发挥作用，改变飞机机翼的形状以提高效率。

比较图 5.12 和图 5.13，成本、重量和复杂性的降低（加上更好的性能）是显而易见的。形状记忆执行器也可用于水翼控制（Rediniotis，2002）。图 5.14 显示了与水生动物类似的海洋轮船“骨骼结构”的一部分。SMA“肌肉”的协调伸展和收缩（由于加热或冷却）导致“椎骨”的旋转，使水翼形状发生变化。

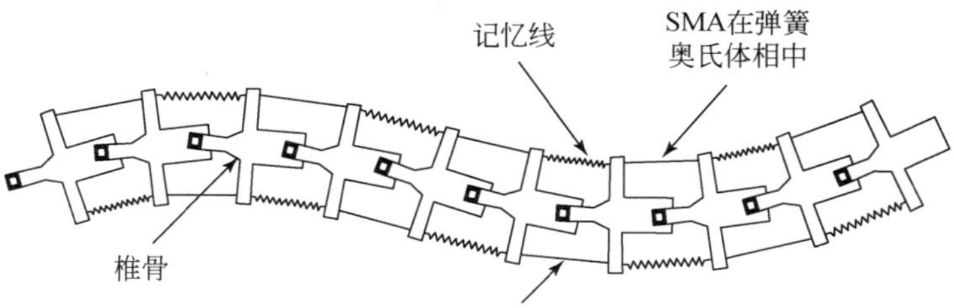

图 5.14 水翼的“椎骨柱”

5.4.3 非线性

对非线性效应的恰当使用是增强技术系统动态性的设计原则之一（Rivin，1999）。线性系统的特征是输入和输出量之间成比例，如力 F（输入）和弹簧位移 $\varDelta$（输出）之间成比例（如图 5.15 中的曲线 1 所示）。该描述可以改写成，输入和输出量的比恒定（在图 5.15 的弹簧中，刚度 $K = F/\varDelta$）。非线性系统的特征在于输入和输出量之间的关系更复杂。$\varDelta = f(F)$。

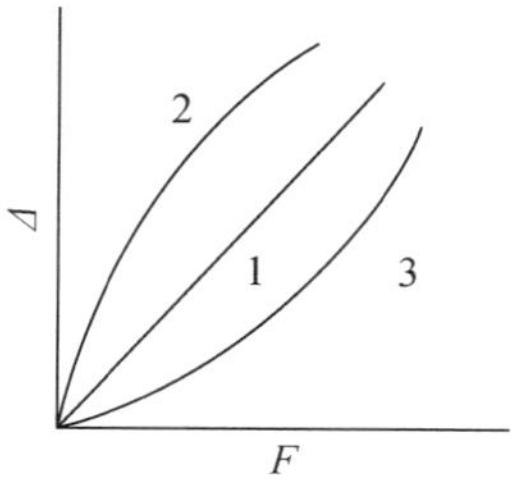

图 5.15 线性（1）和非线性（2 和 3）弹性系数

图 5.15 中的线 2 和线 3 是非线性关系的两个简单示例，此时输入与输出的比不再是常数。在非线性机械弹簧的情况下，刚度为 $K = \mathrm{d}F/\mathrm{d}\varDelta$。在特征线 2 中，$K$ 随着 F 的增加而增加（“硬化”非线性）；在特征线 3 中，K 随着 F 的增加而减小（“软化”非线性）。当然，一条荷载－形变特征线也可能是硬化段和软化段的组合。如果非线性线的设计恰当，

则输出参数将随着输入参数的改变而按预期方式发生变化，系统变得自适应。

5.5 向更高层次的系统进化法则

该法则描述了技术系统向复杂化和多功能化的方向进化。

技术系统从单系统进化为双系统或多系统。

单系统是为执行一个功能而设计的，双（多）系统由两个（多于两个）单系统组成，这些单系统可以执行相同或不同的功能，或者具有相同或不同的物理性质。单系统的示例是单个镜头，两个镜头则构成双系统（如最简单的望远镜、显微镜或眼镜），三个或更多个镜头构成多系统（更高级的望远镜或显微镜）。

将单系统合并为双系统或多系统的结果之一是系统层次结构的增长或新层次的发展，这一法则因此得名。

向双系统和多系统的转变是进化的一种主要趋势，例子很多（图 5.16）。

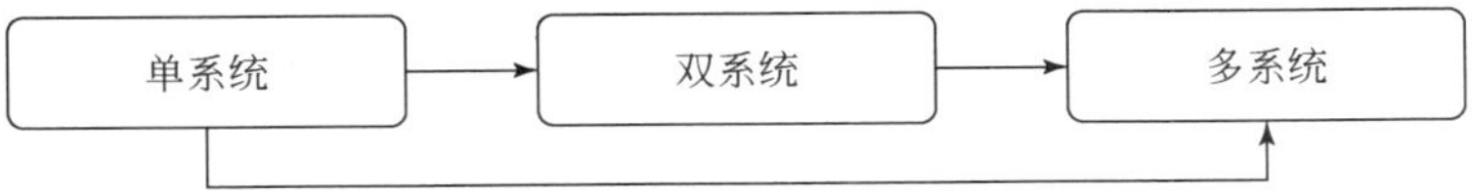

图 5.16 单系统进化为双系统或多系统；双系统进化为多系统

双系统：剪刀（两刀组合）、眼镜、双筒望远镜、双体船、双枪狩猎步枪、半导体二极管（两种半导体材料的组合）、酒心糖等。

多系统：书籍、扫帚、多墨水笔、邮票卷、多抽屉式机柜、晶体管 / 晶闸管（三 / 四种半导体材料的组合）、多缸内燃机、多层蛋糕等。

形成复杂系统最简单的方法是组合两个或多个已经存在的独立单系统，在双系统和多系统中强化每个子系统的功能，使新的、有用的功能出现。

所形成复杂系统的优点之一是可以在组件之间，按空间或时间分配功能负载。

例 5.18

在空间中分配功能负载的一个例子是分布式计算。最著名的例子可能是 SETI @ home 项目：成千上万的人自愿将自己的电脑用于搜索地球外的智能生物（SETI）。项目旨在使用众多小型 CPU（子系统）来分析大量来自无线电天文望远镜的数据。作为比较：当前最强大的电脑是 IBM 的 ASCI White，每秒可进行 12 万亿次浮点运算，成本为 1.1 亿美元；SETI @ home 的计算速度可达到每秒 15 万亿次，成本为 50 万美元。

在时间中分配功能负载的一个例子是多级火箭。另一个例子是高液压的制造：一系列基础液压泵依次作用，每个泵都对上一个泵处理后的半成品再加压。

双系统和多系统都沿着相同的方向发展，它们之间的唯一区别是，多系统可能为开发具有新属性的内部介质创造条件。

例 5.19

薄玻璃板的处理和成型是一个精细而耗时的过程，将大量薄玻璃板黏合成块可以解决这个问题：不需要特别的防护措施就可以处理加工黏合的玻璃块（美国专利 No.3567547）。在这个例子中，将胶水引入组合板系统，不仅可以获得一叠玻璃板，还可以获得一个能用于成型过程的整块（多系统）。在一块板上涂胶则不会产生类似的效果。成型过程结束（如加工到所需尺寸）后，将胶溶解掉，玻璃板分离开，可各自用于所需用途。

合并技术系统可以实现资源共享、增加功能并产生新的系统效应。

例 5.20

柔性制造单元（FMC）由几个类似或不同的机床（如加工中心和 / 或车削中心）组成，具有共同的材料加工系统和监控计算机。FMC 不仅仅用于组合几台机床，它可以同时加工多个相同或不同的部分，或者以优化的方式向组件机床分配零件的加工和测量。

例 5.21

当前个人计算机的进化趋势是将网络或其他许多功能委托给服务器，基本上使个人计算机成为（一个新层面上的）“智能终端”。而在前个人计算机时代，大型计算机和微型计算机的所有计算能力都集中在中央 CPU，并有多个“智能终端”。

5.5.1 向更高层次的系统进化的曲线（单系统 - 双系统 - 多系统）

（1）增加组件的多样性

双系统和多系统的分类法如图 5.17 所示。

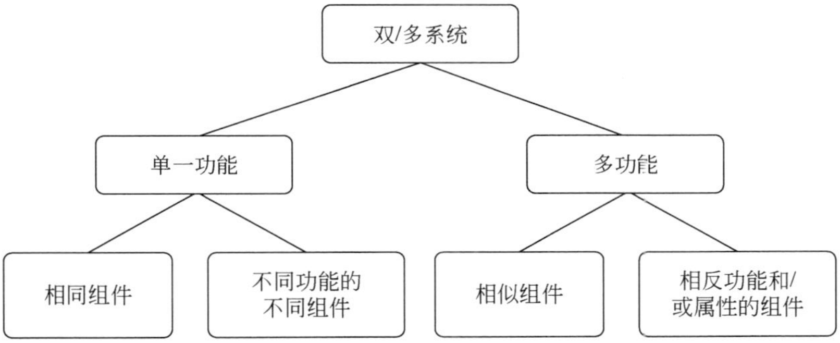

图 5.17 双系统或多系统的分类

同质双系统和多系统由相同的组件构成（如眼镜、毛刷）。有偏双系统和多系统由在某些方面不同的相似组件构成，如在尺寸、颜色、形状等方面存在差异（如具有两组不同密度刷毛的梳子、一盒颜色不同的蜡笔）。异构双系统和多系统由执行不同功能的不同组件构成（如瑞士军刀、工具箱）。反向双系统和多系统由具有相反功能和 / 或属性的组件构成（如带橡皮擦的铅笔、带遮阳罩的眼镜）（图 5.18）。

双系统和多系统中的组件多样化程度越高，则其有效性越高，多样性往往会产生新的系统效应。例如，由热膨胀系数不同的金属组成的双金属条，可在微小的温度变化中发生较大的弯曲形变，单金属条没有这种效果。

有偏的同质双系统具有最小的多样性。例如，最原始的望远镜（或

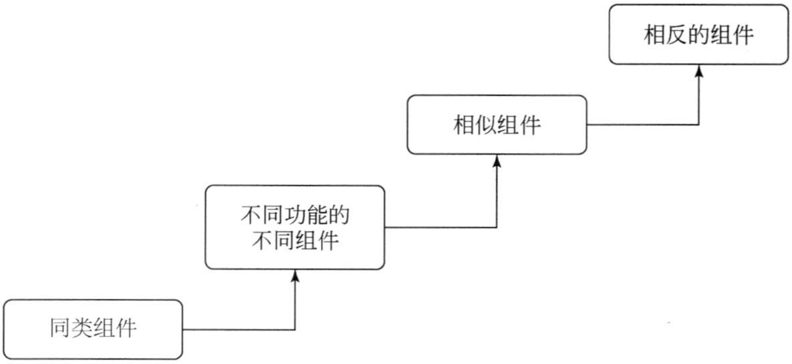

图 5.18　组件多样化程度增加次序

显微镜）是由具有偏移特性的两个透镜组成的双系统，更复杂的光学仪器则是具有偏移特性的多透镜系统。还有其他示例，如一套不同尺寸的六角螺母扳手、可用于六角螺母和亚伦螺栓的一套扳手、有不同形状尖端（一字、十字等）和手柄尺寸的万能螺丝刀。

例 5.22

抑制直升机噪声使用了有偏多系统（Edwards and Cox，2002）。随着直升机用于商业用途，市场对直升机噪声的敏感度增加。噪声的最主要来源是承载叶片的主转子。最近提出的调节叶片间距的方法，能显著降低转子噪声。与传统设计相反，这一方法要求叶片间距不均匀。叶片间距均匀时，每个叶片噪声峰值的频率（由叶片和直升机体突起之间的声学相互作用决定）是相同的，这些峰值重叠在一起，产生了更大的噪声。当叶片间距不均匀或变化时，峰值发生偏移，声能随着时间而衰减。

类似的技术用于抑制铣刀、锯等的颤振 / 振动。

异构双系统和多系统由执行不同功能的不同部件组成，如印有日历的鼠标垫、具有时钟功能的咖啡冲泡器和收音机、带计算器的手表、带削笔刀的钥匙圈等。这些功能大多是次要的，它们增强了系统的客户价值，或者用于支撑其主要功能。

两种情况常常导致新的不同组成部分（即次要功能）被同化。

首先，当新系统的可行性被建立后，其进一步的发展将通过吸收额外的子系统来实现，发展目标是提高系统主要功能和次要功能的性能。

例 5.23

早期数控机床的结构包括常规机床、进给驱动器的步进电机、功率放大器和穿孔带读取器。工件上点的位置必须被预先计算并使用二进制代码在磁带上冲压，因此将工具递送到编程预定坐标的过程很慢。同时，由于没有使用反馈系统，递送的精度也很低。

主要的新机械子系统使用了减少进给驱动器和导轨的摩擦的装置，以及反馈传感器和伺服控制系统，它们大大提高了加工精度。一个新的计算设备是内插器，用于自动生成编程节点之间指定行的中间点坐标。之后，内插器被基于计算机的控制器所取代，这些控制器减少了编制加工零件所需的进给运动顺序所需的时间和精力。其他增加的子系统是，工具更换模块（用于按序完成加工，而不用在几个加工操作，如铣削、钻孔、镗孔、攻丝之间移动工件）、放置零件的机械臂、用于测量加工后表面上所选点坐标的子系统。

其次，用于增强主要功能的资源已耗尽，或者这种功能的进一步增强不可行和 / 或不具有成本效益。

例 5.24

手表一直是以一些周期性过程为（计时）基础的，（手表）进化过程中，其所依靠的基础过程也不断变化：依靠地球旋转的日晷→依靠机械钟摆摆动的机械和机电手表（如“祖父时钟”）→依靠调谐叉或石英板振动的电子手表→科学上使用的依靠原子内电子震动的“原子”钟。现代电子手表的性能远远超出了手表佩戴者的实际需求（每年几秒的误差）。因此，手表的发展正在引入额外的技术和非技术功能，这些功能之一是将艺术与计时相结合（如镶嵌钻石的手表、米奇和斯沃琪手表等）。其他功能包括日历、停表、不同时区的时间、笔记本、闹钟、计算器、收音机、电视机、应急发射器、血压和 / 或血糖传感器等，附加功能的数量不断增加，还包括 GPS 和手机子系统。

附加功能数量和性能水平的加速提高，表明系统潜力已达到极致，并将被新系统替代。

多样性最大的是反向双系统或多系统，它由具有相反功能或属性的组件组成。方向双系统的典型例子是带有橡皮擦的铅笔。另一个例子是半导体二极管，其整流电流的能力是由于其由两个具有相反电特性的半导体材料组成，一个具有过量的电子，另一个具有带多余正电荷的“孔”。

在某些情况下，反向双系统的主要优点是能够消除组件中有害或不期望的性能。

例 5.25

结构混凝土块较便宜，它们可以适应高的压缩力，但不适合于拉伸载荷（即弯曲）。钢棒更贵，它们具有非常高的拉伸强度，但在压缩载荷下容易弯曲，也容易腐蚀。将混凝土预压到埋置的钢筋中，则对于压缩力和拉伸力都有优异强度，耐腐蚀（由于钢杆与外围环境被混凝土隔开），且具有相对低的成本和重量。

对立统一往往为工程挑战带来优雅的解决方案。

例 5.26

在冶金厂，渣浆通过管道泵送，渣粒子逐渐沉积在管壁上，使管道横截面减小，妨碍渣浆的流动。许多解决方案（如在管壁上使用特殊涂层、通过机械或化学手段定期清除沉积物、更换堵塞的管段、用卡车运输渣浆等）是昂贵和 / 或无效的。

将系统与其“反向系统”结合起来，就解决了这个问题。在同一工厂，将煤焦油生产中的副产物也通过管道输送，这样煤渣就从管壁上脱离了。建议定期更换用于运输这些材料的管道，开始时渣浆在管壁上形成防护层，随后煤块使该沉积物脱离。

（2）卷积

向双系统和多系统的过渡会使功能增加，但这可能以增加复杂性为代价（两个或多个组件而不是一个组件）。换句话说，过渡到双系统和多系统不一定提高理想度。

双系统和多系统的理想度在其卷积过程中增加。该过程的第一步是消除冗余辅助部件。例如，双管枪只有一个枪托。这种系统被称为部分卷积的双 / 多系统。

例 5.27

有时在计算机数控（CNC）加工中心加工复杂零件，第一次加工后，要将零件传送到 CNC 坐标测量机（CMM），该坐标测量机可以发现由切削力、刀具磨损、热形变等产生的尺寸偏差。测量后再将零件传送回机床进行校正。在机床上使用测量探头，将加工中心和 CMM 的功能结合起来，则不需要再来回传送零件，可以大大节省成本。当然，可能需要对机床进行一些调整，以便能够精确地重复探头在主轴上的位置。

例 5.28

便携式产品如手机、掌上电脑等功能变得越来越多。功能的增加要求单个电路板（PCB）上的存储芯片更多，但这一做法被日益缩小的封装尺寸所制约。

堆叠芯片封装的部分卷积系统能够解决这个冲突 [至少在一段时间内解决这个冲突（Kada and Smith，2000）]。这个方案通过垂直堆叠芯片，将其连接在一个非常紧凑的封装中，从而节省 PCB 上的空间（图 5.19）。“两层”芯片堆叠可以在 PCB 上节省 57% 的面积。

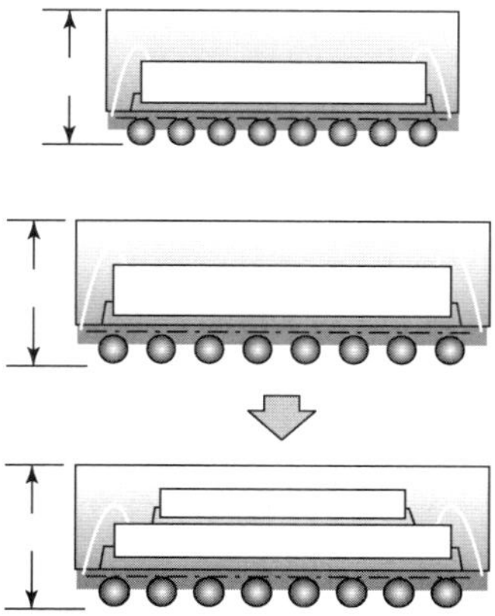

图 5.19 “两层”芯片堆叠组件

进一步的进化通常向着完全卷积的双系统和多系统发展。在这些系统中，一个组件可以执行两个或更多个功能。

例 5.29

一个完全卷积双系统的例子是由根里奇·阿奇舒勒为矿山急救人员开发的防护服（Altshuller，1988）。防护服必须有冷却系统和供氧系统，阿奇舒勒开发了一套结合了这两个系统的套装：解决方案的关键是使用液氧。液氧在冷却系统中汽化，随后用于供氧系统。这种组合减轻了防护服的重量，并大幅增加了救生装备在两次充电之间可使用的系统资源。

连续卷积的另一个例子是厨房压蒜机的进化。

例 5.30

两个单独的单系统。

通过在多孔板（单系统 A）上挤压大蒜，将其压成烹饪所需的蒜蓉（图 5.20）。清洁多孔板是一个烦琐而不愉快的过程，通常使用尖锐的物体，如针（单系统 B），去刺穿板上被大蒜残渣堵塞的孔。

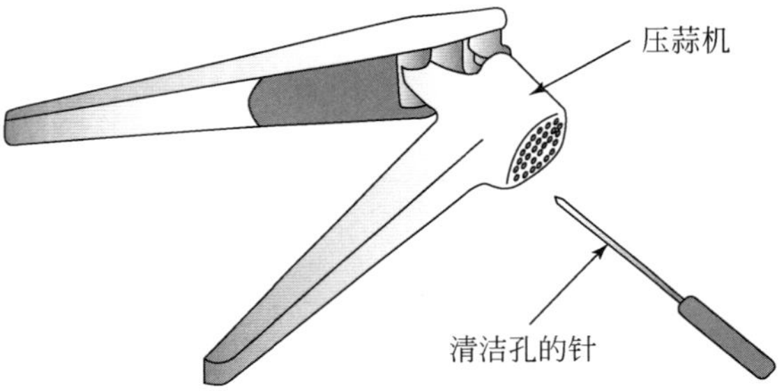

图 5.20　压蒜机和清洁孔的针

向多系统进化的第一阶段是将多个尖针组合成清洁冲头，以同时清洁板中的所有孔（图 5.21）。这个多系统是部分卷积的，因为一个冲头可以控制多个针脚。这种多系统可以被认为是一个新的单系统。通常，多针冲头与压蒜机一起出售。

部分卷积的高级系统。

在下一步进化过程中，多针冲头被附加在压蒜机上，如图 5.22 所示。

完全卷积的高级系统。

最后，多针冲头与压蒜机一体化，如图 5.23 所示。多孔板连接到压

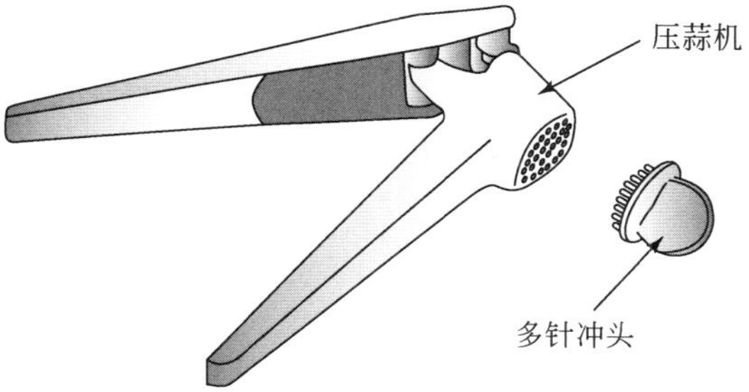

图 5.21 多针系统

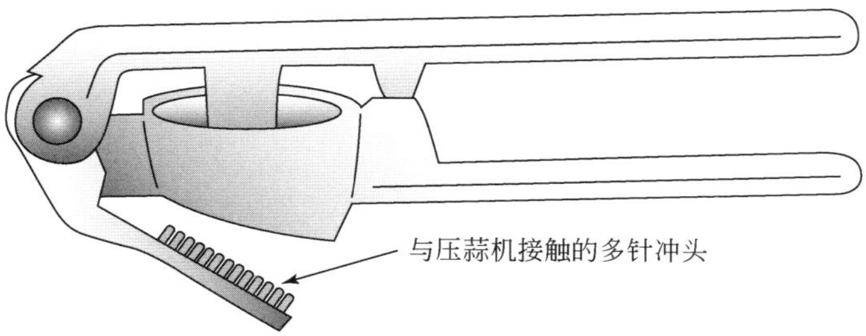

图 5.22 部分卷积的尖针 / 冲头

图 5.23 完全卷积的尖针 / 冲头

蒜机的一个杆上，而另一个杆的后侧是一组尖针，当杆反向折叠时，它们与板上的孔一一对应，尖针可以一次性清洁所有孔。同时，因为杆和清洁针可以一体成型，生产成本也降低了。进化过程的结果是一个与传统压蒜机尺寸和价格相仿的装置（较高级别的系统），这一装置替代了两种装置，且能更快捷而方便地执行清洁功能。

完全卷积的双系统和多系统又变成一个单系统，并可能通过与其他单系统的合并而再次获得发展。这种螺旋式进化如图 5.24 所示。

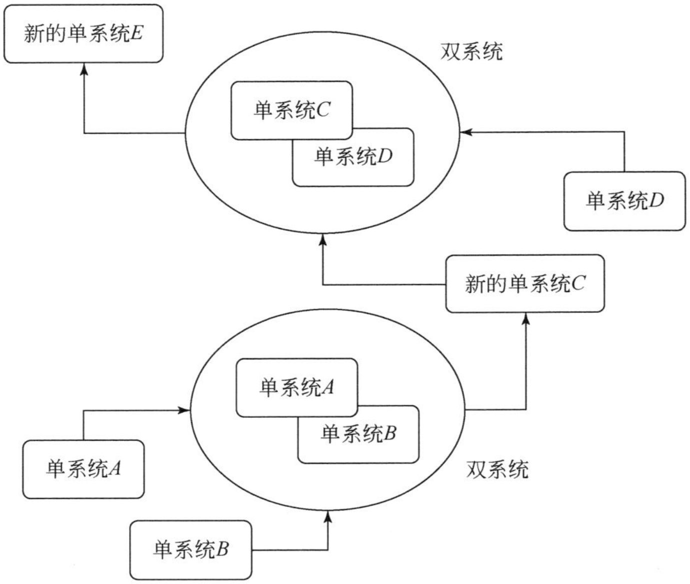

图 5.24　螺旋式进化

5.5.2　材料进化

许多技术系统起源于均质材料（物质）。均质材料与其他材料（系统）的相互作用通常表明，为了更好地起作用，它应具有不同的、偶尔相互矛盾的物理性质。在许多场合它们被要求是硬而软的、是固态也是气态的等。

对材料不同区域的不同要求使其分段。每个区段（功能区）可能具有自己的物理属性，因此可以执行不同的功能。功能区的分离意味着专门化——每个区域（即物质结构）执行一个功能。功能区的建立可以从单材料部分的边界开始，新特性（功能）可以通过利用部件的内部资源来实现：某一区域进行不同的热处理和 / 或机械处理（冷或热加工），改变部件某一部分的形状、密度（如通过引入气孔）、颜色等。如果使用材料的内部资源不能产生必要效果，则向功能区添加用于实现特定目标的其他材料，至此双材料和多材料结构（即复合材料）诞生了。因此，固体部分可能变成双系统或多系统。可以预见，由于其分子或原子结构，复合材料最终可以卷积成具有内置功能区的另一单材料。

例 5.31

成型过程中功能区的出现可以在锤子的早期进化中清楚地看到[图 5.25 中的阶段 1~5（Bassala，1988）]：首先是一块未加工的石头，然后逐渐形成一个锤头，之后手柄等成型。

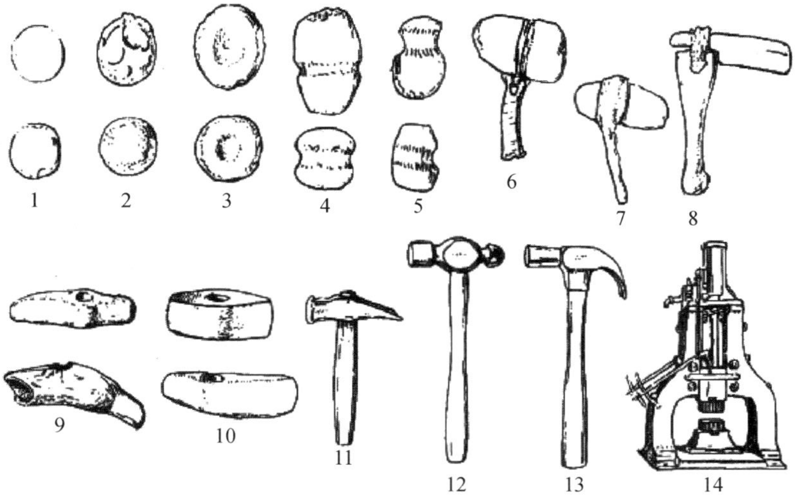

图 5.25 锤子的进化

例 5.32

固体部件向双系统和多系统进化的另一个例子是汽车前照灯镜头的发展；从平滑的 T 形玻璃到当今汽车上可以执行多种功能（聚焦、偏转、聚光、保护灯泡和反射）的弯曲棱镜。

功能区域的划分通常从不同区域均质材料的差别处理开始。

例 5.33

一个典型的例子是钢铁产品的表面热处理（如感应淬火）。在动力传递齿轮中，齿轮表面需要很坚硬，以在对应齿的滑动中承受高接触载荷。另外，高硬度与传动装置冲击载荷下的脆性相关，所以齿的芯部应具有较低的硬度。

例 5.34

对涂层的使用可以说明不同材料在不同功能区域中的使用。木质房屋具有良好的结构性能，但会受环境影响而逐渐腐坏。在木结构上覆盖另一种材料（保护漆或乙烯板）能使 “房屋”系统在时间的推移中表现更好。

涂层非常受欢迎，因为它们可以保有先进的昂贵材料的独特性能，又不会使成本过高。这些先进的材料通常由于结构性能差而不能批量使用。实例包括用非常硬的材料（如碳化钛、氮化钛、金刚石等）涂覆的切削工具、涂覆有低摩擦材料的结构部件（将其摩擦系数从 0.15 ~ 0.2 降低到 0.03 ~ 0.05）、结构部件由强度大但不耐高温的材料（陶瓷涂层）制成等。

有时增加不均匀性的曲线发展出几个分支：添加的材料——实质上是一个子系统——被配置到单系统中。这种单系统本身将注定沿着“单—双—多”路径进化。

例 5.35

高尔夫被认为起源于 16 世纪的苏格兰（McGrath and McCormick，2002），第一个高尔夫球杆和球由木头制成。现代高尔夫球的前身 Gutta Percha 球或称“古蒂”是在 1848 年发明的，由热带地区生长的胶木的橡胶状液体制成。Gutta Percha 球给球手更多控制的机会，而 1898 年由 Coburn Haskell 推出的多片球让普通高尔夫球手可以将球发远 20 码[①]，这个球有坚实的橡胶芯，包裹 Gutta Percha 外壳。

1996 年引入的一体式球，将橡胶——Haskell 球的一个子系统——卷积成一个单系统（图 5.26）。一体式橡胶球非常耐用和经济，但不能

① 1 码 =0.9144 米。

打出更远距离也不具有“柔软感”（更好的控制）。为了消除这些缺陷，普利司通公司在 1985 年创造了一个两件式的球，这个球有一个坚实的合成橡胶芯和一层增加耐用性的外层。之后，普利司通公司沿着增加不均匀性的路径进化高尔夫球，并引入了由多种不同材料构成的三层球和四层球。

图 5.26　高尔夫球的演变

改变特定区域中材料的物理和 / 或化学性质可以实现整体功能区的发展（卷积）。

例 5.36

齿轮的不同硬度可以通过使用具有高延展性的低碳钢（不可热处理），并增加外层碳含量（渗碳工艺）来实现。渗碳后，整个齿轮被加热淬火，只有齿的渗碳外表面在此过程中硬化。该效果类似于前面所说的感应淬火，但可以使用较便宜的合金用于齿轮制造，所需的加工设备也更便宜。

材料的进一步卷积很可能与纳米技术的进步相关（Drexler，1992；

Merkle，1997）。该技术允许使用单个分子、原子或诸如碳纳米管的微结构来组装产品。该技术由 Richard Feynman 率先提出（Feynman，1959），目前正受到许多商业和学术组织的积极推行。在纳米技术中，基于产品所需性能的原子组合和几何图样（形状）都可以被控制，并且可以生产单独一个或多个数量的定制产品。

这种潜在发展为我们带来另一进化法则。

5.6 向微观层次进化法则

所有技术系统均由物质组成，任何物质都是多层次的，具有多种物理结构。出于实际目的，将此层次结构表现为图 5.27 所示的层次 / 物理结构就足够了。

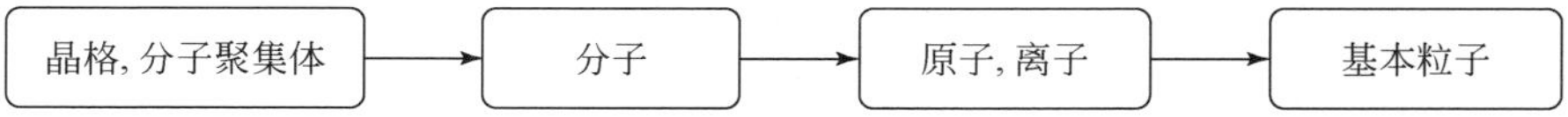

图 5.27　微观层次转变过程

层次结构中的任一物理结构，都是比它更高层次的所有结构（宏观层次）的微观层次结构。

在进化过程中，技术系统从宏观层次向微观层次转变。这意味着通常由诸如轴、杠杆、齿轮等“宏观物体”执行的功能将逐渐被分配给分子、原子、离子和基本粒子等“微物体”。

向微观层次的转变是采用较低层次物理结构的过程。进化过程中产生的各种冲突，可以通过向微观层次转变来解决。

技术系统向着越来越多地使用微观层次结构发展。

例 5.37

向微观层次转变的曲线可以通过金属加工技术的发展来说明（图 5.28）。

晶格

传统的加工技术（铣削、钻削、磨削等）在这一层次上进行。在这

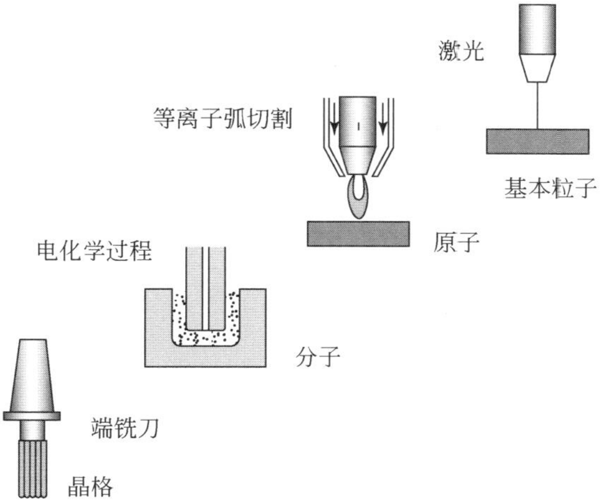

图 5.28 金属加工技术的变革

些技术中，切削工具（比被削材料更硬）向要被除去的材料施力。

分子

在化学和电化学加工中，通过控制金属上化学溶液的蚀刻反应来打磨金属。

原子、离子

等离子弧切割过程中使用原子级工具，高温等离子体通过熔化工件来完成切割。电火花加工中的工具也是原子级的，工件被高能放电所侵蚀。

基本粒子

激光和电子束加工（分别使用来自激光和高速电子束的强光束蒸发材料）。

向微观层次转变涉及两个主要机制。

1）微观层次的结构承担了过去由宏观层次结构执行的功能（如用激光发射的光子代替常规机械切割工具）。

2）微观层次结构控制了宏观层次结构的物理性质和行为。具有光致变色透镜的眼镜采用了这种机制。这种眼镜在强光下会变暗，不再需要太阳镜或遮阳罩。这种半透明度的变化是由于在制造过程中向玻璃添加了氯化银晶体。氯离子在光的作用下产生氯原子和电子，电子与银离子结合，形成银原子，许多银原子聚集在一起阻挡了入射光，导致整个透镜变暗。“变暗”的程度与光的强度成正比。

5.7 完备性法则

这一法则规定了任何自主技术系统主要部分的数量和功能。

自主技术系统由四个主要部分组成：作业装置、传动装置、动力装置和控制装置。

作业装置是直接执行系统主要功能的组件，传动装置将动力装置（能量源）产生的能量转换为能够控制作业装置的能量，控制装置能改变其他主要部件的参数（图 5.29）。

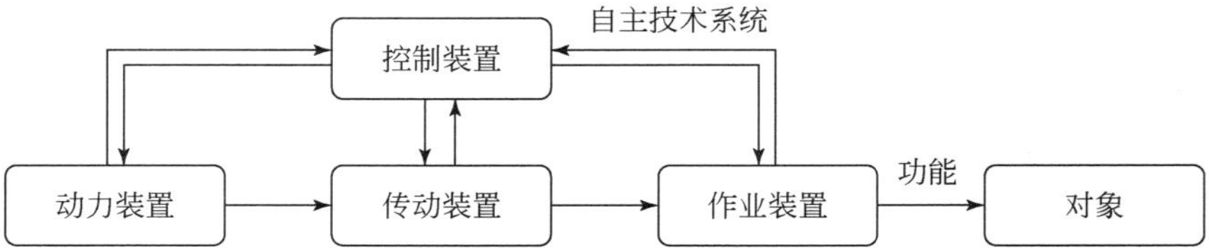

图 5.29 自主技术系统的结构

例 5.38

以“摄影相机”技术系统为例。相机的目的（主要功能）是将从外部物体反射的光传输到胶片（或数码相机中的传感器板）上。因此，相机操纵的对象是光，作业装置是透镜组，传动装置是透镜，动力装置是电动机，许多现代相机中的控制装置是微处理器。

锤子进化中的里程碑（图 5.25）——从石头到大锤——清晰展现了这一技术系统主要部分的出现和发展。

在许多技术系统发展的早期阶段，主要组成部分都包含“人的成分”。随着这些系统的发展，“人的成分”逐渐消除，人类所执行的功能被委托给技术系统。这种消除人参与的过程遵循图 5.30 所示的曲线（Altshuller et al.，1988）。

图 5.30 在技术体系中逐渐消除“人的成分”

例 5.39

第一个挡风玻璃雨刮器是在 1903 年发明的，需要手动转动挡风玻璃上的橡胶叶片。第二次世界大战后，手动雨刮器（由驾驶员或乘客操作）被用于军用威利斯吉普车（McNeil，2002）。下一代雨刮器由与汽车发动机相连的真空泵供电，该设计的缺点是雨刮器的转动速度取决于车辆行驶速度，最终被电机真空泵取代。随后的一组主要创新涉及雨刮器控制系统的变化，包括间歇性雨刮器、雨水感应雨刮器等。

例 5.40

现代牙刷的前身是由木刺或鸟羽制成的牙签，该牙签具有作业装置和传动装置的功能，同时以用户的手作为动力装置和控制装置。5000 年前的埃及人使用这种牙齿清洁器具。他们及其他古代人类也使用一端被捣碎的枝条（来清洁牙齿），以增加用于清洁的表面积。

当作业装置（即牙签的尖端）进化成多系统（即一组刷毛）时，能更有效地清洁牙齿。这种进化促使牙签的其他部位进化为更加用户友好的“传动装置”，即手柄。一般认为，第一把牙刷发明于 14 世纪的中国，并在 17 世纪被带到欧洲。它使用猪毛作为刷毛，用骨头作为手柄。

在接下来的几个世纪中，牙刷的历史是相当平稳的（唯一显著的变化是在 20 世纪 20 年代使用赛璐珞作为手柄，且在 20 世纪 40 年代用尼龙替代了猪毛）。

主要突破出现在 1956 年牙刷“动力装置”的变化上。Squibb 在瑞士推出了第一把成功的电动牙刷——Broxoden[美国在 1880 年销售了第一把电动牙刷，但未在市场上取得成功（Travers，1995）]。1961 年，通用电气推出了可充电的无绳牙刷。

5.8　能量传递路径缩短法则

能量转换技术系统有效和可控的必要条件之一，是将能量通过系统传递到输出端（工作元件）。将此观点运用于实际系统的开发中，可以有效区分两种基本类别的设计问题。第一类问题与系统变化相关（合成新系统、改进现有系统）；第二类是测量问题，其目的是检测、测量或监测系统的某些参数。

在第一类问题中，能量从源（如燃气轮机装置中的燃烧室、发电站中的锅炉、加工机器中的驱动电机等）通过中间子系统（发电站的蒸汽管道和汽轮机、加工机器的机械传动）传递到作业装置（发电站中的发电机、金属切割机器中切削工具的主轴）和输出系统（发电站的配电网、金属切割机器的切削加工）。

在第二类问题中，应检测从被测量 / 监测对象发出的能量，以获得所需的信息。在这种情况下，能量从物体传递到传感器（换能器），然后通过某些辅助线路（以电流作为输出的电导管、气动换能器管道等）传输到信号调节器，并进一步传递到指示器以转换成信息。指示器是数据采集系统或反馈单元（用于伺服控制的系统）。

能量传递路径缩短法则：技术系统向缩短能量在系统中流动路径的方向发展。

通常，这个进化过程与以下两个趋势（进化曲线）中的至少一个相关（图 5.31）。

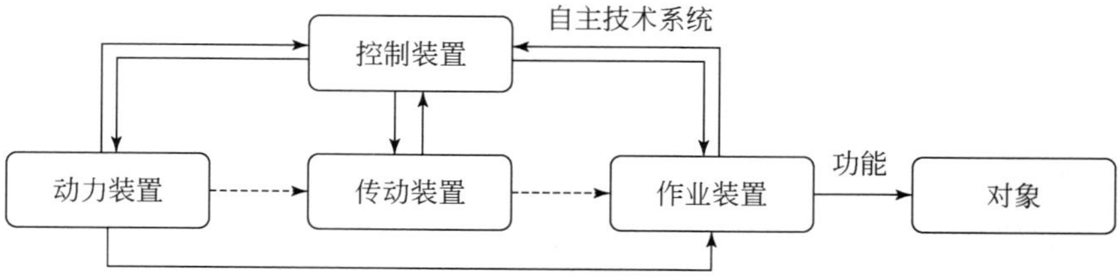

图 5.31　在许多现行系统中，能量直接作用到作业装置上

1）减少能量转化的次数（包括不同形式的能量之间的转换，如电

能和机械能、机械能和热能等，也包括能量参数的转换，如机械变逗器改变输入和输出的转速与扭矩 / 力）。

2）增加易于控制的能量形式。按可控性增强的顺序，将能量形式排列如下。

重力势能。

机械能。

热能。

电磁能。

通过追溯许多主要技术系统的进化，可以很容易地认识到这种进化法则。

例 5.41

大多数现代旅客列车采用柴油机车。在这些机车中，热能转化为柴油发动机中的机械能，然后通过机械传动改变机械能的参数（速度和扭矩）以便按所需的速度驱动车轮。车轮将旋转机械能转化为列车的平移能量。为了使柴油发动机按最佳的速度、扭矩和效率工作，必须使用发动机的机械传动。这种机车正在逐渐被电力机车所取代。电力机车的能量源是电流，在某些情况下，其参数由基于晶体管的高效系统转换。随后，电机直接或通过简单的机械传动间接驱动车轮。该过程提高了能量效率和性能。

下一发展阶段是磁悬浮系统，由线性电动机提供推动力，从而最终缩短能量传递的路径。常规列车的轮子不仅提供推动力，还要从地面上支撑起列车。磁悬浮支撑系统减少了摩擦和能量损失，并减少噪声和产生悬挂作用（振动保护）。

例 5.42

20 世纪初，机械车间是集中驱动的。内燃机或电动机驱动悬挂于整个车间的长传动轴（图 5.32），许多皮带将机械动力从传动轴传递到单独的机床。在每个机床中，机械变速箱将这种输入驱动转换成所需的能量参数（主轴和进给运动），其他内部变速器改变主轴和其他单元之间的速度比（工具支撑架的进给运动、齿轮切割机中的分度运动等）。在

20 世纪 30 年代，通过在每台机床上单独安装电动马达来缩短机器内的能量传递链。

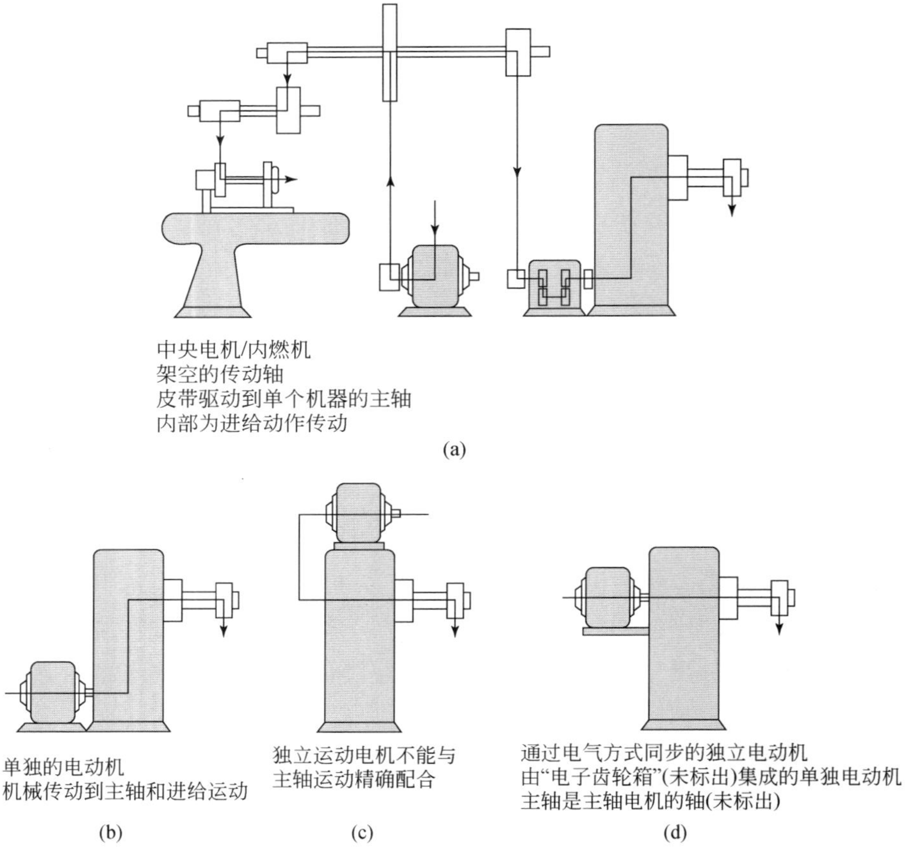

图 5.32　机床传动的进化

但所有内部传输仍然存在。用于加工复杂部件（如螺旋锥齿轮）的一些机床具有六个内部传动装置，每个内部传动装置必须针对每组齿轮的参数进行精确制造和调整，以便精确地加工复杂表面。20 世纪 30 年代末开始，许多系统（如磨床的进料系统）与主电源输入分离，能量传递路径进一步缩短。最初，这些独立的系统不涉及精密运动，运动仍然是通过来自单个电动机的机械传动来同步的。但在 20 世纪 50 年代后期，瑞士 Reishauer 公司开发了一种高精度齿轮磨床，其中所有运动均由直接连接到输出机械元件的单独电机执行（工件主轴运动和砂轮主轴运动），电机通过电子系统同步。

该方向进一步发展成“电子齿轮箱”，可以将运动的同步精度控制在角秒以内。若要通过机械手段实现这样的精度，即使可能，也是非常困难的。现代数控齿轮切割机床可以在不使用机械传动的情况下，由各个电机分别直接控制完成大量动作，生产出精确的螺旋锥齿轮。通用机床还可以为所有运动轴分别安装独立的直接驱动（电机 – 滚珠丝杠 – 移动单元，不需要齿轮箱）。对平移运动速度、精度和可控性的需求的不断增长，导致了线性电动机的广泛运用，从而完全消除了机械传动并缩短了最终的能量传递路径。最坚固的系统是主轴驱动，需要有非常宽的速度变化范围（最大最小速度比为 100 ~ 1000）和高安装功率（中型机床需要高达 30 ~ 70 千瓦的安装功率），因此，主轴驱动器使用了机械变速箱（带齿轮箱的皮带传动）。而现代高速 / 大功率机床与主轴和电子控制变速电机之间直接连接，越来越多的主轴与电机完全组合在一起（主轴是转子）。

5.9 增强可控性法则

这个法则也被称为增加物 – 场相互作用法则。它描绘了物场的进化（图 5.33）。

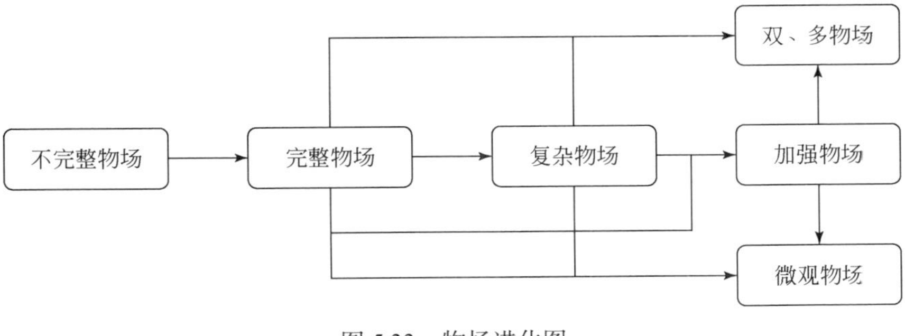

图 5.33 物场进化图

增强可控性法则：技术系统进化的方向是提高其物 – 场的相互作用，包括以下内容。

不完整物场进化为完整物场，然后进化为复杂物场。

完整物场和复杂物场进化为加强物场。

5.9.1 复杂物场

在维持现有物场（功能）的同时，常常还需要引入一个新的、典型的辅助功能。这通常通过向复杂物场——双物场（图 5.34）或链状物场（图 5.35）——过渡来实现。

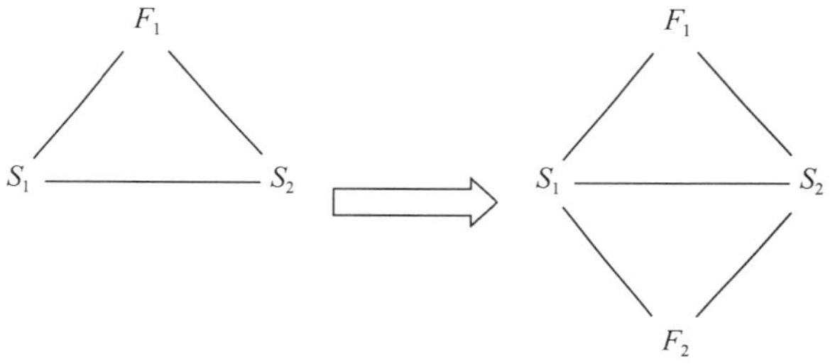

图 5.34 双物场

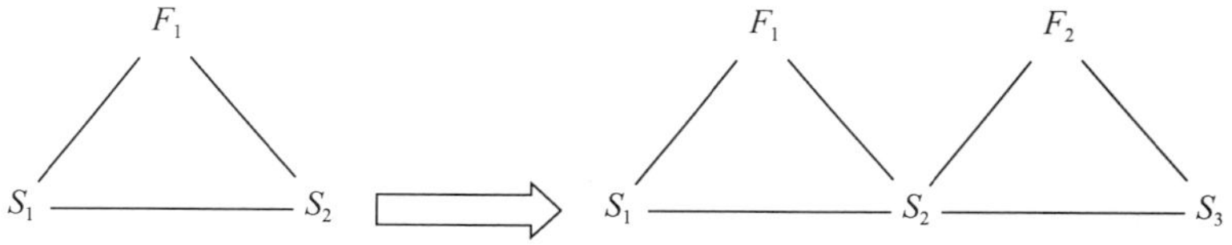

图 5.35 链状物场

向复杂物场过渡是提升理想度的又一机制。增加简单物场间功能的结合，可以使复杂物场中元素的数量增加。卷积系数 C（Vertkin，1984）用于描述系统的物场数与这些物场中的元素数之比（图 5.36）。

$$C=\frac{\text{物场的数量}}{\text{物场元素的数量}}$$

图 5.36 卷积系数

这个系数可以在一定程度上衡量理想度的变化。对于一个简单物场 $C = 1/3$，双物场 $C = 1/2$（2/4），链状物场 $C = 2/5$。

例 5.43

将熔融金属通过钢包底部的开口倒入模具中，排放速率与钢包中金属的液面位置成正比：液面位置越低，静态压越小，金属流动越慢。通过改变钢包开口的直径来控制排放速率较为困难。

物场分析

ISM（图 5.37）是一个完整的物场，但其中的元素未被良好控制，所以对整个物场的控制不佳。为提高物场可控性，将一个控制区 F_2（图 5.38）添加到系统中。

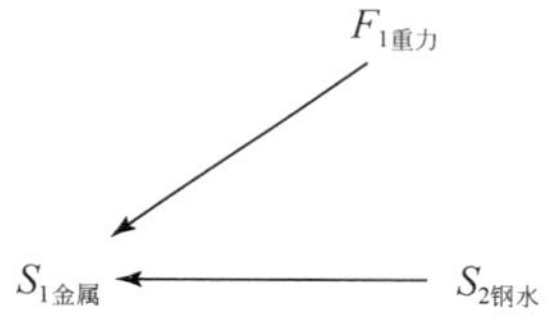

图 5.37 熔融金属过程中没有良好控制的物场模型

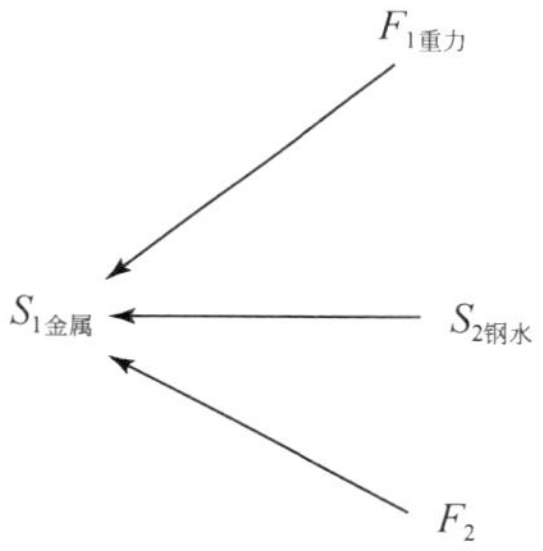

图 5.38 添加一个控制场

解

受旋转磁场影响，金属在钢包中旋转；这就控制了钢包中金属的液面位置。

例 5.44

如何提高锤的有效性?

物场分析

锤子的有效性随其前端质量的增加而增加，但使用重锤是相当麻烦的。因此，应当为前端添加额外重量，但又不应该添加。这种物理矛盾可以通过从时间上分离不同需求来解决：在撞击前，额外的重量不存在，但在撞击的时刻，前端增加额外重量。这提示了一种思路：使这种质量移动，并用离心力控制（图 5.39）。

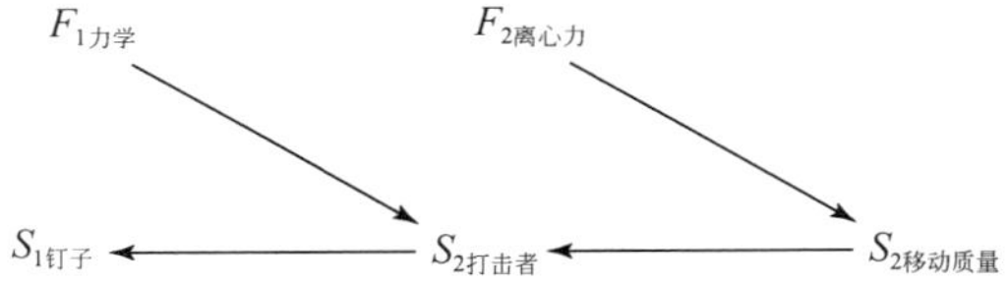

图 5.39　击锤的物场模型

解

空心的前端与空心的手柄相连，手柄内充满重的颗粒状介质（如铅丸）。在撞击发生前，离心力将锤子内部的铅丸传送到前端，从而解决了冲突。这种设计的另一优点是，颗粒状介质的减振作用可降低噪声水平。

还可以通过在现有的物场内部部署链来开发链状物场。在这种情况下，$F_2 \rightarrow S_3$ 的连接内置在链接 S_1–S_2 中（图 5.40）。

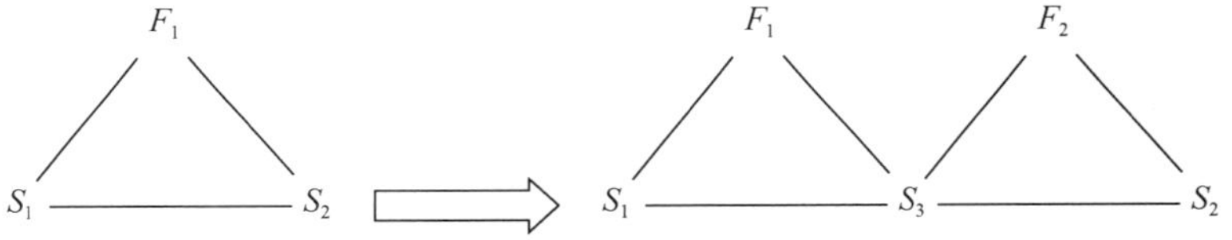

图 5.40　S_1–S_2 链接的链状物场的进化

例 5.45

美国专利 No.6032772 描述了一种用于控制汽车中发动机冷却风扇旋转的黏性流体离合器。离合器包括附接到发动机输出的转子、附接到风扇组件的定子和附接到定子的电磁线圈。转子和定子之间的间隙及转子和线圈之间的间隙均填充有磁流变流体。线圈在间隙中产生磁场以改变磁流变流体的黏度，从而提供取决于磁场强度的可变驱动力。

5.9.2　加强物场

通过以下方式可以强化物场元素之间的相互作用。

用更好的控制场替换不可控制或不易控制的场，如用电场替换力学场等。

增加物场中元素的灵活度。

调节场的频率，使其与对象或工具的固有频率调谐或去谐。

其他方法（见附录 3 中组 2.2 中的标准解）。

5.9.3 双物场和多物场：向微观层面转变

在进化的任何阶段，物场所有元素都可能进化为双元素和多元素，同时向微观层面转变。例如，如果牙签是单系统，则常规牙刷中的一组刷毛是多系统的，而离子牙刷是在微观层面上操作的系统。

5.10 协调性法则

这个进化法则决定了技术系统最有效的时间结构。

协调性法则：技术系统达到最佳表现的必要条件是，协调其各部件活动的周期性。

最可行系统的特点是其部件相互协调，这些部件的动作相互支持并彼此同步（协调）。这与生产系统非常相似，生产步骤中主要部件之间的“及时”互动，可提高生产经营效率。若违反同步原则，则技术系统的组成部分间可能相互干扰，系统性能受到影响。

有多种方法将这一法则用于技术和产品的开发。

• 周期运动和其他组成部分参数之间的协调。

• 使用共振。

• 消除不良周期性运动。

系统各部分之间的协调可能与固有频率或其他动态特性无关，而与各部分的作用顺序相关。正确实施协调可以大大提升系统的性能特点。

例 5.46

常规的喷枪具有喷漆阀和空气阀，二者的同步关系为，触发喷枪时，首先打开空气阀；喷漆过程停止时，首先关闭喷漆阀——这将使喷嘴向涂漆表面“吐”干油漆滴。美国专利 No.4759502 提出了改进的同步程序，其中喷漆阀可在空气阀之前迅速打开和关闭，且时间延迟是可调节的。这种同步关系的改进显著优化了喷涂过程。

常使用振动进行各种生产和测量操作（所谓的“振动技术”）。

谐振和驻波的影响被广泛应用于各种情况，它们允许以最少的能量消耗维持振动，并且有助于各种生产过程。

例 5.47

制造微球的高效方式是使用驻波。通过振动模具中的孔高速喷射熔融材料，振动的频率被设定为球体所需直径的函数。振动在喷射流中产生驻波，使喷射流分裂成完全相同的部分，并在表面张力的作用下立即形成球形。这种方法每秒可以生产 1 000 000 个球体，直径范围从 0.0004 英寸（10 微米）到 0.04 英寸（1 毫米）。

由于生产过程以参数的持续变化为特征，所以生产系统的固有频率也不断波动，导致偏离来自驱动单元的共振频率。而在其他情况下，谐振可能是不合需要的状态。因此，伺服控制系统的自调谐（或后一种情况下的自失谐）非常有用。

例 5.48

在超声波加工（图 5.41）（Astashev and Babitsky，1984）中，用磁致伸缩振动器将工具连接到激发超声波频率（20 ~ 100kHz）的振动器上，该工具与装在磨蚀液罐内的工件相互作用。工具被一定的进给力按压到工件上，将工具的振动传递给磨料颗粒，磨料颗粒冲击被加工的坯料。这种技术可以用于加工最坚硬的材料、最复杂的形状。当系统与振动器的频率共振时，加工过程最节能。在加工之前（空闲状态，

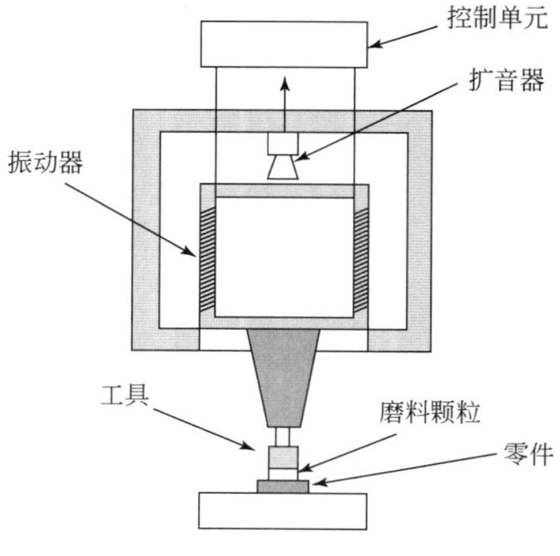

图 5.41　超声波加工工具

刀具与加工毛坯之间没有接触），会调整系统（达到共振条件），但固有频率取决于工作区域中的相互作用和进给力的大小。受失谐过程影响，系统总是偏离共振，导致效率非常低下（约 3%）。为解决这个问题，将扩音器作为反馈传感器。控制单元将扩音器感测的振动强度作为反馈信号，连续地改变发生器频率，使得系统能够连续地保持共振条件，从而大大提高生产效率（可提高 50%）。

例 5.49

使用相同的方法可解决一个非常不同的问题：在高速机床端铣过程中出现的不必要振动。在问题中，扩音器收集来自切割区域的振动信号，控制计算机确定结构共振和自激振动的频率，如果振幅超过公差，则命令 CNC 控制器改变主轴转速。如果通过几次改变还无法符合要求，则停下机床。这样的系统大大延长了刀具的使用寿命，提高了加工零件的表面光洁度。

最后一个例子说明了非期望周期性运动的减少。专门的著作中详细描述了许多用于控制振动的技术。为消除共振，应该改变振动器的强制频率或振动系统的固有频率。在被动系统（不配备自动控制器）中，可在不同状态下、以不同频率发生共振或自激振动。在某些情况下，这可以通过消除周期性来避免。例如，在铣刀上或锯片上不均匀地放置切削齿，或使主轴 RPM 变化，都可以打破激发周期。另一种方法是增强系统中的阻尼（能量耗散），从而降低共振强度。

为提高理想度，系统必须满足两个相互矛盾的要求：要变得理想，系统执行功能应当不花时间；但是为了做好实际工作，一定要花费一些时间。

系统的时间理想化有三个方向（图 5.42，其中 Fn 代表功能），这些方向用几条空间运动曲线表示（Fey，1988）。

方向 1：系统功能不变，但执行功能所需的时间减少。

方向 2：系统同时执行多个功能。

方向 3：增加功能数量的同时缩短执行这些功能所需的时间。

方向 1 组合多种空间运动曲线。

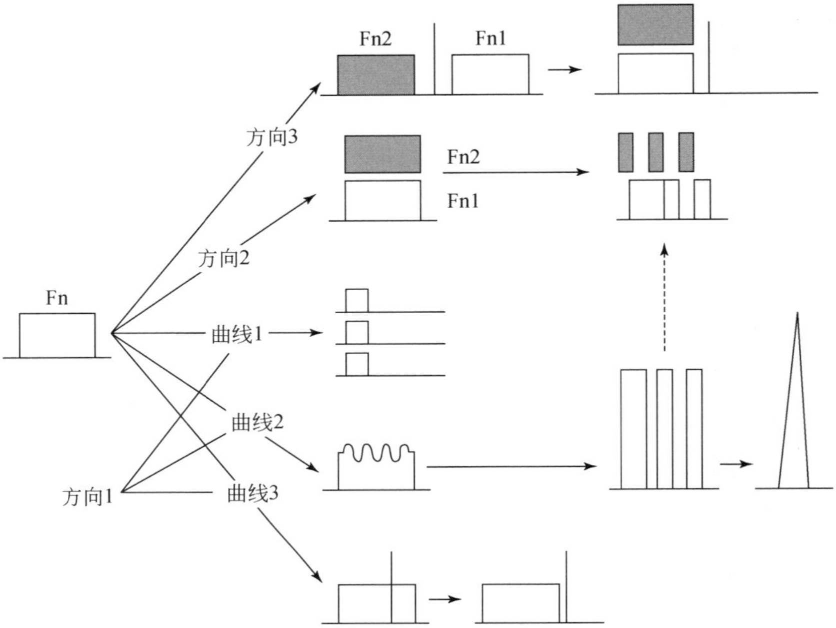

图 5.42　空间运动曲线

• 曲线 1：在两个或多个同时操作的系统（或子系统）之间分配功能。TRIZ 文献中有很多例子说明了这一曲线（参见例 5.18）。

• 曲线 2：向功能性能的峰值模式转变。这条曲线的特征是以下一系列状态：振荡、脉动和峰值。

例 5.50

无线电工程从模拟开始，即使用连续信号。重大突破是脉冲的使用，使得能够将一个信息的脉冲插入另一信息脉冲之间的停顿中，从而显著提高了无线电通信的密度 / 有效性。接下来的重大进展是信号压缩系统的使用，特别是军方用来传送机密信息的信号压缩系统。在这些系统中，信息不会从发射机直接进入天线，而是首先被存储在存储设备中。内存填满后，压缩信息，并将其以非常短的脉冲形式发射出去。

例 5.51

常规注射器由针筒、活塞和针组成，通过移动活塞将药物注入身体。

在许多现代的药物递送装置中，通过向药物中施加超声能量来增加身体组织对药物的吸收（参见日本专利 No.2152466A2）。在更先进的装置中，针不存在。无针透皮注射器在 -40 ~ 65 巴（1 巴 =10^5 帕）高压条件下运送药物，药物射流以高达 500 米 / 秒的速度被注入皮肤（参见美国专利 No.6168587）。

• 曲线 3：向初始行动转变。这条曲线具有两种主要的运作机制：部分初始行动和完全初始行动。

例 5.52

在软件工程的最初发展时期，程序员不得不为每个特定的场合写一个新程序。这是非常耗时的，自然地引起了对例行程序的开发——预先编写某些重复或典型应用程序（如三角函数）。合乎逻辑的下一步发展是开发 CASE（计算机辅助软件工程）系统，实现特定应用领域复杂编码的完全自动化（如用于生成各种财务报告）。这种系统的用户只需描述要开发的应用程序（报告），系统将自动生成产生此应用程序的代码。

方向 2 可由向卷积双系统和卷积多系统转变的示例说明。

方向 3 集成了提高理想度的两种方法：向初始行动转变，向双系统和多系统转变。

例 5.53

任何使用形状记忆合金的部分都可以在两种配置 / 功能之间转换。这些配置 / 功能被预先设计至零件的物质结构中。

5.11 进化法则和曲线的交织

可以发现，进化法则和曲线是相互独立的：系统首先沿着一条特定的曲线变化，在这条曲线（对于提升系统理想度的作用）耗尽之后，切换到另一条曲线。真实的情况要复杂得多，因为任何一个技术系统的历史发展都是几条进化法则和曲线交织在一起的。

例如，在单系统演变成双系统后，后者通常以其元件之间的刚性连接为特征。系统继续沿着单—双—多方向前进的同时，也不断增强元件间连接的灵活性。可用双体船（的进化）说明这一过程。双体船船体被刚性交叉连接连在一起，在通过狭窄水道时的机动性差。更先进的设计所使用的交叉连接允许船体间距离的改变，从而增强双体船的航行能力。

5.12 总　　结

TRIZ 的基础是一套技术系统进化法则。这些法则描述了技术系统（即产品、技术和生产过程）演变的普遍趋势，可用于对下一代潜在技术创新进行识别和概念开发。进化曲线指出了沿着一般方向进化的各阶段，一些法则通过与相关进化曲线结合，预测能力显著增强。这些曲线的使用很直接。首先，感兴趣的技术系统位于一条进化曲线上。然后进化曲线所提示的下一步进化，就可能是系统的下一步进化。每条适用的进化曲线都会重复这一历程。

5.13 练　　习

1）选择汽车的五个子系统，应用子系统的非均衡进化法则，并确定与这些子系统未来发展相关的系统冲突。

2）进行如下练习。

（a）举出五个可以用如下特征描述的消费品。

同质双系统。

异质双系统。

部分卷积的双系统。

反向双系统。

完全卷积的双系统。

（b）举出五个可以用如下特征描述的产品。

同质双系统。

异质双系统。

部分卷积的双系统。

反向双系统。

完全卷积的双系统。

3）举出一个产品进化的例子。

单—双—多。

向自适应系统转变。

向微观层次转变。

完备性曲线。

缩短能量传递路径。

4）具有一字或十字形刀头的常规螺丝刀可以被认为是单系统。在手柄中放有不同形状（一字和十字形）和尺寸刀头的通用螺丝刀，是进化步骤的一个示例——具有偏移特性的均匀多系统。使用“单—双—多”线路来开发下一代螺丝刀，提出至少一个概念设计。

5）单玻璃镜片只能使一定距离内的物体进入锐焦，这样的透镜可以被认为是“刚性”系统。双元件和多元件的透镜系统可以消除这一缺陷：系统被设计成可以通过机械调节元件间的轴向间距来改变焦点。

这些镜头系统在实际中很常用，分别代表了“单联”和“多联”进化阶段。所有传统变焦镜头系统都有共同的根本缺点：①玻璃元件很多，占据了相当大的重量和空间；②昂贵且制造耗时很多（即研磨和抛光）。使用弹性材料和光学流体而不是玻璃透镜的系统，消除了这些缺陷。

图 5.43 所示为典型的弹性可变焦距透镜系统，包括由透明弹性材料

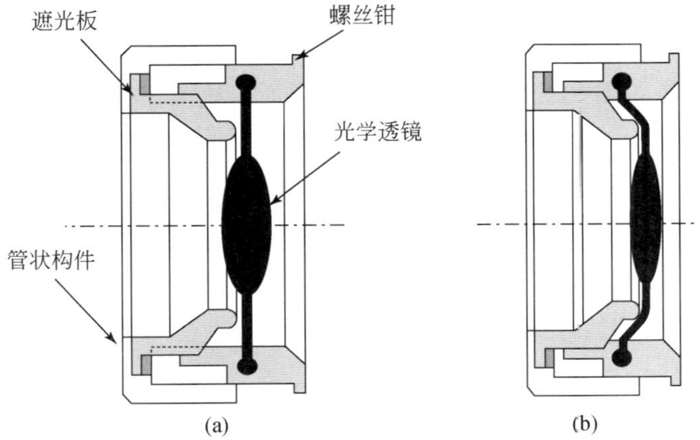

图 5.43　光学透镜系统

形成的透镜元件。边框的顺时针旋转使得管状构件沿着光轴轴向位移，管状构件的前缘对弹性材料施加力，从而拉伸并改变透镜形状，使得镜头的焦距从短变长。

图 5.44 显示了增强系统动态性的通用曲线与上述镜片进化阶段之间的对应关系。然而，透镜系统的进化不能在“流体”阶段停止。提出下一代变焦镜片的概念设计。

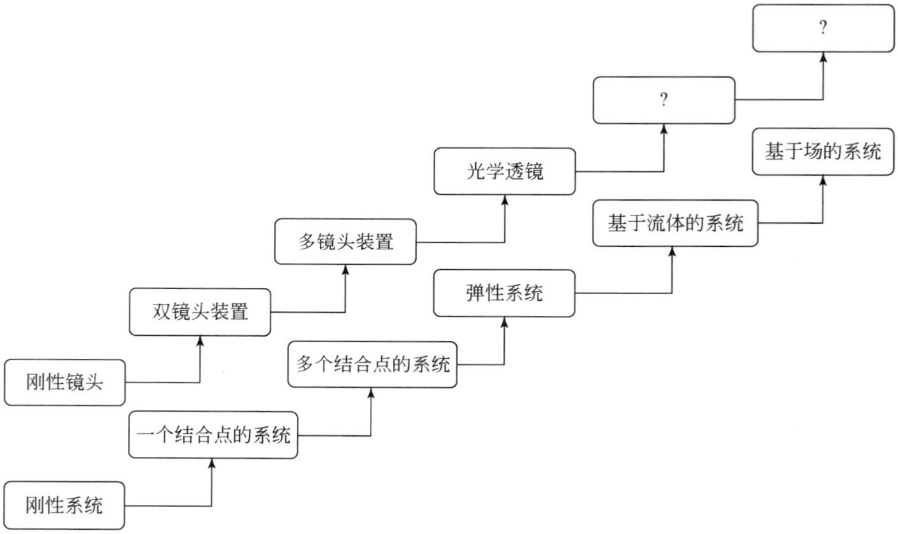

图 5.44　透镜进化与向流体和场进化的曲线间的比较

6）您是否看到空间运动曲线在公司产品中的潜在应用？ 如果答案是否定的，请说明。

7）典型的簧片开关（图 5.45）在电线圈中的玻璃管内部放置了一对薄的铁磁体（触点）。当线圈中没有电流时，磁体片相互分离。线圈中的电流产生使磁体磁化的磁场，从而使它们紧密接触并闭合外部电路。使用空间运动曲线来开发更节能的簧片开关。

8）向任意选定的消费品应用增强动态性的任意三条曲线。描述概念设计的结果和 / 或实现这一概念设计所需面对的挑战（系统冲突）。

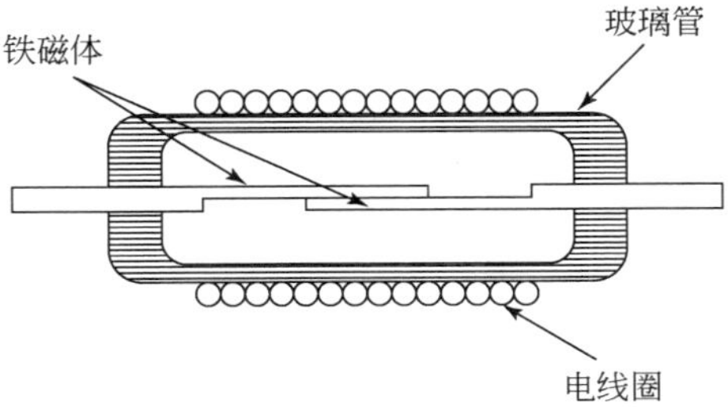

图 5.45　典型的簧片开关

9）向任意选定的消费品应用单—双—多曲线。描述概念设计的结果和 / 或实现这一概念设计所需面对的挑战（系统冲突）。

10）选择汽车的三个子系统（或组件），向各个子系统应用完备性曲线和向自适应系统转变的曲线。描述概念设计的结果和 / 或实现这一概念设计所需面对的挑战（系统冲突）。

11）图 5.46 显示了一个典型的游乐场篮圈系统。使用完备性法则，增强动态性，并向更高层次的系统过渡，开发新一代系统的概念设计。将您的设计与美国专利数据库（http：//www.uspto.gov）中的设计和已经商业化的产品进行比较。

图 5.46　典型的篮圈系统

第 6 章 指导技术进化

下面是技术的概述——以技术系统进化法则和商业分析为基础，对下一代技术和产品进行概念开发的一个全面的过程（图 6.1）。这个过程的要点如下。

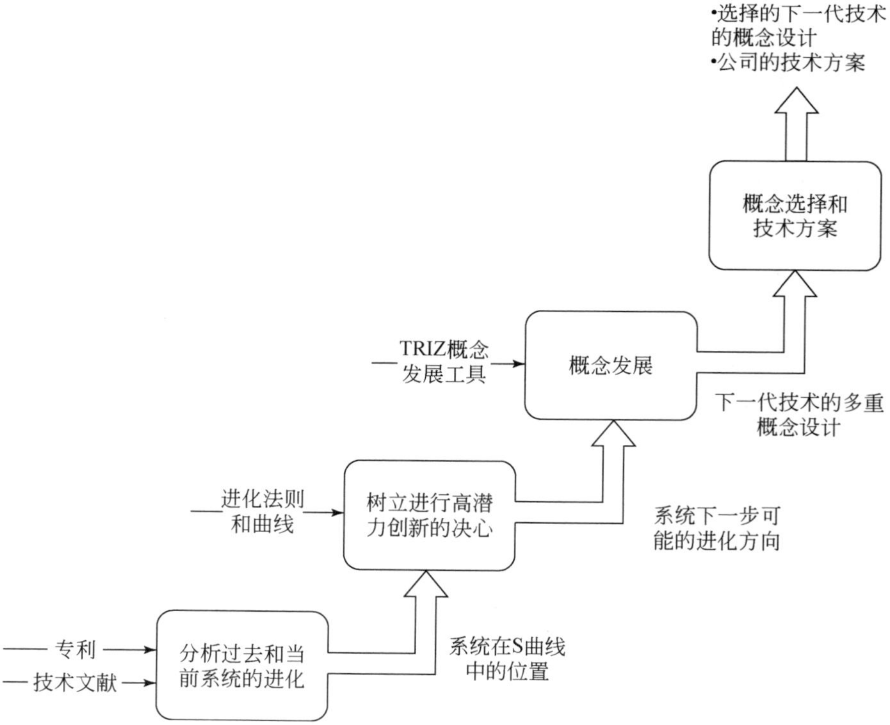

图 6.1　使用技术系统进化法则的技术革新过程

1）第一阶段：分析过去和当前系统的进化。这个阶段主要是关于 S 曲线的分析。任何技术系统的进化通常都遵循 S 曲线，这反映了系统自开始阶段（图 6.2）起系统的收益与成本之比的动态变化。对创新活动的分析能够根据 S 曲线对技术或产品进行定位，从而帮助定义技术（产品）策略。

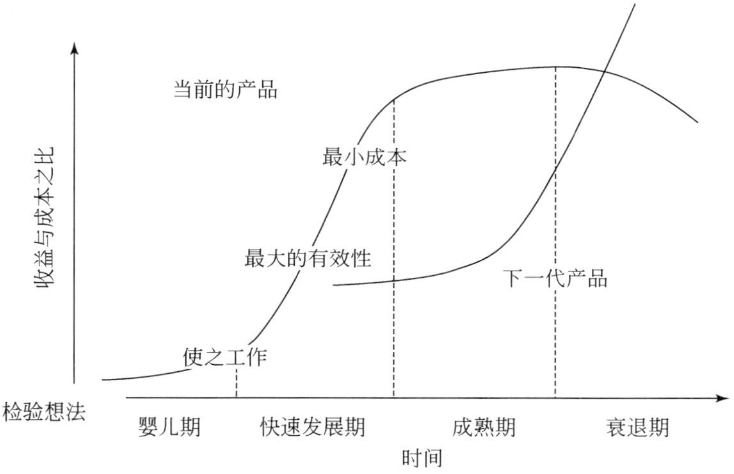

图 6.2　典型技术系统的 S 曲线

2）第二阶段：树立进行高潜力创新的决心。在这个阶段，要运用进化法则和曲线来确定技术进化的战略方向。此外，还要分析当前的创新战略，并提出新的思路。

3）第三阶段：概念发展。技术从一个阶段进化到下一个阶段，往往伴随系统冲突的发展和需要解决的其他概念设计问题，这是一般规律。

4）第四阶段：概念选择和技术方案。在这个阶段，要根据工程、经济等标准对开发出的成熟概念进行评估，选出同时能够经受短期和长期检验的最好的概念并实施。

6.1 阶段 1：对过去和当前系统进化的分析

一个技术系统的进化经过四个典型阶段（图 6.2）。在“婴儿期”或“前市场”阶段，系统开发的速度相对较慢。在“快速发展期”阶段，系统进入市场，其发展速度呈指数级增长。这通常是由于系统的实际应用，以及它的制造过程的完善。最终，系统的进化速度减慢，甚至开始退化。“生命曲线”的这些阶段的典型特征是“成熟”。在某些情况下，系统经历了复兴，这可能是由于采用了新材料、新的制造技术或开发了新的应用领域而引起的。但是，当目前的系统接近其发展的最后阶段，一种有望获得更高的收益 – 成本比的新的技术系统通常已经箭在弦上。

系统“生命曲线”各部分的长度和斜率不仅取决于技术，还取决于经济和人为因素。虽然常识（后见之明！）表明，图 6.2 中的新系统应该在当前技术系统的发展逐渐降速时开始它的快速发展，但它经常被那些对原技术系统进行了巨额投资并提供了工作保障等的特殊利益集团所推迟。

由阿奇舒勒进行的分析表明，与技术系统相关的创造性活动与 S 曲线密切相关。图 6.3（a）是系统的 S 曲线，而图 6.3（b）是该系统的典

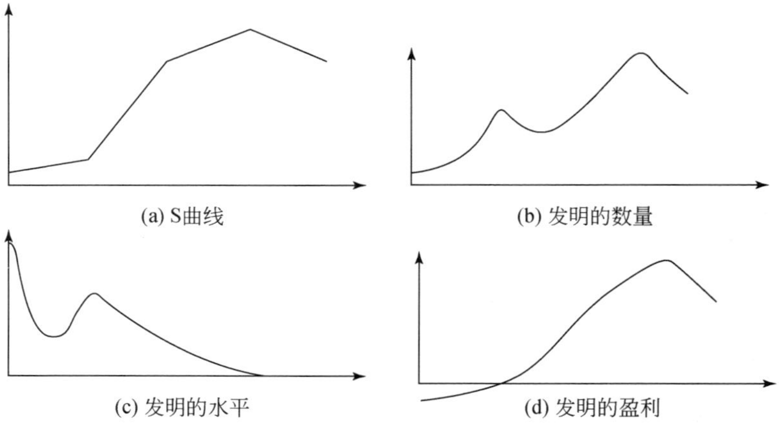

图 6.3 发明的行为和 S 曲线的相关性

型的“发明数量与时间的函数关系”的绘图。图 6.3（b）有两个峰值。第一个高峰出现在新系统广泛实施的开始时期。第二个高峰出现在系统“自然生命”的结束时期，这与努力延长当前技术系统的生命并与新的技术系统竞争有关系，从长远看，这种努力是徒劳的。

虽然大多数发明通常会促进技术的发展，但每一项发明的贡献在一个非常广泛的范围内会有所不同。要监测技术系统的演变，研究与此系统相关的重大发明是很重要的。阿奇舒勒建议将所有的发明分成五种等级。

6.1.1 第一等级的发明

这些是对现有系统的细微修改。它们不会解决任何系统矛盾，并在一个子系统内部进行。这种级别的发明完全在一个狭窄的工程专业范围内进行，并且在任何行业都能做到。

例 6.1

美国专利 No.30059452 颁发给了“冰帽盒用于野餐水壶冷却器”的设计。在这个设计中（图 6.4），一个冰容器被插入冷却器的内腔。尽管在这个设计中有一个有用的目的（冷却器的外观更整洁，内胆更容易替换），但用到的是众所周知的原理，并且这一原理有许多已知的应用。

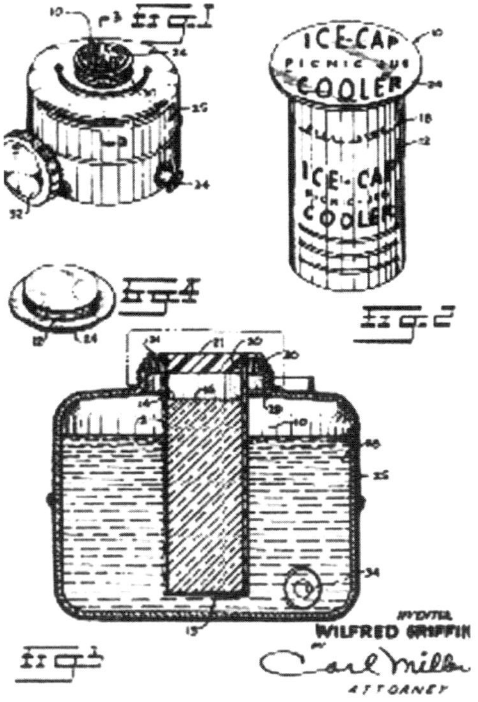

图 6.4 第一等级的发明（示意）

6.1.2 第二等级的发明

这些发明解决的一些系统冲突可能在其他系统中已经解决了（如一个与小汽车有关的问题是通过一种卡车技术来解决的）。

例 6.2

在两个固定（“死”）或旋转（“活”）部件（中心）之间支撑住时（图 6.5），通常可对圆柱零件的外表面进行精密加工（转动车床、磨削 OD 磨床）。死中心被插到匹配的锥形套中。这些插座用特殊的工具钻到零件的两端，作为加工的第一个步骤。这一零件由传动销驱动旋转，并与夹在该零件上的箍接合。这样的一种安排中，同样精确的参考表面既可以用于粗加工，也可以用于精加工，结果既具有较高的精度，又具有圆柱形表面的同心度。

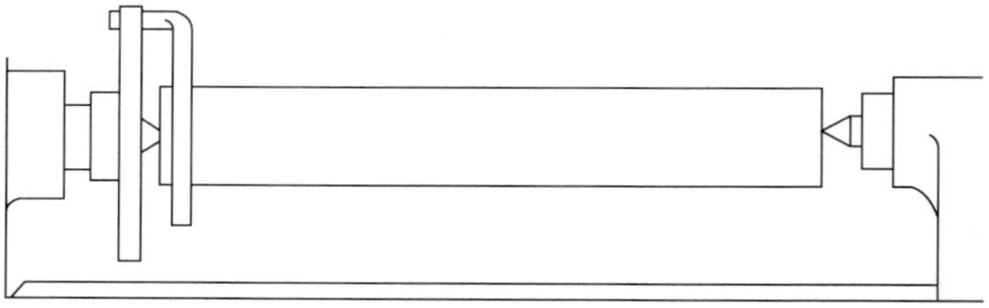

图 6.5 传统的“死”中心仅仅允许外部加工

然而，这种安排不能用于内部圆筒表面的钻孔或内部磨削，因为在零件内部没有使用工具的空间。美国专利 No.5259156 描述了一个中空的固定中心，它允许切割工具通过，同时支撑零件（图 6.6）。这个筒

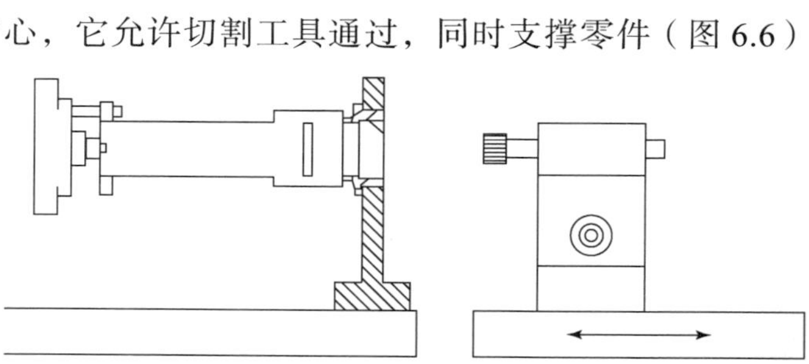

图 6.6 空的死中心允许内部加工

单的改进解决了系统的冲突，并取得了更精确的尺寸精度，特别是机械零件的同心度。

6.1.3 第三等级的发明

这些发明通过一门学科的原始方法来解决系统冲突（如机械工程、化工等）。它们至少从根本上改变了一个系统的组成部分。

例 6.3

由于热膨胀，金属杆的长度随温度变化而变化。需要精密仪器来保持长度常数。在很多应用中，合金的使用降低了热膨胀系数（CTE）（如不胀钢的热膨胀系数是钢的 1/10）。然而，在某些情况下，要求很高，即使是使用不胀钢，也需要控制温度变化的影响。

美国专利 No.3528206 提出了一种设计（图 6.7），在这种设计中，一个环形的外部金属外壳被收缩到一根棒子上。收缩拟合会导致棒子的径向挤压 / 压缩，并伴有轴向伸长（泊松效应）。外壳材料的热膨胀系数是这样的，随着环境温度的增加，套管向外膨胀。这就消除了棒子上的径向压缩力，结果使棒子变短了。如果正确选择了棒子和套管的材料与几何形状，则棒子的热膨胀缺陷可以得到很大弥补。

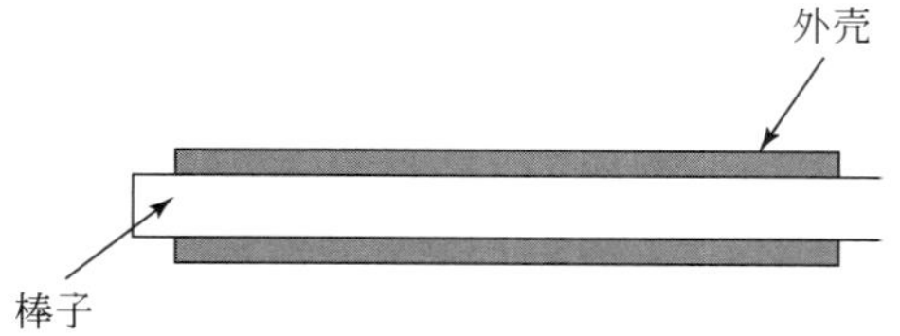

图 6.7 因泊松效应形成的棒子套管的热膨胀补偿

6.1.4 第四等级的发明

这些发明通过跨学科的方法产生了新的系统。开发的概念通常可以应用于较低层次的许多其他问题。

例 6.4

俄罗斯科学家 Boris 和 Natalia Lazarenko 在 20 世纪 40 年代研究断开连接时由于火花引起的电极的腐蚀问题时，建议利用这种效应对硬质材料或非常复杂的表面进行加工。用容易加工的材料如铜或石墨制成的工具，被用在难于加工的部件上以生成复杂的三维表面，如硬化钢部件或超级坚硬的碳化钨制成的部件。因此，在这一突破性的电火花加工技术中，材料的机械切割被电能的应用所取代。

6.1.5 第五等级的发明

创新从来不是凭空产生的，它总是基于现有条件，创新的结果通常是一门新工程学科的创建（如飞机的发明；无线电传输的发明；计算机的发明；激光器的发明等）。

在一个新系统的创新过程中，组件的改变情况、系统冲突的解决情况等多重因素决定了创新有五个等级（表 6.1）。

表 6.1 发明的创新等级分类

发明的等级	标准	相对比例（%）
第一等级	用于该任务的组件被使用。没有解决系统冲突	32
第二等级	稍微修改现有的系统。系统冲突通过类似系统解决方案的变形来解决	45
第三等级	系统冲突通过从根本上改变或消除至少一个主要系统的组件的方式来解决。解决方法属于一个工程规程	19
第四等级	解决了系统的问题，并利用多学科的方法开发了一个新的系统	<4
第五等级	解决系统冲突导致了一项开创性的发明（通常基于最近发现的现象）	<0.3

图 6.3（c）展示了同一系统不同阶段的创新能力。开始阶段，系统创新水平最高（第四等级或第五等级），这为新系统的产生奠定了基础。当进行制造和销售时，创新水平先逐渐下降再逐渐上升，上升到 S 曲线的峰值处。峰值过后，创新水平逐渐下降并接近于 0。

除了了解本公司产品系统的创新能力外，我们还应了解竞争对手的未来技术战略趋势。

管理者需要掌握 S 曲线的创新规律，这有助于他们进行决策——是改进现有的技术（产品），还是开发新技术。

通过整理系统演进规律材料，在 S 曲线上绘制主要参数（如速度、生产率、功率、精度等），我们得出以下结论。

1）系统尚处于起步阶段。此阶段处于从新想法过渡到新产品的阶段，人们期待有重大突破。新思想需要一定创新能力的支持（第四等级或第五等级的创新）。然而在通往下一快速增长阶段时，新思想常常遇到来自传统思想的阻碍，阻止竞争系统的良性发展。技术和非技术因素都影响此进化过程。

2）系统处于快速增长阶段。应结合客观因素预测其物理极限（如材料的强度，燃料的热能力，各种障碍诸如集成电路中的信号传播速度等）。

3）该制度已经成熟或正走向衰退。这是一个预测新系统取代旧系统的过程。

不管系统处于以上哪个阶段，管理者都可以采取两种方法：专注于新系统，或者专注于对旧系统的改进。公司在进行选择时，TRIZ 的作用是向其提供多种替代方案。

作者参与了新一代咖啡机的研发工作。咖啡业人满为患，竞争对手众多。对 1975 ~ 2000 年发布的 1239 项美国、欧洲和日本专利进行的分析表明，咖啡机领域的创新都是第一等级和第二等级的，即轻微的改进而没有革命性突破。此分析有助于在 S 曲线上客观地定位公司的产品（以及竞争对手的产品）。很明显，现有的咖啡机技术早已成熟并达到了极限，为了获得竞争优势，公司除了对技术原理进行突破外，没有其他的选择。这引发了突破式创新，即几个突破性解决方案的开发和测试，放眼全球已经存在一些概念型专利 (如英国专利 No. 6805041, No.2366510).

总结一下，阶段 1 采取以下步骤分析过去和当前系统的进化。

1）确定系统的主要性能参数。

2）收集专利的可识别参数。

3）确定专利的创新水平。

4）通过分析平均创新水平和创新与时间的相关关系确定其在 S 曲线上的位置。

5）选择与公司技术相关的创新。

在选择专利进行分析时，采用以下方法。

1）选择高引频次专利（≥ 3）。

2）低引频次专利并不一定是低劣技术，这项专利可能是新的，或者可能需要“助推器”来加速它的成长。由于高技术产业的转化率较高，“高科技”专利不能完全反映技术的先进性，我们应充分利用科技期刊、企业研发刊物等来确定其“前沿”性。

3）专利脱离现实案例（图 6.8）。

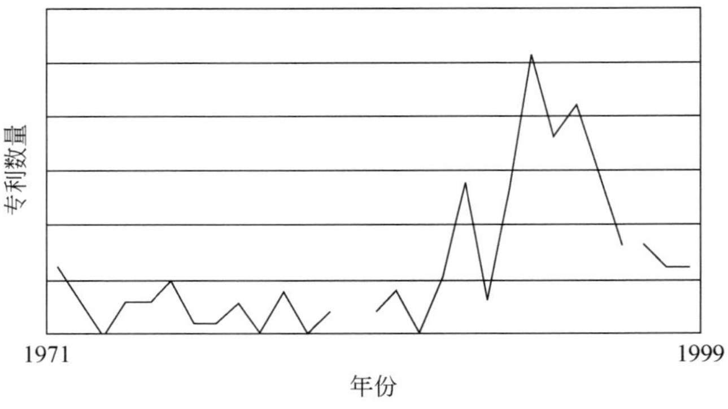

图 6.8　咖啡粉盒专利技术曲线

在结束对 S 曲线的分析后，管理者通常面临两个问题。

• 如何改进产品（技术）才能使 S 曲线向上移动？

• 什么样的新产品（技术）可能会替代我的产品？

下面两个阶段的分析有助于回答上述问题。

6.2 阶段 2：高潜力创新能力的确定

我们遵循技术系统进化的规律。第一步就是使用高层系统主导概念：系统的进化趋势决定组件的演化方向。这意味着，技术系统某一层级出现的问题可能源于上一层级的问题。

例 6.5

电子设备制造商通过不断开发新型控制设备来打入市场，此类设备主要用于流体分析，流体分析用于制造和生物医学领域。传统的流体分析包括两个步骤：第一步，将样品从管道内取出放到特殊的容器中；第二步，将容器放入流体分析仪中。

该公司市场分析显示，只有解决商业控制器的问题，才能产生潜在客户群。

纵观控制器的进化历史，具有辅助功能的组件逐渐合并到主要功能组件上（向高级系统进化法则），辅助组件最终完全消失。在流体分析案例中，管道是主要组件，流体分析仪是辅助组件，根据系统进化规律，流体分析仪在未来将会消失，流体分析仪的整合决定了控制器的发展方向。简单工程评估表明，整合后的流体分析仪不需要控制器。

工程评估后公司又进行了新的市场调研。调研表明已经有团队在做流体分析仪与管道的整合研发工作，一些客户也对此表示感兴趣。随后该公司修改了其技术计划，并着手开发可用于整合后的流体分析仪的组件。

技术系统进化规律对公司技术发展战略不断形成挑战，管理层应根据新发现及时修改战略，或仍坚持旧战略，但他们要知道这是一场赌博。

下面对技术系统进化进行界定。

6.3 阶段 3：概念发展

将系统进化规律应用到特殊系统上可能产生三种结果。

结果 1：新系统及其所有组件的物理原理是确定的。

这种情况不太常见，因为进化规律是宽泛的，不能用于指导具体的概念设计。原理是确定的，说明绝大部分创新工作已经完成，很难再发现新的创新点。

结果 2：系统及其组件的物理原理确定后，系统缺失组件的物理原理的确定需要系统冲突的解决。

例 6.6

传统的计算机是单机设备，虽然可以移动，但并不像笔记本电脑或平板电脑那样方便携带。

根据系统向高层次进化的规律，个人电脑与用户的交互整合是不可避免的，这将帮助用户更加高效地工作。

近年来便携电脑已占据市场，但是便携电脑的处理器性能低，不过随着技术演进，便携电脑的处理器将变得更为强大。高性能集成电路（在使用过程中）通常会产生大量的热量，这种热量可能会对计算机和用户产生不利影响，所以要求集成电路芯片必须能够迅速冷却，热量必须尽快耗散。然而，传统的冷却设备，如风扇、散热器、热导管等，太笨重且耗电。要让电脑应用更方便，便携和热量耗散之间的系统冲突必须得到解决。

例 6.7

前面我们谈到了下一代咖啡机的发展，下面的案例是该项目的一部分。

目前市面上的咖啡机仅提供浓度不同的单品类咖啡，根据系统向高层次进化的规律，单饮品式咖啡机势必与胶囊式咖啡机或其他种类的咖啡机进行整合。这种产品的发展将面临一系列挑战。

市面上这样的咖啡主要通过咖啡粉槽或活性胶囊来制作（图 6.9）。胶囊顶端是薄膜，底部是封闭的，使用时，热水通过蒸汽孔进入胶囊，在胶囊内部进行冲调。冲调结束后，底部密封口敞开，咖啡流入杯中。这种方法提供优质、新鲜的咖啡。然而，胶囊薄膜不能承受高压力，于是产生了胶囊铝箔，它可以承受高压，但回收再利用困难，会形成大量垃圾。

胶囊铝箔可以承受高压，防止胶囊破裂，但胶囊铝箔与不同型号的胶囊不兼容。

这产生了一个冲突，胶囊膜必须足够坚硬以承受高水压；另一方面，胶囊膜必须与胶囊兼容以提供高质量咖啡。

这些要求可以表述为一个物理矛盾：胶囊膜必须兼具刚性和柔性。这一物理矛盾为我们提供了一个解决方案——分离时间法：冲调时咖啡的胶囊膜是坚硬的，冲调后它又是灵活的。

图 6.10 是带有弹性卡箍的胶囊膜截面。弹性卡箍通过改变胶囊与胶囊膜接触面的闭合力来改变胶囊膜的大小和形状，防止胶囊破裂，这为胶囊咖啡机冲调咖啡带来便利。弹性卡箍通过对胶囊进行压缩，使更多的水注入胶囊内。

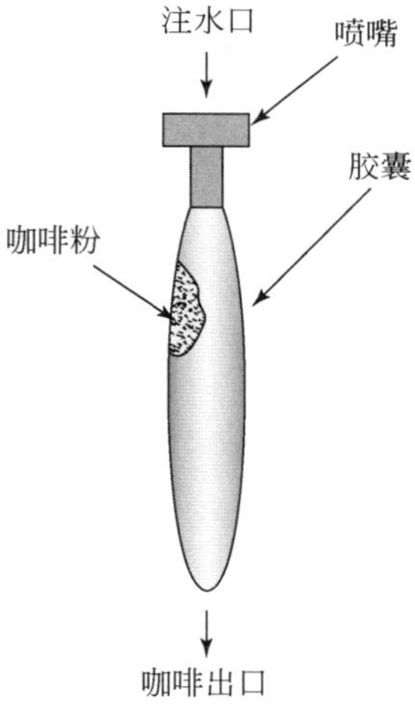

图 6.9　咖啡胶囊

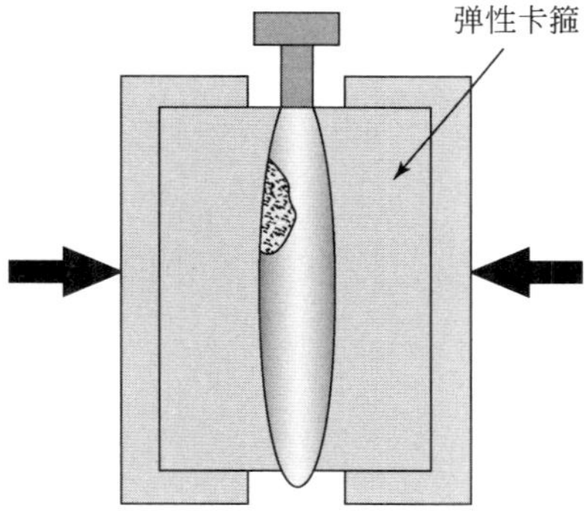

图 6.10　弹性卡箍（英国专利 No.2366511）

弹性卡箍的其他信息请参阅英国专利 No. 2366511。

结果 3：明确了系统进化方向，但系统的物理原理和结构尚未明确。

例 6.8

根据系统进化法则，冲压钢发展到一定阶段会进化为电磁钢。然而，进化法则并没有具体指出电磁现象是什么、如何应用。当然，我们可以自由地推测其成形的物理原理，但采取更为系统的方法确定其物理原理则更为可取。

冲压钢的成形还可以应用其他进化法则，如能量传递路径缩短法则。例如，移除子系统（电动机、变速器和冲头），将变形力直接施加到钢板上。法则本身并不包含实施过程中具体的物理原理。

很明显，采用物场分析（见第 3 章）确定物理原理更为有效。

例 6.9

蠕动泵通过对泵的弹性输送软管交替进行挤压和释放来泵送流体。蠕动泵系统由三个部分组成：蠕动泵驱动器、蠕动泵泵头、蠕动泵泵管。

在工程领域，蠕动作业用于滚筒和手指泵。只要能将输送流与机械泵隔离，这些泵就能用于输送浆液、食品、腐蚀性液体或血液等。输送方式主要通过滚动棒或手指按压来迫使管内流体向前移动（图 6.11）。

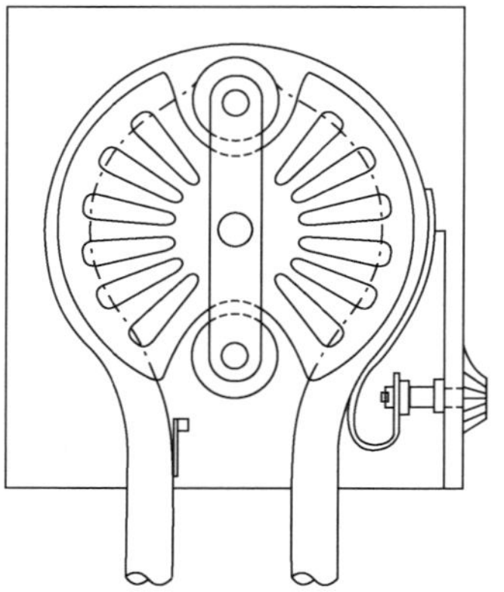

图 6.11　传统的蠕动泵

技术系统进化法则的应用：将能量传递路径缩短法则应用到蠕动泵的主要部件上组成“长链能量转换系统”（图 6.12）。如果将柔型电磁直接施加到弯曲元件上，则系统的效率将大为提高，且泵的设计也会简化（图 6.13）。泵的设计中不能使用常规软管，因为软管对电磁场有排斥反应。

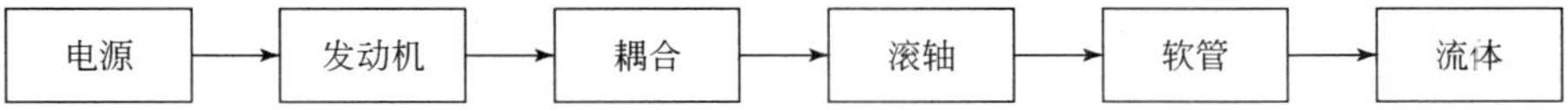

图 6.12 传统蠕动泵的能量传输链

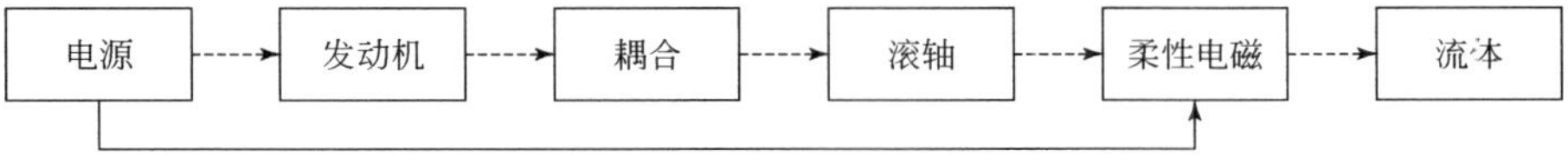

图 6.13 新型蠕动泵的能量传输

概念的发展：上述原理形成新型蠕动泵的物场模型（图 6.14）。通过将各种物质与电场和磁场进行配比，形成新一代蠕动泵的设计理念。

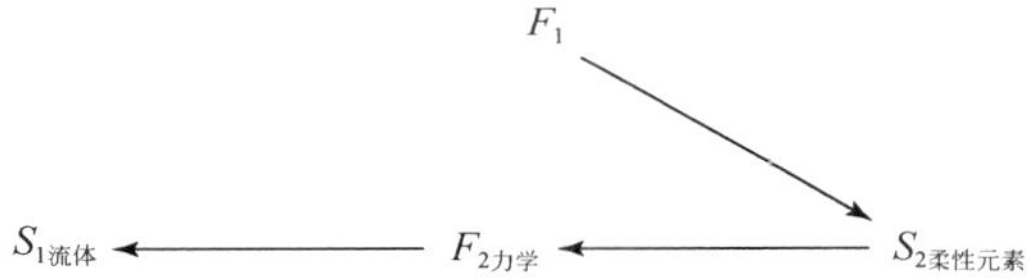

图 6.14 新型蠕动泵的物场模型

图 6.15 显示了 $F_{电} \to S_{2导电}$ 转换的一种可能设计。美国专利 No.5705018 中描述了这种设计，在半导体衬底中形成一个通道，覆盖一层柔性导电膜，通道中的绝缘屏障将平行的导电条分开，对导电条连续施加电压，就会拉动通道内的薄膜，从而形成一种产生泵浦作用的波。

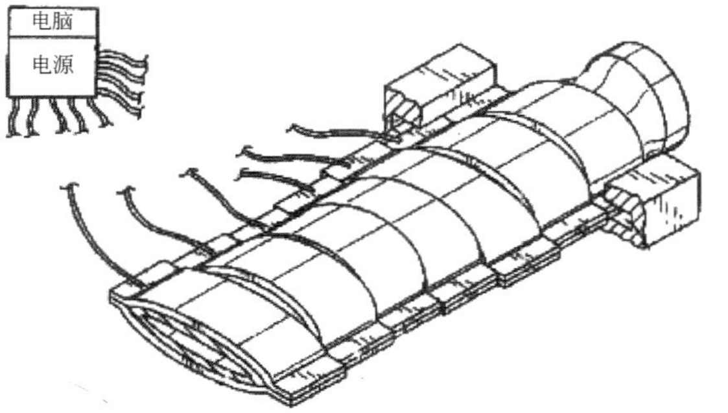

图 6.15 静电蠕动泵（美国专利 No.5705018）

人们也可以根据 $F_{磁} \to S_{2铁磁}$（如美国专利 No.6074179），或 $F_{电} \to S_{2陶瓷}$（如美国专利 No.6074178）的转换进行设计。

新型蠕动泵更节能、更简单，且比传统蠕动泵更可靠。它们体积小，易于与高级系统进行整合，如换热器与印制电路板、半导体组件和流体分析仪的结合，或将它们应用到便携血袋和其他体液移动装置中。

6.4 阶段 4：概念选择与技术方案

本阶段，对各种工程、经济和其他约束条件进行概念测评，选择最佳的用于测试和实施。

为了最大限度降低新技术风险，这些概念被划分为渐进性概念和根本性概念。采用不同的评价标准确定概念的风险。

• 技术是否经过测试？

• 此项技术进行过物理（工程）分析吗？

• 技术在理论上有局限性吗？此项技术是否可供公司使用？参照类似技术，评估市场开发所需的时间。

大多数公司通过产品技术计划来决定投资金额及投资时间。

一项技术计划包括三个关键的投资因素。

1）产品规划。

2）竞争分析（竞争对手现有或潜在的专有技术，此技术与本公司技术不同）。

3）先进技术（尚未设计成功的技术，但被认为是未来产品或子系统的潜在关键技术）。

管理层必须决定如何在需求之间分配资源，未来的技术演进对资源分配至关重要。“技术领航”公司可以帮助设计包容性的投资计划，其对产品线中的单个产品和关键子系统进行演进分析，确定演进需要的关键技术，判断关键节点应采取的步骤（图 6.16）。例如，如果现有技术可实现 A，不可实现 B，则 A 会先发生。A 领先 B 的时间，包含测试技术 B 的时间和特定行业开发固有周期。这个周期取决于测试、政府批准、工程开发时间等。

采用以下三步法形成技术计划：①产品线演进；②竞争分析；③先进技术。

通过综合技术计划，确定企业内在的技术风险，有计划地、系统地对投资进行风险管理。系统使用技术领航方法预测本公司产品线和竞争对手产品线的技术演进方向，有助于改善投资业绩。

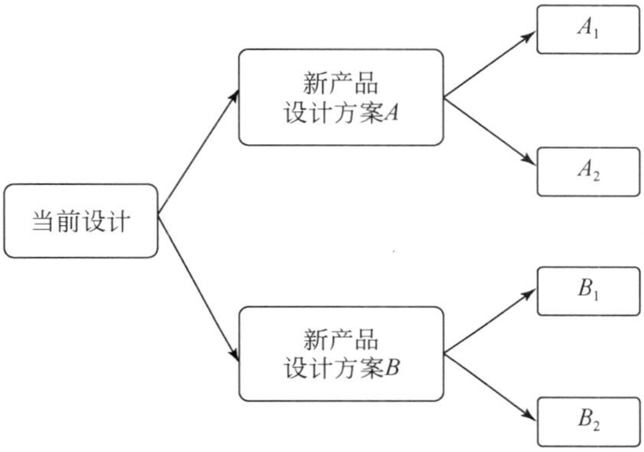

图 6.16　技术演进时间轴

技术演化的三个步骤如下。

步骤 1：产品线演进。

将替代品开发时间列在时间轴上，时间轴采用一般工业循环时间。

按照时间轴先后顺序分配资源。

步骤 2：竞争分析。

预测公司未来产品和竞争对手产品的需求。

步骤 3：先进的技术方案。

列出时间轴内产品演进需要的所有技术。

通过以下方式确定优先顺序。

（a）它们对产品演进的重要性；

（b）它们在时间轴上的顺序。

通过内在逻辑来实现技术计划。

与过去的技术计划相比，按照上述步骤形成的技术计划是万无一失的吗？不是的，但它会降低技术投入的风险，提高投资业绩。

例 6.10

下面探讨 1999 ~ 2000 年，TRIZ 有限公司的 Norman Bodine 博士

研究组的案例（详见 2001 年 Fey 等的研究结果，http：//eyeforfuelcells.com/ReportDisplay2.asp?ReportID=664）。

关于汽车动力指标一直存在争议，美国政府曾花费数百万美元来研究新指标以适应新一代汽车（表 6.2）。

表 6.2　新一代汽车动力指标

指标	指标值
负载量	1000 ~ 2000 磅
里程	250 ~ 300 英里
最高车速	75 ~ 100 英里 / 小时
充电时间	<10 分钟
燃料消耗效率	40 ~ 80 英里 / 加仑*

* 1 加仑（美制）=3.785 43 升。

在不牺牲舒适性、安全性或可靠性的前提下，美国政府制定的排放标准是，应争取实现零排放的目标，至少也应是现在排放量的 50%。政府限定的排放量具有不确定性，且燃料消耗效率也受到政府限制。

如今的汽车动力指标包含上述所有指标且将燃料消耗效率限制在 20 ~ 40 英里 / 加仑。以市场为导向的动能传动装置，已经有超过 100 年的历史，其目标是提高效率、减少排放等。

研究车辆在不同速度和加速条件下的表现时，我们发现了一个系统冲突。车辆加速时，内燃机引擎是低效、有污染的，巡航时则能满足要求。事实上，如今大多数汽车的内燃机都很小且都可以在巡航时满足效率要求，这种冲突随着时间的推移自然可以得到解决。

利用 TRIZ 原理解决系统冲突，首先应该应用现有资源和现有技术，减少冲突。此案例需要添加一个高效和清洁的机器。

幸运的是，现有一台比内燃机的发明还早的机器可以用胜任：电动机。所以“技术领航”公司分析后建议选择 *A* 方案——由小型发动机和内燃机组成混合动力系统用于巡航。

这个提议产生了二次系统冲突，这一冲突的解决可以参照相似案例，即利用电子控制系统来控制发动机和内燃机的共享功率。事实上，在最新的电子设备问世之前，控制系统很难实现。现在这项技术的实现，证明二次系统冲突可以解决。

可以采用其他替代技术吗？可以通过其他子系统来解决吗？这是困难的，因为使用其他现有方法解决系统冲突也需要发动机作为驱动机制。

所以“技术领航”公司预测，这些替代品，如燃料电池，将最有可能是 A_2 子系统。它们将随着混合动力系统性能的改进而发展，并在进化中产生系统冲突的解决方案。

可以使用电动汽车吗？目前，对里程和充电时间的要求仍远远超出了最好的电池技术的能力。

可以使用燃料电池吗？前面我们已经讨论过，它们可能是 A_2 子系统。它们能很快实现吗？会比 A 或 A_1 的开发时间短吗？燃料电池不是一项新技术，它们已在空间电源领域应用多年，此项技术唯一的商业用途是向偏远的地区提供电力，这些地区很难搭建输电线路，而且可以接受昂贵的电费。燃料电池不具有发动机的竞争力，现在在市场上占主导地位的仍是内燃机和驱动发电机。由于环境法规对发电机排放量的限制，燃料电池的使用量会大为提升。A_1 方案和 A_2 方案是否可行，取决于新燃料技术的开发、环境法规的限制、政府的调控和汽车行业的经济周期。

现在让我们来讨论“技术领航”公司预测汽车动力的商业设想。考虑到计划时间、新工具的产生、生产和市场引进（通常为 3 ~ 4 年）的情况，率先发明符合市场预期的产品将取得巨大竞争优势。

“技术领航”公司的分析表明，通用汽车应该对电动汽车进行持久投资，混合动力汽车将是下一代研究重点。此项技术已经帮助通用汽车在设计和生产阶段节约了超过 10 亿美元，也节省了大量宝贵的时间。

丰田和本田也得出了一致的分析，他们已经完成了混合动力汽车的设计和生产，已在日本市场销售了 4 年，在美国市场销售了 2 年。

其他竞争对手都在观望，大概是想看看会发生什么，这是许多顶级汽车技术管理者的态度：“我不想成为第一，我想成为第二个。”新闻报道显示，他们一直在以下领域进行投资：燃料电池，燃料电池和混合动力车，包括使用涡轮机取代内燃机。如果等待市场选出新技术，他们将失去更多。

本田和丰田在混合动力车领域已有 4 年的领先地位，他们可以用这一宝贵的经验改进他们的设计。其他竞争对手越是等待，等到需求量较高时再做出反应，他们在财务和客户满意度上将会失去得越多。

对混合动力的研究呈现了一个进化路线——“老技术→老技术 + 不成熟的新技术→新技术”。历史上有很多混合技术的应用，如航行中使用的蒸汽机、斜交轮胎、真空管和晶体管收音机等。

混合技术在一定程度上能经受住新技术的冲击，但它也存在一定的问题，长期来看这种问题迟早会被解决。管理人员应该利用新技术为公司转型做足准备。

所有这些都说明了技术计划的重要性，以及其对生产制造的巨大影响，它说明了在最佳时期投资易转产技术的重要性。

本例的分析方法可以应用于任何技术产品，其为管理层提供了长期所需：评估技术的演进并指导其投资决策。此方法极大地降低了投资风险。

6.5 总　　结

技术是赢得竞争的关键，但技术投资是有风险的。管理者可以通过技术领航方法识别潜在的技术创新，扫除妨碍新技术成功的阻碍因素，为新技术投资决策提供科学依据。

技术领航识别过程包括四个阶段：阶段 1，分析以往和当前的进化系统；阶段 2，识别高潜力的创新；阶段 3，概念发展；阶段 4，概念和技术方案的选择。

阶段 1 的目的是定位其在 S 曲线上的位置，这帮助管理者决定是继续增加投入还是探寻新路线。阶段 2，用技术系统进化法则识别技术创新的潜在方向。阶段 3，根据技术系统进化法则，进行具体的概念设计。阶段 4，选择最有前途的概念设计方案。

| 附录 1 | TRIZ 的创始人根里奇·阿奇舒勒

根里奇·阿奇舒勒于 1926 年 10 月 15 日，出生在乌兹别克斯坦塔什干（苏联）的一个新闻记者家庭。几年后，举家搬迁到阿塞拜疆的巴库（苏联）。

十年级时，阿奇舒勒以第一发明人的身份被授予潜水装备证书（在苏联相当于专利）。高中时，他建造并测试了一艘以乙炔为燃料的喷气发动机船。

高中毕业后，阿奇舒勒被阿塞拜疆工业研究所录用。1944 年，阿奇舒勒参军并被训练成为一名战斗机飞行员。但还没有机会参加战斗，战争就结束了。1946 年，阿奇舒勒被派往里海海军舰队创新委员会，得以继续进行各种技术领域的发明创造。

20 岁时，阿奇舒勒开始了对 TRIZ 的研究。他决定开发一种系统的发明方法，将工程创意从少数人才能获得的魔法，转化为可以被大多数人掌握的逻辑方法。他推测，发明的关键秘密不应在发明者的头脑中寻求，而是存在于发明本身的逻辑中。他意识到，不同的行业和技术使用着相同的创造原则。阿奇舒勒认为，如果可以提炼出这些原则，那么创新的步伐就会大幅提高。为寻求这样的原则，阿奇舒勒开始研究专利和发明的历史。1946 ~ 1948 年，他取得这些关键发现：①突破性发明是克服系统冲突的结果；②技术体系向着提高理想度的方向发展。他还提出过渡到更高级别系统和节奏协调化的基本法则。

1955 年，阿奇舒勒回到巴库，并一直生活到 1990 年。一年后，第一篇关于 TRIZ 的文章出版发行（Altshuller and Shapiro，1956）。

由于无法找到一份永久性工作，阿奇舒勒决定以写科幻小说谋生。他的笔名为 Altov，第一个故事 Icarus and Dedalus 在 1957 年出版。他很快成为有名的作家，他的科幻故事和小说被翻译成多种语言（如 Altov and Zhuravleva, *Ballad of the Stars*，1982，New York，McMillan）。这些故事中的典型主角是生活在当下的开创性发明家，作者仔细研究了主人公所做发明的哲学和社会意义。阿奇舒勒的故事充满了辉煌的科幻思想，其中一些是相当具有现实意义的。例如，他在 1965 年出版的 *Donkey and Axiom* 中提出，地球激光产生的光束可能推动未来的火箭，该光束不仅能向宇宙飞船提供能量，还将从地球向宇航员传递信息。最近的科学文献中开始出现激光推进航天器概念的讨论（如 Landis，1989），Lighcraft Technologies 公司正在研发这种装置的原型。

1964 年，与 TRIZ 的发展平行，阿奇舒勒开始研究产生新科幻想法的机制。这一关于创意和情境的项目最终在 19 世纪 70 年代中期立项，其中包含大约 10 000 个想法，分为类、子类、组、亚组等。对科幻小说"专利数据库"的分析，帮助阿奇舒勒开发出许多在其创意想象力发展课程中使用的技术。

阿奇舒勒总是在家工作。但 1959 ~ 1985 年，他在苏联举办了数十个关于 TRIZ 的研讨会和培训班。这些培训班的时间大约为 2 ~ 3 周。1971 年，他创立了创新创意公共研究所，即世界上第一个 TRIZ 学习中心。他还帮助苏联建立地方 TRIZ 学校。到 20 世纪 80 年代末，已建成

500 多所学校。

1974 ~ 1986 年，阿奇舒勒在全国儿童周刊上发表了数十篇关于 TRIZ 的教程。这些教程以简单有趣的方式呈现问题，读者大多为初高中生，他们寄来许多信件探讨对这些问题的解决方案。阿奇舒勒通过对大约 50 万封这类信件的分析，在 1984 年写了一本畅销书 *And Suddenly the Inventor Appeared*。

阿奇舒勒没有简单地将 TRIZ 视为一种强大概念生成工具的系统。他认为，这是一种培养他所谓的“强思考”（这是俄语的直译，另一种可能的翻译版本是分析独立思考）技能的方法。阿奇舒勒认为，最亘要的革命是由新的强大思想引起的。他还认为，社会的福祉（包括道德和经济）在很大程度上取决于创造性个体在社会中的比例。根据阿奇舒勒的说法，创造性个体追求的是一种重大而高尚的目标（如艾伦 • 邦巴尔，阿尔伯特 • 史怀哲和阿尔伯特 • 爱因斯坦）。为实现这一目标，创造性个体才能够创新地思考，即分析、全面、独立。

阿奇舒勒认为，只有通过逻辑和独立地思考，才可能消除或阻止人类正面临的或将要面临的尖锐问题。人类理解和改变现实的唯一手段是理性。只有充分发展和运用我们的智力来实现道德和物质目标，才能生存并确保人类的持续演化。因此，阿奇舒勒认为 TRIZ 是发展“强思考”的未来通用方法的原型。

为帮助创意人的培养，1984 年，阿奇舒勒及其学生兼助理伊格尔 • 沃尔金开始了一个新项目——他们分析了数百个科学、技术、艺术、宗教、政治等创新者的传记，其成果被写入著作 *Life Strategy of a Creative Person*（Altshuller and Vertkin，1994）。

1989 年，阿奇舒勒成为国际 TRIZ 协会的主席，该协会由他的前学生创立。1990 年，阿奇舒勒举家搬迁至彼得罗扎沃茨克，并于 1998 年 9 月 24 日死于帕金森病的并发症。

阿奇舒勒的文学遗产是巨大的：20 本书、约 400 篇论文和数千封信。他的另一项遗产不易量化，但可能更为重要：世界各地成千上万的人，他们第一次（并将会）经历最有力的人类情感之一——创造的喜悦。

附录 2 系统冲突矩阵和发明原理

阿奇舒勒通过对数千个发明的分析，提出“典型系统冲突”，如生产率与准确度、可靠性与复杂性、形状与速度等。尽管技术系统很多，创造力挑战更多种多样，但已经发现的典型系统冲突只有大约 1250 种。

典型的系统冲突可以通过相对较少数量的发明原理来解决。一共有 40 个用于解决系统冲突的发明原理，每个原理可能包含几个子原理，总计大约 100 种。发明原理和典型的系统冲突被组合在系统联合矩阵中（或简称为矩阵）。矩阵包含了所有技术系统中最为常见的属性（如重量、强度、长度、表面积、功率、易用性等）。这些属性按行和列排列。

假设需要改进系统的某些属性。如果这种改进将导致另一个属性恶化（即发生了系统冲突），与冲突属性相对应的行和列的交叉处标有可能用到的发明原理（附图 2.1）。这些发明原理之一或其组合，很可能有助于解决问题。

本发明原理以一般方式确定。例如，如果“矩阵”推荐了增强系统动态性的发明原理，则意味着解决问题的方法就是改变技术系统的动态性或适应性程度。矩阵并不能解决这个问题，只是提出了寻找解决方案的最有希望的方向。问题解决者需要理解这些建议，并找到一种方法来应对这些问题。

使用矩阵时，可以按照简单的步骤进行。

1）在矩阵中，选择需要改进的属性。

2）回答以下问题。

改进属性 / 恶化属性	1 运动物体的重量	2 静止物体的重量	3 运动物体的长度	4 静止物体的长度	5 运动物体的面积	22 能量损失	30 影响物体的有害因素	39 生产率
1 运动物体的重量			15, 8 29, 34		29, 17 38, 34	6, 12 34, 19	22, 21 18, 27	35, 3 24, 37
2 静止物体的重量				10, 1 29, 35		18, 19 28, 15	2, 19 22, 37	1, 28 15, 35
3 运动物体的长度	8, 15 29, 34				15, 17 4	7, 2 35, 39	1, 15 17, 24	14, 4 28, 29
4 静止物体的长度		35, 28 40, 29				6, 28	1, 18	30, 14 7, 26
5 运动物体的面积	2, 17 29, 4		14, 15 18, 4			15, 17 30, 26	22, 33 28, 1	10, 26 34, 2
33 易于操作	25, 2 15, 13	6, 13 1, 25	1, 17 13, 12		1, 17 13, 16	2 19, 13	2, 25 28, 39	15, 1 28
39 生产率	35, 26 24, 37	28, 27 15, 3	18, 4 28, 38	30, 7 14, 26	10, 26 34, 31	28, 10 29, 35	22, 35 13, 24	

附图 2.1　矩阵分解图（示意）

（a）如何用常规手段改进这一属性？

（b）若使用常规手段，哪种属性会恶化？

3）选择与步骤 2）（b）对应的矩阵中的属性。

4）使用矩阵，确定解决系统冲突的发明原理。

5）尝试识别与可能改进的问题相关联的另一个属性。

6）对步骤 5）中识别的属性重复步骤 2）～步骤 4）。

附例 2.1

飞机表面结构中的热应力是不被期望的。通常由飞机蒙皮板之间的小间隙提供热形变的补偿（附图 2.2）。为了获得空气动力学平滑表面，一般使用聚合物密封剂（糊）来封闭间隙。用密封剂填补空隙是一个非常费时费力的过程。

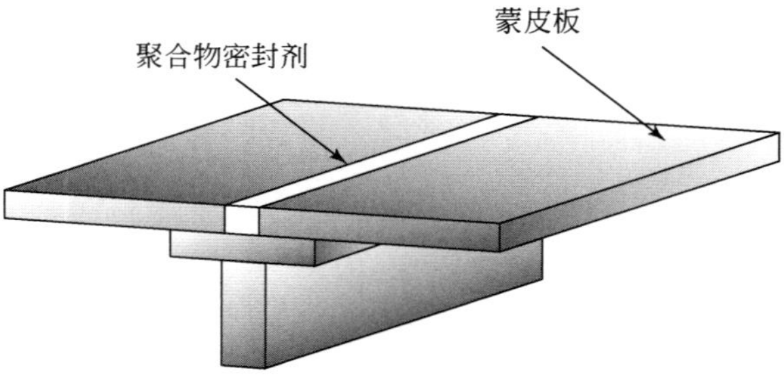

附图 2.2　聚合物密封剂（糊）来封闭间隙

这种情况的缺点在于，其性能与密封剂有关。什么是理想的密封剂？显然，没有密封剂是最理想的：这样的密封剂不需要放置在面板之间，但同时可以降低表面的空气动力学特性。换句话说，“易于操作”属性导致“影响物体的有害因素”属性的恶化。对于这一对相互冲突的属性，矩阵建议人们采用分离、自服务、非机械化和中性环境原理。如果系统冲突被表达为“易于操作”与“能量损失”（由于拖累），矩阵将提供以下发明原理：分离、周期性和“颠倒”。这些发明原理涉及以下动作。

• 分离：挑出干扰预期系统功能的一部分或一个系统；挑出系统的有用功能。

• 自服务：使系统执行自己的辅助功能；使用系统中可用的闲置能量和 / 或材料。

• 系统中的非机械化：用光学或声学系统替换机械系统；在系统中使用电、磁和 / 或电磁；将均匀场变为非均匀场，将永久场变为可变场，将非结构化场转换为结构化场，与铁磁颗粒一起使用磁场和 / 或电磁场。

• 中性环境：使用中性而不是活跃（易被激发）环境；使用空隙。

• “颠倒”：做与看上去的问题要求相反的事。

• 周期性：使用周期性或脉冲行为替代连续行动；在周期性动作中使用暂停执行辅助动作。

容易看到，分离被提到两次。可以猜想，将部分密封剂取消很可能解决这一问题。事实上，只要密封剂能刚好覆盖面板之间的间隙，就足够了。这将简化封闭间隙的过程，并且不会降低飞机表层的空气动力学特性。

这个问题的解决方案确实反映了这种方法：将具有弹性保持器的金属盖卡入间隙，从而实现快速安装（附图 2.3）。

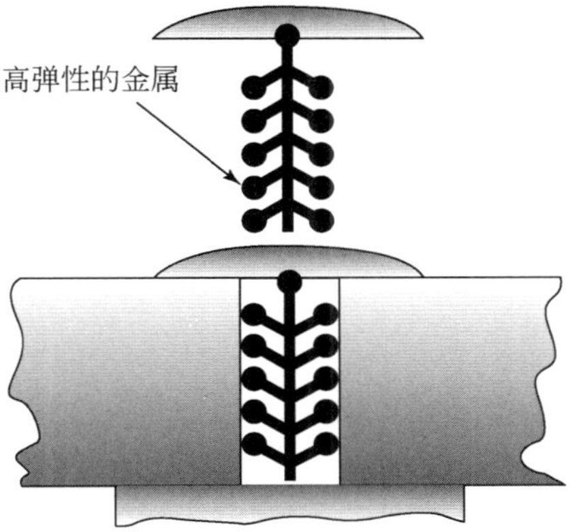

附图 2.3　具有弹性保持器的金属盖卡入间隙以加快效率

矩阵和发明原理都是阿奇舒勒开发的最早的 TRIZ 工具的一部分。虽然使用这些工具很直接，但它们的有效性却相对较低。附例 2.1 清楚地揭示了基于这些工具解决问题的局限性。

1）系统冲突的定义不是结构性的：矩阵本身并没有提供如何正确定义系统冲突的指导。因此，在同样的初始情况下，可能定义出许多系统冲突，但不一定正确。

2）矩阵中预定义典型属性的有限集合，经常使得一个特定系统的特定（唯一）属性与某些典型属性相关联。在识别存在困难的一些情况下，为了适应矩阵，这个特定的属性将被“拉伸”。

3）对于给定的系统冲突，矩阵给出了某些发明原理建议，但它没有推荐任何使用这些原理的策略：应该使用哪些建议的发明原理？这些原理应运用于哪个系统？这些原理应该单独使用还是一起使用？如果是后者，是否有其应用的优先顺序（如首先使用原理 X 修改一个部分，然后应用原理 Y）？

4）由于没有使用物理矛盾的概念，这种方法的力量被大大减弱。“解决复杂问题时这种方法并不有效……需要深入分析（复杂）问题以揭示系统冲突的实际原因”（Altshuller，1984）。

ARIZ 的分析方法完全克服了这些局限性。尽管它们存在缺陷，但是一些 TRIZ 从业者仍然使用矩阵和发明原理，且在文献中广泛传播（如 Altshuller，1997，1999；Tate and Domb，1997；Rantanen and Domb，2002）。它们也被并入了一些基于 TRIZ 的软件产品，如 Invent Machine 公司的 TechOptimizer™ 和 CREAX 的创新套件。

附录 3 发明问题的标准解

标准解分为三类[①]。

• 系统改进的标准解（物场的构建）。

• 系统检测及测量的标准解。

• 标准解应用的标准解。

这些标准解按照物场的进化逻辑组织成了一个集合：简单物场→复杂物场→加强物场。这些阶段中的任何一个物场可以迁移到更高层次的系统（即它们变成两个或多个物场），也可以迁移到微观层次（即整个系统或其中部分被一对能够反映其所需的“物场”所取代）。

标准解的算法如下。

①这些标准解引自 Altshuller（1988a）。

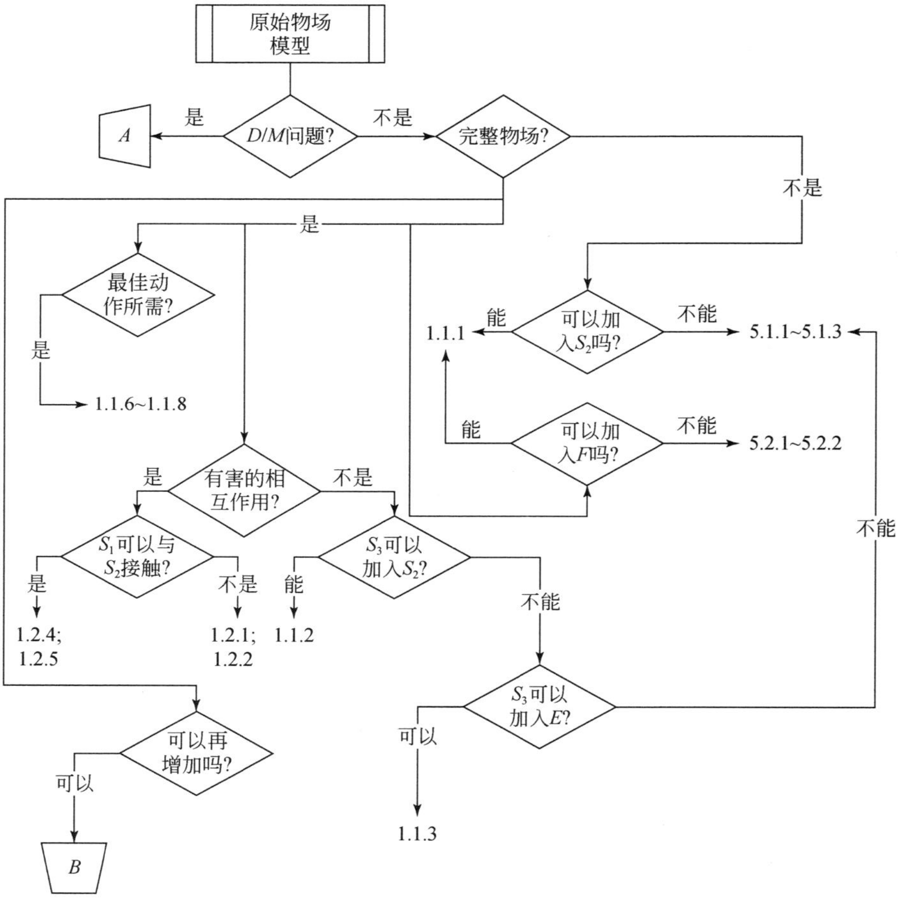

算法 3.1

D/*M*，检测和 / 或测量；*E*，环境。下同。

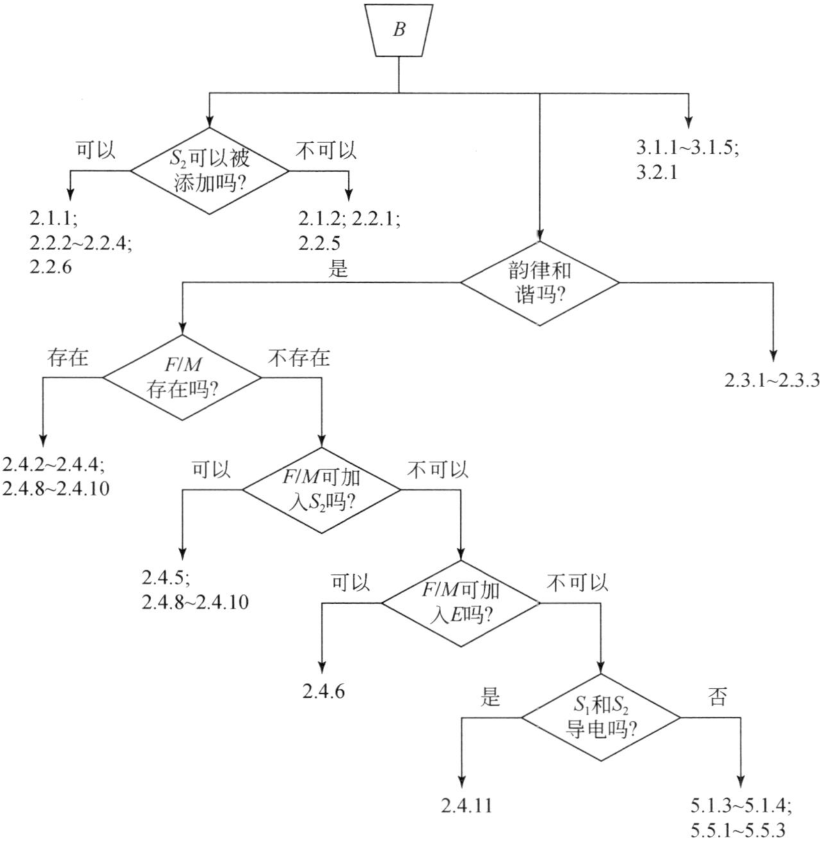
B
S_2可以被添加吗?
可以
不可以
2.1.1;
2.2.2~2.2.4;
2.2.6
2.1.2; 2.2.1;
2.2.5
3.1.1~3.1.5;
3.2.1
韵律和谐吗?
是
2.3.1~2.3.3
F/M存在吗?
存在
不存在
2.4.2~2.4.4;
2.4.8~2.4.10
F/M可加入S_2吗?
可以
不可以
2.4.5;
2.4.8~2.4.10
F/M可加入E吗?
可以
不可以
2.4.6
S_1和S_2导电吗?
是
否
2.4.11
5.1.3~5.1.4;
5.5.1~5.5.3

算法 3.2

F/M，铁磁物质。

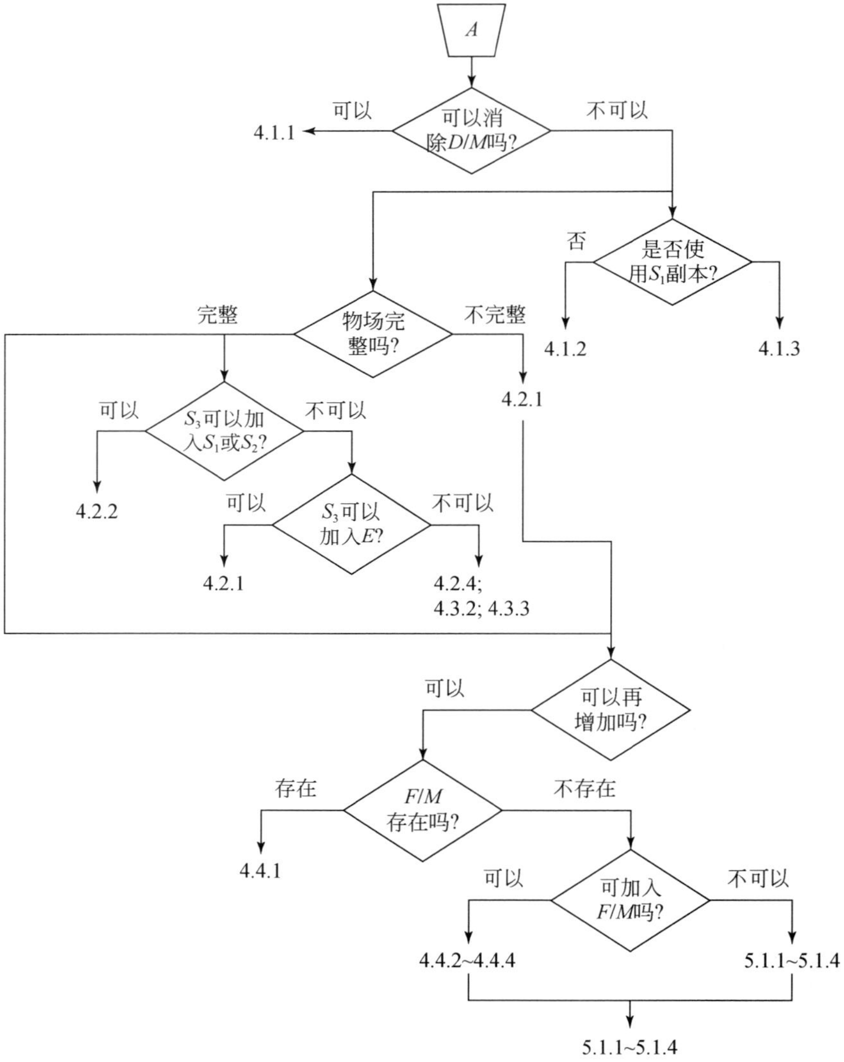
A
可以消除D/M吗?
可以
4.1.1
不可以
是否使用S_1副本?
否
4.1.2
4.1.3
物场完整吗?
完整
不完整
4.2.1
S_3可以加入S_1或S_2?
可以
4.2.2
不可以
S_3可以加入E?
可以
4.2.1
不可以
4.2.4;
4.3.2; 4.3.3
可以再增加吗?
可以
F/M存在吗?
存在
4.4.1
不存在
可加入F/M吗?
可以
4.4.2~4.4.4
不可以
5.1.1~5.1.4
5.1.1~5.1.4

算法 3.3

第 1 类　物场的合成

1.1　改进和引入有用的行动

标准解 1.1.1

为了增强不完整物场的有效性和可控性，必须通过引入缺失元素来使之完整（附图 3.1）。

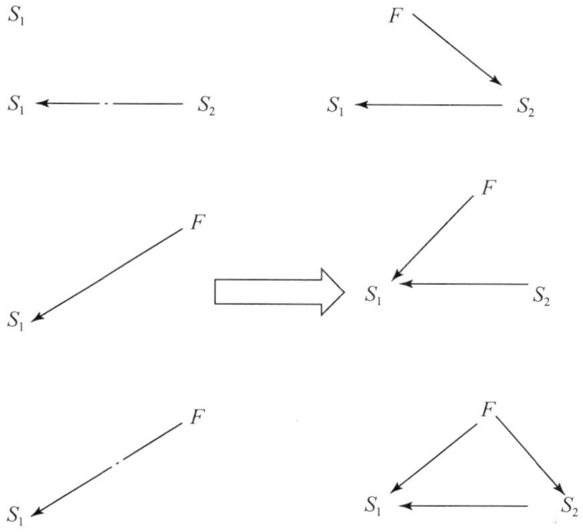

附图 3.1

例：问题 3.2。

标准解 1.1.2

如果存在难以按需更改的物场，并且没有将添加物引入给定物质的限制，则可以通过永久或临时过渡到内部复合物场来解决该问题（附图 3.2）。

在这里，S_1 指对象；S_2 指工具；S_3 指添加物；斜线表示内部复合连接（外部复合连接没有斜线）。

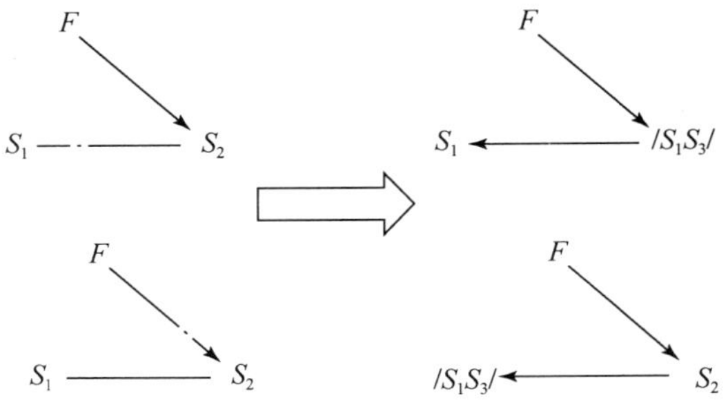

附图 3.2

例：为了增强高黏度液体的传热和传质，可以将其与液体进行混合。

标准解 1.1.3

如果存在难以按需更改的物场，并且存在将添加物添加到给定物质中的限制，则可以通过永久或临时过渡到外部复合物场来解决此类问题（附图 3.3）。

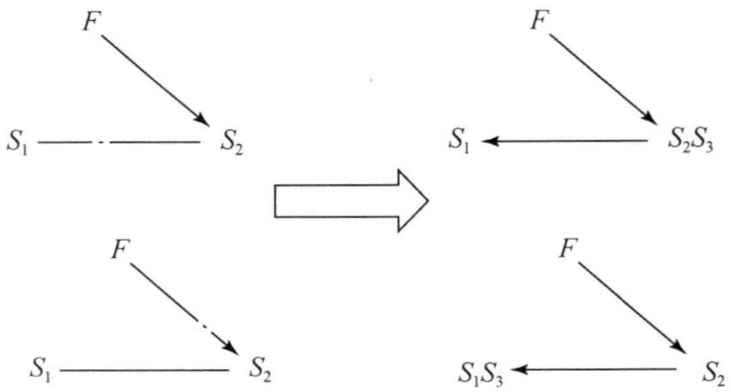

附图 3.3

例：为了提高焊接质量，焊条上涂有合金材料。 随着涂层的灼烧，焊缝会合金化，并且提升强度。

标准解 1.1.4

如果物场难以按要求进行更改，并且在引入或附着其他物质方面存在限制，则可以通过使用当前周围的介质（环境）作为引入的物质来解决该问题（附图 3.4）。

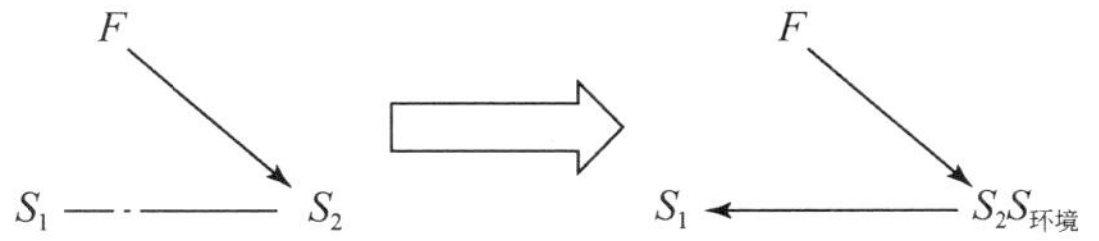

附图 3.4

例：自卸驳船的问题。

标准解 1.1.5

如果周围的介质不包含标准解 1.1.4 中所要求的构成物场的物质，则可以通过用另一种介质代替该介质，或者通过化学分解或引入添加物来获得该物质。

例：家禽疫苗接种是疾病控制计划的关键部分。显然，给单只小鸡接种疫苗将是一场噩梦。将家禽疫苗分流到饮用水中，从而解决该问题。

标准解 1.1.6

如果在问题的约束范围内难以执行或无法获得最优解，则应使用最激烈的操作，并应消除其多余的部分（用一种物质消除过度的场，或用一种场消除过度的物质；附图 3.5）。

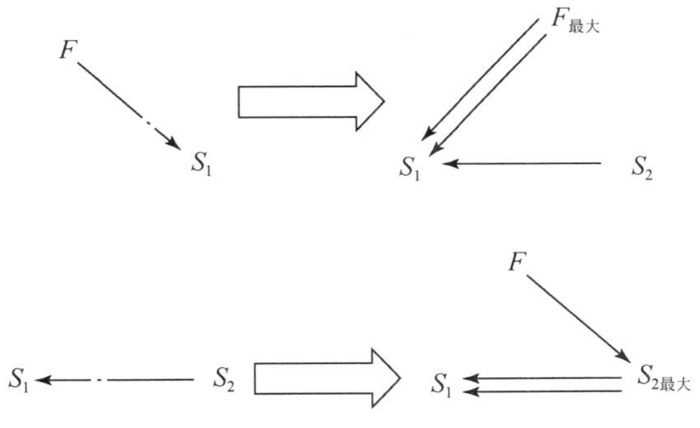

附图 3.5

例： 要在零件上涂一层薄薄的油漆，可将其浸入油漆槽中，从而使涂层过厚。然后旋转零件，并通过离心力去除多余的油漆。

标准解 1.1.7

如果需要对一种物质施加最大作用，但是由于某种原因这是不可接受的，则应该对与第一种物质连接的另一种物质施加最大作用（附图 3.6）。

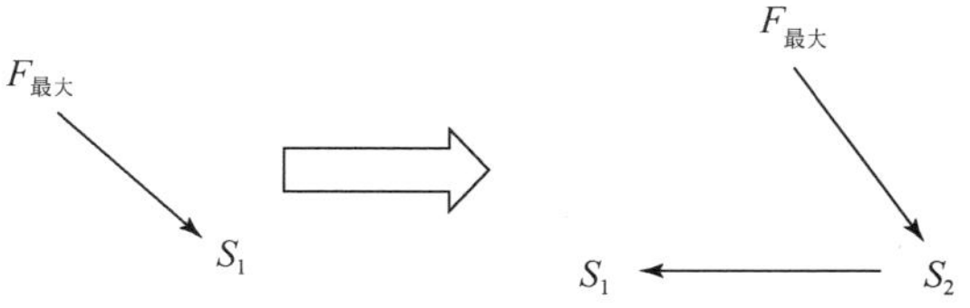

附图 3.6

例： 预应力钢筋混凝土砌块的制造需要拉伸钢筋。这是通过加热钢条来完成的。钢条热膨胀后，将其固定在混凝土中。但是，如果使用金属丝代替更昂贵的钢条，则必须将其加热到 700℃，而在金属丝开始失去其机械性能之前只能承受 400℃的温度。建议加热辅助的耐热钢条，该钢条在膨胀后被固定在金属丝上。在冷却过程中，辅助钢条会收缩并拉伸保持冷却的金属丝。

标准解 1.1.8

如果需要选择性的极端动作（如在某个确定区域实施极端动作，而在其他区域则保持最小动作），则该场应具有最大或最小强度。在前一种情况中，受最小场制约的区域被保护性物质所庇护。在后一种情况中，将产生局部场的特殊物质引入需要最大场的区域里。这类物质可以是用于热作用的加热剂混合物或用于机械作用的爆炸性物质等。

例： 问题 2.8。

1.2　打破有害行为

标准解 1.2.1

如果在物场中同时存在着有益和有害作用的两种物质，并且这两种物质间没有直接的关联，则可以通过在两种物质之间引入来自外部的第三种物质来解决该问题（该物质应该便宜或免费）（附图 3.7）。

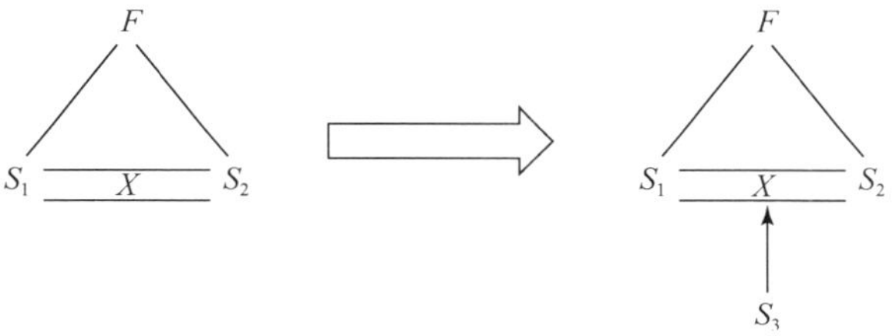

附图 3.7

例：问题 3.3。

标准解 1.2.2

如果在物场中同时存在着有益和有害作用的两种物质，并且这两种物质间没有直接的关联，但却不能够或不希望使用外部物质，则可以通过在两种物质之间引入第三种物质（主要指对两种原始物质的改进）来解决该问题（附图 3.8）。

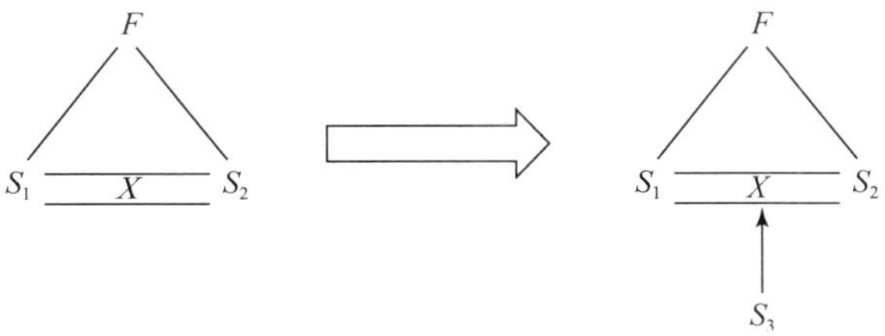

附图 3.8

例：问题 2.10。

标准解 1.2.3

如果需要消除场对物质的有害作用，可以通过引入第二种物质来排除自身场的有害作用而实现（附图 3.9）。

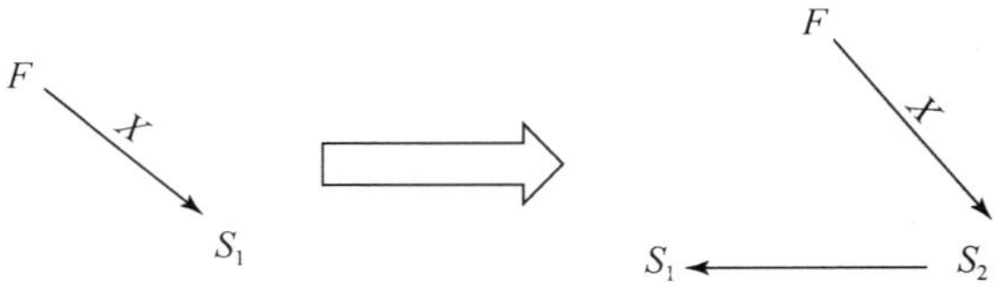

附图 3.9

例：问题 2.11。

标准解 1.2.4

如果在物场中同时存在着有益和有害作用的两种物质，并且这两种物质间存在着直接关联，则可以通过过渡到双重场来解决此问题。在这种情况下，现有的场 F_1 提供有益作用，而有害作用被新的场 F_2 所中和（或把有害作用转化为第二个有益作用）（附图 3.10）。

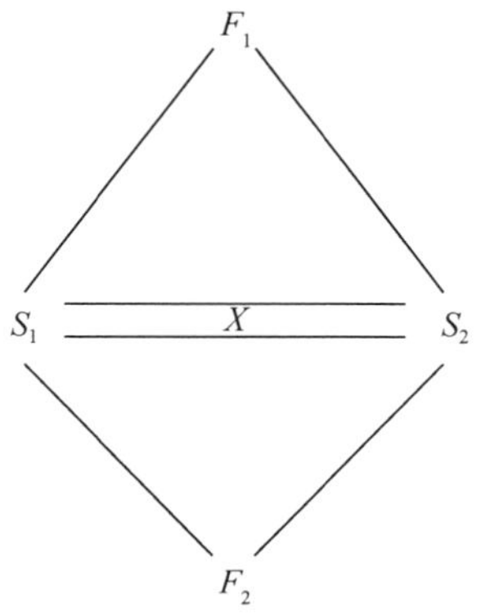

附图 3.10

例：问题 3.5。

标准解 1.2.5

如果必须打破带有磁场的物场模型，则可以通过物质的物理作用，利用冲击退磁或加热居里点的方式来“关闭”其磁性从而来解决该问题（附图 3.11）。

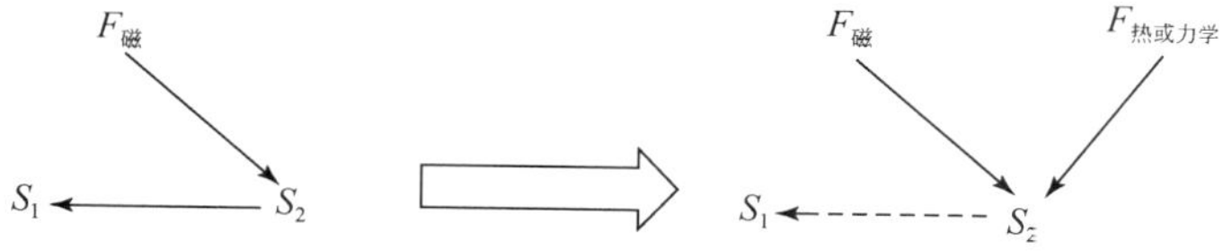

附图 3.11

例：表面带有铁磁性粉末的电阻焊接，通常是通过焊接电流的磁场对粉末的排斥而实现的。建议在将粉末带入焊接区之前将其加热到居里温度。

第 2 类　物场系统的演变

2.1　过渡到复杂的物场

标准解 2.1.1

如果必须增强物场的有效性，可以通过将物场的一种物质转换为独立控制的另一物场从而生成物场链来实现（附图 3.12）。

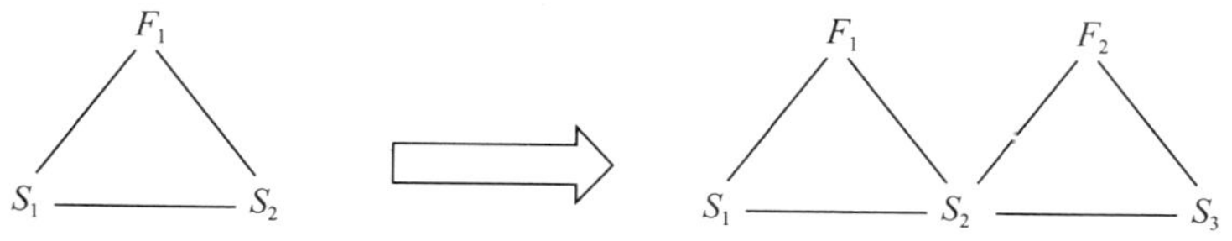

附图 3.12

例：例 5.44。

标准解 2.1.2

如果必须增强物场的可控性，但不允许更换该物场的元件，则可以通过引入第二个可控的物场以合成双物场来解决该问题（附图 3.13）。

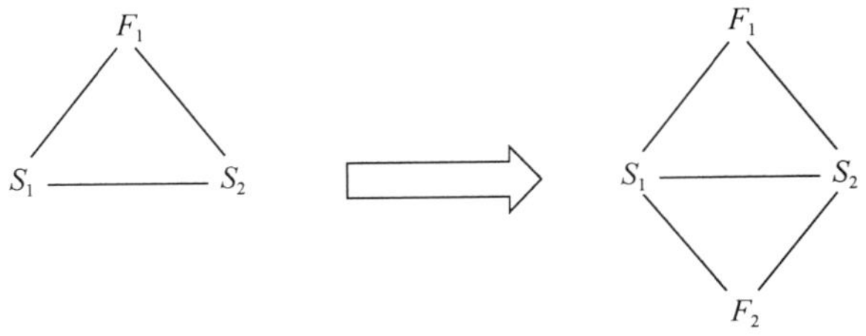

附图 3.13

例： 例 5.43。

2.2　物场的强化

标准解 2.2.1

增强物场的有效性可以通过用可控性较强的场来替换不可控制或可控性较差的场而实现。

例： 用电场代替力学场等。

标准解 2.2.2

增强物场的有效性可以通过增强作为工具的物质的破碎程度来实现。

例： 例 5.16。

标准解 2.2.3

物质破碎的一种特殊情况是把固体物质转变成毛细管或多孔物质。

这种转变沿进化的方向进行：固体物质→具有一个腔体的固体物

质→具有多个腔体的固体物质（穿孔的物质）→多孔或毛细管填充的物质→多孔或毛细管填充的物质（其结构有序，毛细管或毛孔已校准）。

例: 在电路板上焊接电子零件时，有时会出现诸如焊接桥（过量焊料）之类的焊接缺陷，该缺陷会导致终端短路，因此需要将其清除。美国专利No.6681980描述了一种具有尖端的烙铁，该尖端具有毛细管状的凹槽，该凹槽吸收多余的熔融焊料。

标准解 2.2.4

增强物场的有效性可以通过增强其柔韧性来实现，这意味着转变系统结构使其更灵活且能够适应快速的变化。

例： 请参阅第 5 章中阐述增强动态性（柔性化）法则的问题。

标准解 2.2.5

增强物场的有效性可以通过将统一或失序的场转变为非统一的场或者转变为具有特定时空结构的场（稳定或可变）来实现（附图 3.14）。

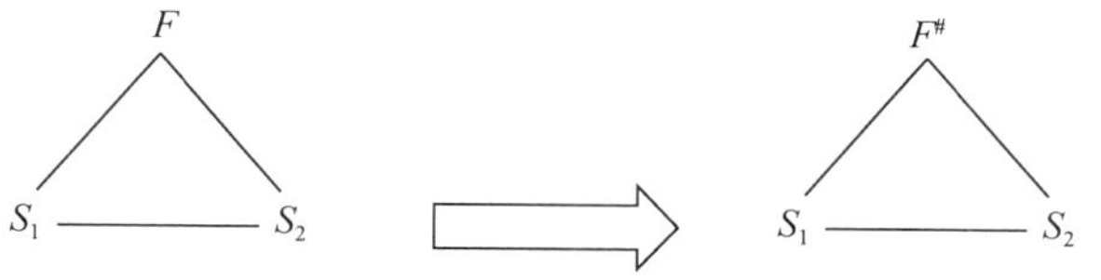

附图 3.14

例： 美国专利 No.5006266 描述了一种方法，使用超声波驻波，通过将单个颗粒吸引到结点或波腹来分离液体中的颗粒材料。

标准解 2.2.6

增强物场的有效性可以通过把同质性物质转变为具有特定空间结构的物质（后者可能是稳定的或可变的）来实现（附图 3.15）。

例： 为了生产多孔的阻燃块，燃烧放置在生料中的丝线产生定向孔。

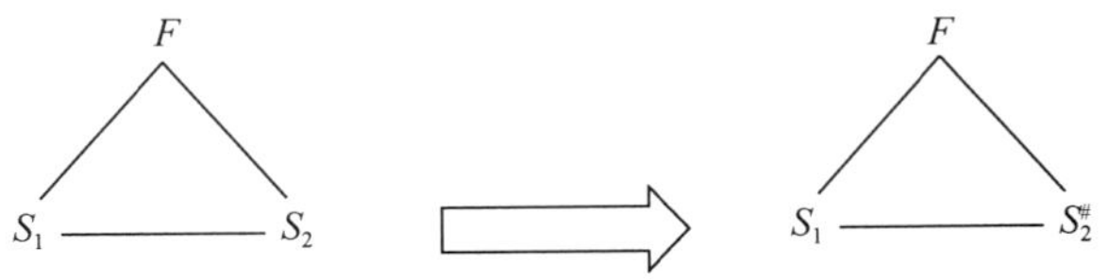

附图 3.15

2.3 和谐的节奏

标准解 2.3.1

增强物场的有效性可以通过调整使用对象或工具的场的固有频率来实现。

例： 为了从尿道中取出结石，有时将带环的绳子引入尿道并用环将石头拉出。建议施加脉动力，其频率是尿道围阻运动频率的倍数。这可以减少手术的创伤，减轻疼痛，并有助于去除各种形状和大小的结石。

标准解 2.3.2

增强复杂物场的有效性可以通过调频或去调频场及其相关联的场来实现。

例： 有一种富集磨细的磁性矿石的方法，其中行波磁场和振动组合作用在矿石上。 通过与振动同步地改变磁场强度，可以提高分离过程的效率。

标准解 2.3.3

如果更改和度量是不兼容的，那么在一个动作的暂停期间去执行另一个动作（通常一个动作的暂停应由另一个有用的动作来填补）。

例： 为了自动控制电阻点焊的热循环，有必要测量热电势。通过在焊接电流脉冲之间的间歇期测量热电势来提高焊接的高脉动频率的控制精度。

2.4 磁场和电场

现代技术系统中最高程度的增强作用可以应用于磁场（具有分散的铁磁物质和磁场的物场）。

标准解 2.4.1

增强物场的有效性可以通过使用铁磁物质和磁场来实现（附图 3.16）。

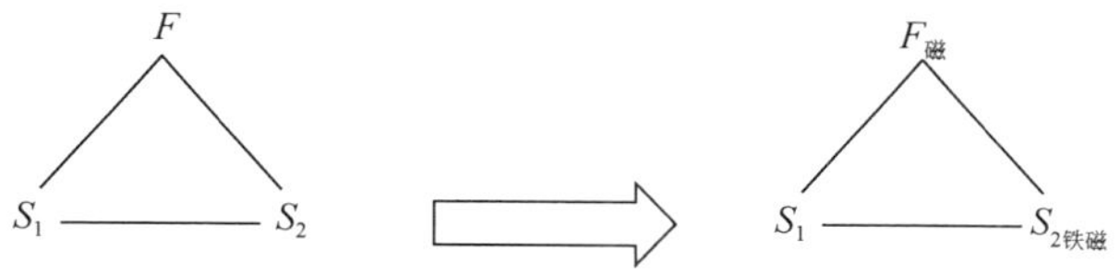

附图 3.16

本标准解适用于未打碎的铁磁物质。此系统可以称为原始磁场（结构向磁场过渡）。本标准解适用于简单和复杂的物场。

例： 配备磁性插件的锤子可以吸起钉子和大头钉，并在使用前将其固定。

标准解 2.4.2

增强物场或原始磁场的可控性可以通过用铁磁颗粒代替或添加铁磁颗粒物质（如碎屑、颗粒、微粒等）和使用磁场或电磁场来实现。

变为磁场后，物场系统重复进化周期，不过是在一个更高的新水平上，因为磁场具有高度可控性和有效性。

例： 用于治疗的磁带通常是嵌入磁性颗粒的塑料箔。 这些磁性颗粒通过在箔片上施加外部磁场来对齐。 这将产生一个磁极化区域。

标准解 2.4.3

增强磁场的有效性可以通过转变成磁流变流体来实现。

例： 例 5.45。

标准解 2.4.4

增强物场的有效性可以通过使用毛细管或多孔结构来实现。

例： 用氧化镁流变流体浸渍具有多孔表面的粉末金属零件，以各种机理增强零件之间的结合（美国专利 No.6428860）。

标准解 2.4.5

若通过转变成磁场来增强其可控性，但是却不能用铁磁颗粒代替物质，那么可以通过向其中一种物质中添加铁磁颗粒来构建内部或外部复合磁场而进行转变（附图 3.17）。

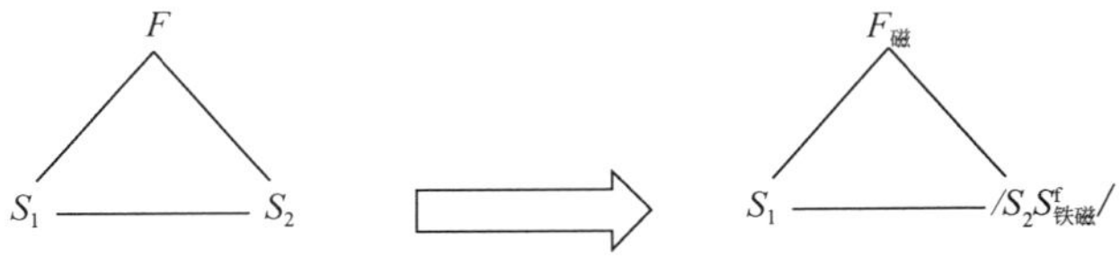

附图 3.17

例： 在磁研磨加工中，用铁砂烧结的普通磨粒被放置在电磁体和工件之间。当颗粒和工件之间存在相对运动时，就会发生研磨（Jain，2002）。

标准解 2.4.6

若将物场转变为磁场使其增强可控性，但却不能用铁磁颗粒代替物质或向物质中添加其他物质，那么应将铁磁颗粒添加到周围的介质（环境）中。

例： 在各种环境（车间、车库等）中使用嵌入磁化粒子的塑料板，以使工具、螺母、螺栓和其他零件易于拿取。

标准解 2.4.7

增强磁场的可控性可以通过使用物理效应来实现。

例：为了提高测量磁放大器的灵敏度，其磁芯的绝对温度保持在磁芯材料居里温度的 0.92 ～ 0.99 倍①。

标准解 2.4.8

增强磁场的有效性可以通过改变其动态性、柔韧性或改变其系统结构来实现。

例：空心物体的壁厚是使用外部的磁传感器和内部的铁磁体来测量的。为了提高测量精度，铁磁体被设计成可充气的弹性气球，上面涂有铁磁颗粒，因此它可以准确地与被测物体相吻合。

标准解 2.4.9

增强磁场的有效性可以通过把同质性或非序性结构的场转变成具有异质性或 3D 结构的场来实现（常数或变量）（附图 3.18）。特别是，如果磁场中的物质（或可能成为磁场一部分的物质）需要具有特定的 3D 结构，则该过程应在其结构与所需物质结构相对应的场中来实现。

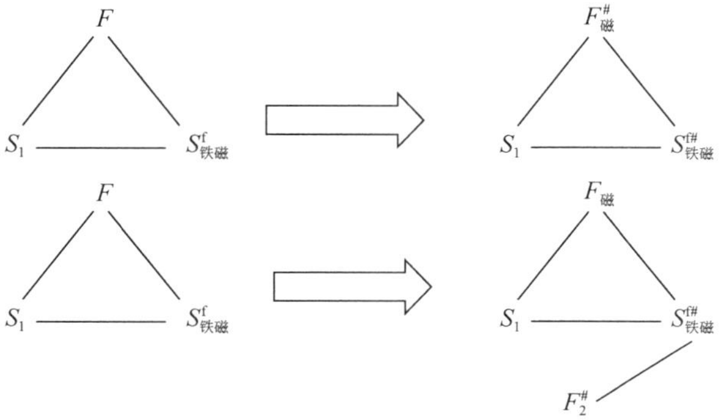

附图 3.18

①在达到居里温度前，铁氧体磁导率达到最大值（霍普金森效应）。

例：为了制造硬毛的塑料垫，将铁磁粉末根据所需的硬毛图案添加到熔融塑料中。磁场将粉末拉出，从而形成硬毛。另一个好处是，该解决方案可以快速开发和更改刷毛图案。

标准解 2.4.10

增强原始磁场或磁场的有效性可以通过协调系统组件的节奏来实现。

例：“抛掷式”振动方式用于输送散装和块状铁磁材料。通过施加沿输送方向传播的脉动磁场，可以提高输送速度。将磁脉冲的持续时间调整为等于被振动材料的“飞行阶段”的持续时间。

标准解 2.4.11

在难以引入铁磁体或提供磁化的情况下，应利用外部电磁场与直接传导或感应的电流的相互作用，或这些电流之间的相互作用。

例：金属非磁性零件的夹带是通过使直流电沿垂直于作为夹带装置一部分的磁体的磁场应变线的方向流过零件主体来完成的。

磁场是引入铁磁粒子的场，而电场是电流代替铁磁粒子起作用（或相互作用）的场。 电场的演变与磁场相似，遵循共同的路线：简单的电场→复杂电场→具有外部介质的电场→动态化→结构化→律动的一致性。

标准解 2.4.12

如果无法使用磁场，则可以使用电流变流体。

例：请参阅第 5 章“智能材料”部分。

第 3 类　转变为更高层次的系统和微观层次系统

3.1　转变为双系统和多系统

标准解 3.1.1

增强系统任一阶段的有效性可以通过将系统与另一个系统合并成双系统或多系统来实现。

例： 老花镜，两芯猎枪，半导体二极管，酒心糖，多墨水笔，一卷邮票，多层蛋糕等。

标准解 3.1.2

增强双系统和多系统的有效性可以通过系统组件之间的结合进化来实现。

例： 折叠老花镜。

标准解 3.1.3

增强双系统和多系统的有效性可以通过增加其组件的多样性来实现：相同的组件→具有偏移特性的组件→不同的组件→逆组合组件和反组件。

例： 例 5.22 ~ 例 5.26。

标准解 3.1.4

增强双系统和多系统的有效性可以通过使其卷积化来实现。这样做的主要原因是减少了辅助部件。例如，双管枪只有一个枪托。完全卷积的双系统和多系统再次成为单系统，并且进化周期可能会在新的水平上重演。

例： 例 5.27 ~ 例 5.30。

标准解 3.1.5

增强双系统和多系统的有效性可以通过在系统和其组件间分配不兼容的（矛盾的）属性来实现：使用两级系统，其中，整个系统具有属性 P，而其组件具有相反的属性 $-P$。

例： 问题 2.7。

3.2 转变到微观层次

标准解 3.2.1

当系统或系统的一部分被一种在场控制下能够执行所需动作的物质所替代时，从宏观层次到微观层次的转变可以提高系统在其演化的任何阶段的有效性。

例： 例 5.37。

第 4 类 检测和测量标准解

4.1 间接方法

标准解 4.1.1

如果系统中存在需要测量或检测的问题，则应更换系统，以消除测量或检测的需要。

例： 问题 3.6。

标准解 4.1.2

如果无法使用标准解 2.1.1，则值得通过与对象的副本或摄影图像进行交互来替换与对象的直接交互。

例： 多光谱卫星图像是作物评估的有效工具。它（的应用）基于植物反射光谱近红外部分中的光的能力。植物的红外反射率随生物量的增长而增加。人造卫星测量该反射率并将其转换为与生物量和潜在农作物产量相关的数据。

标准解 4.1.3

如果无法使用标准解 4.1.1 和标准解 4.1.2，则建议将问题转换为需要顺序检测的问题。

任何测量都具有一定程度的准确性。因此，在测量问题中，即使需要连续测量，也总是可以将基本测量动作分成两个顺序检测。

例: 用于开采铜矿石的“室方法”中，生成了巨大的地下大厅或“室”。由于爆炸和其他原因，腔室的天花板在某些区域可能会剥落并掉落。有必要监视天花板的状况并测量正在形成的“凹坑”。但是，由于天花板位于五层楼的高度，因此监测非常困难。建议在天花板上方钻一些水平孔。在准备腔室的过程中，将各种颜色的发光物质插入孔中，如果天花板在某些位置形成了圆屋顶状的凹坑，则可以通过照射发光体来轻松检测到。凹坑深度可以通过发光体的颜色来评估。

4.2 测量物场的合成

标准解 4.2.1

如果难以测量或检测不完整物场的元素，并且无法使用标准解 4.1.1，则必须完成此物场并将其场作为输出（附图 3.19）。

例： 问题 3.7。

标准解 4.2.2

如果系统或其部分不适合用检测或测量程序，则可以通过引入易于检测的添加剂过渡到内部或外部复杂物场来解决该问题（附图 3.20）。

例： 两个工件之间的实际接触面积是通过用发光管芯给一个接触表面上漆来测量的。

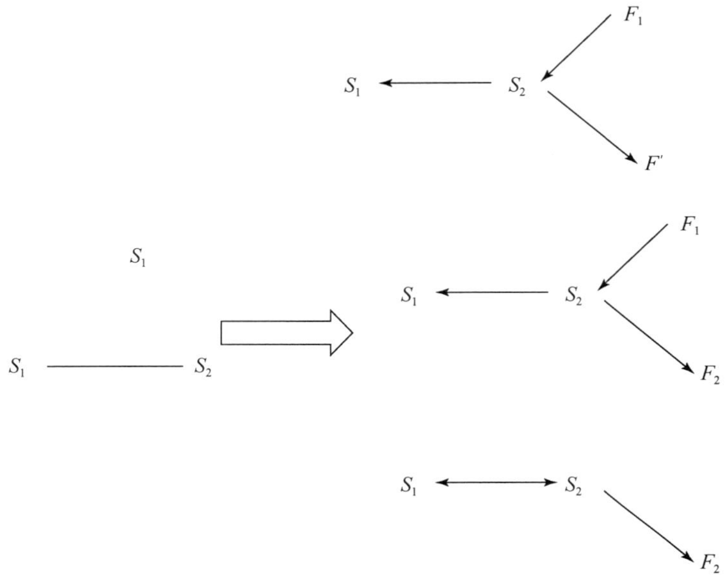

附图 3.19

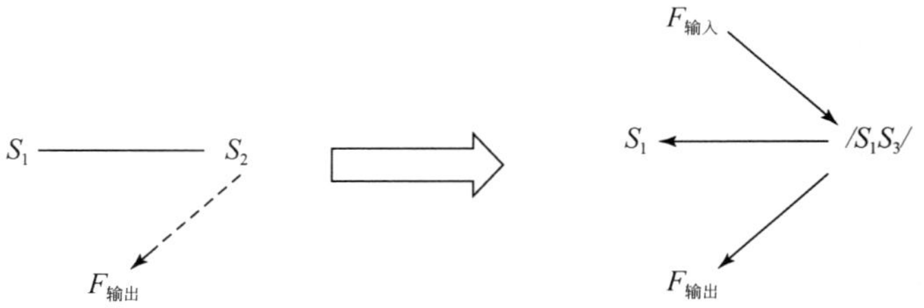

附图 3.20

标准解 4.2.3

如果在某一时刻难以执行检测或测量程序，并且不可能引入易于检测和 / 或会产生可测量场的添加剂，则必须将添加剂引入外部介质。通过监视后者，可以记录感兴趣对象的状态变化（附图 3.21）。

例：为了监测内燃机的磨损，需要测量“磨损的”金属的量。其颗粒悬浮在润滑油中。建议在油中添加发光体，金属颗粒会抑制光辉。

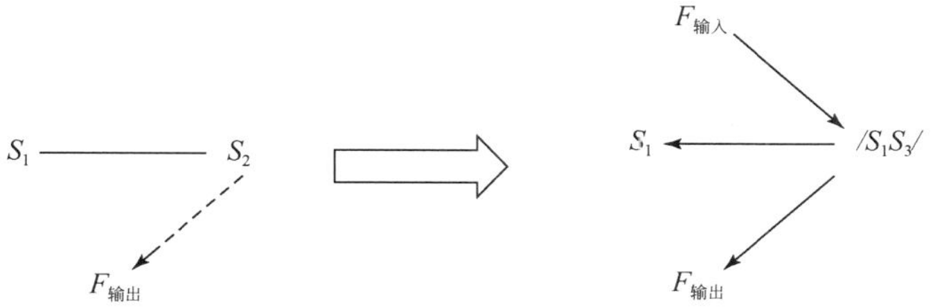

附图 3.21

标准解 4.2.4

如果不能按照标准解 4.2.3 的描述将添加剂添加到外部介质中，则这些添加剂可能会在所含物质中生成，如通过将其分解为构成元素或通过更改其聚合状态等方法。通过电解、空化等获得的气泡或蒸汽常被用来作为这种添加剂。

例：空化用于测量管道中液体的流速（如果禁止将添加剂引入流体中）。借助电感或电容传感器可检测到小（因而稳定）的气泡。

4.3 增强测量场

标准解 4.3.1

通过使用物理效应，可以提高物场系统中检测和测量的效率。

在某些情况下，希望构成物场的物质形成热电偶，该热电偶提供有关系统参数状态的“免费”信息。也可以通过归纳产生“信息场”。

例：问题 3.13。

标准解 4.3.2

如果无法直接检测或测量系统中的某些变化，并且无法将磁场应用于系统，则可以通过激发系统或其部分中的共振振动来解决问题；通过记录振动频率的变化可以监测系统的变化。

例: 大型固定储油器中的油量可以通过对储油器施加强制振动来测量。

标准解 4.3.3

如果无法应用标准解 4.3.2，则可以通过监测连接到要控制系统的对象（外部介质）的固有频率的变化来评估系统的状况。

例：通过监测伪沸腾层上气体自激振动幅度的变化来确定水泥烘烤窑中熟料的质量。

4.4 测量铁磁场

标准解 4.4.1

具有非磁场的测量子场有过渡到原始物场的趋势（附图 3.22）。

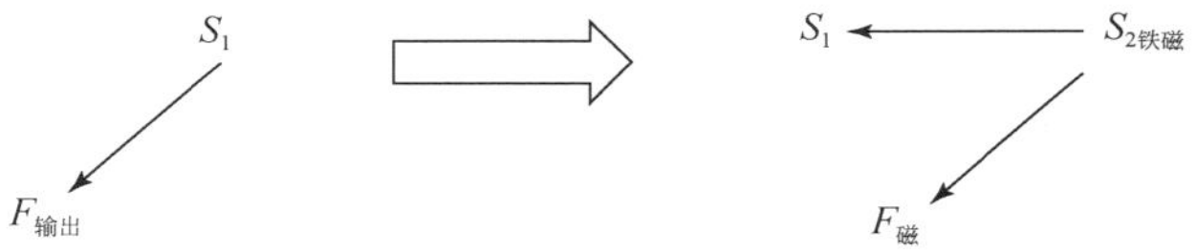

附图 3.22

例：美国专利 No.6742229 描述了一种用于汽车安全带系统的带扣装置，其可以检测插入固定器中的“舌头”是否被锁定。这是借助一块磁性板（与“舌头”一起移动）和一个检测板位置的磁性传感器来完成的。

标准解 4.4.2

为了提高原始物场系统检测或测量的有效性，用铁磁颗粒代替其中一种物质（或添加铁磁粒子），然后对磁场进行检测或测量。

例：聚合物组合物的硬化（固化）或软化程度可以通过在组合物中添加磁性粉末来进行无损评估。测量参数是凝固 / 软化过程中组合物磁导率的变化。

标准解 4.4.3

如果标准解 4.4.2 不能使用，则可通过在物质中引入添加剂构建复杂的铁磁测量系统。

例：通过在岩石上施加加压液体来进行采矿过程中岩石的水压破碎。通过向其中添加铁磁粉来监控液体的参数。

标准解 4.4.4

如果不能使用标准解 4.4.3，则必须将铁磁颗粒引入外部介质。

例：为了研究模型船产生的波浪，将磁性颗粒添加到水中。

标准解 4.4.5

为了增强铁磁测量系统的有效性，可以使用物理效应，如通过居里点的跃迁、霍普金森效应、巴克豪森效应①等。

例：美国专利 No.4534405 描述了一种检查钢坯表面的方法。要检查的钢材表面的薄表层充分冷却至居里点以下的温度。钢芯仍然很热。此后立即在冷却的表面层中感应出磁场，并检测出由缺陷引起的感应场干扰。

4.5 测量物场的演变趋势

测量物场的发展是沿着常规的系统变迁进行的，但也具有一些特殊的特点。

标准解 4.5.1

通过过渡到双系统或多系统，增强测量系统在其发展的每个阶段的有效性。

例：要测量小昆虫的体温，请将许多昆虫放在玻璃杯中。然后，使用常规温度计。

①铁磁材料磁化过程中磁场突增。

标准解 4.5.2

测量系统朝以下方向发展：测量一个功能→测量该功能的一阶导数→测量该功能的二阶导数。

例： 振动测量技术已经从测量振动位移的幅度（地震仪）发展到测量振动速度（速度计）再到测量振动加速度（加速度计）。目前，绝大多数的振动测量是使用加速度计进行的。

第 5 类　关于标准解应用的标准解

5.1　引入物质

标准解 5.1.1

如果需要在系统中引入一种物质，但由于问题的具体情况或系统的性能条件，这是不可接受的，那么就应该使用一些间接的方法。

1) 使用“空腔”代替物质。

例： 问题 3.8。

2) 引入场而不是物质。

例： 问题 3.11。

3) 使用外部添加剂而不是内部添加剂。

例： 为了测量空心陶瓷容器的壁厚，在容器中填充高电敏感性的液体，欧姆计的一条导线浸入液体中，另一条导线接触要测量厚度的表面。

4) 引入一种微剂量的、极具活性的添加剂。

例： 将以矿物油为基础的润滑剂用于拔管。为了降低变形区润滑油的流体动力压力，在润滑油中加入了重量为 0.2% ~ 0.8% 的聚甲基丙烯酸酯。

5) 引入微量的常规添加剂，但有策略地将其集中在目标物的关键部位。

例：为了制造一种导电性聚合物，在聚合物中引入了形如分立纤维的铁磁颗粒，并按照期望的高导电性方向来定向排列。

6) 在短时间内引入添加剂。

例：在定向过程中将铁磁片插入元件中以增强空心铁磁元件的定向。

7) 使用允许添加物加入的对象的替代物 (模型)，而不是对象。

例：为了提高截面形状三维分析的准确性，通过一个可以给定各种位置和倾斜度的透明模型中的液体水平表面来进行模拟。

8) 引入一种添加剂作为化合物的组成部分，随后将该添加剂从该化合物中提取出来。

例：摩擦木质表面的塑化是通过在木质部件中浸渍一种化学成分来实现的，这种化学成分在摩擦温度下解离并释放氨。

9) 通过分离周围的介质或物体本身来产生添加物，如电解或改变物体的一部分或周围介质的整体状态。

例：为了增强对电火花加工过程中产生的残留物的去除，气体由靠近加工区域的电解液产生。

标准解 5.1.2

如果一个系统对理想的变化反应不佳，但是工具不能被替换或向其引入添加物，那么系统可被划分为相互交互的部分。

例：将尘流分成两部分，每一部分都是带相反电荷的，并使它们彼此相向，从而加强了矿井内的静电凝聚。

标准解 5.1.3

一种引入系统的物质，在完成了它的功能之后，应该消失或与已经存在于系统或其环境中的物质无法区分。

例：问题 3.9。

标准解 5.1.4

如果需要引入大量的物质，但由于问题的规格限制或性能条件不能接受，则使用空洞 (膨胀结构或泡沫) 作为物质。

例： 使用充气结构作为临时建筑物。

5.2 引入场

标准解 5.2.1

如果需要在物场系统中引入一个场，则必须使用已经存在的场。构成该系统的物质是这些场的来源。

例如： 问题 3.12。

标准解 5.2.2

如果需要在物场系统中引入场，并且标准解 5.2.1 不适用，那么应该使用环境中可用的场。

例： 1999 年，西铁城钟表有限公司推出的手表，其动力来自由身体热量加热的手表表壳背面与周围空气间的温差。

标准解 5.2.3

如果需要将场引入系统，但标准解 5.2.1 不能使用，则应使用其载体或来源是系统或环境中已经存在的物质的场。

例： “机械零件 – 切削工具”系统被用作热电偶来测量切削区温度 (“自然热电偶”)。

5.3 相变

标准解 5.3.1

在不引入其他物质的情况下，通过相变 1，即通过改变所述物质的相态，可以提高使用一种物质的有效性。

例： 矿井气动系统的动力是由液化气体而不是压缩气体提供的。

标准解 5.3.2

“双重”特性可以通过使用相变 2 来实现，即利用能够根据工作条件从一个阶段过渡到另一个阶段的物质。

例： 使用形状记忆合金 (例 5.17)。

标准解 5.3.3

通过使用相变 3，即伴随相变的现象，可以提高系统的有效性。

例: 一种冷冻货物处理系统,其支撑元件由冰块制成(由于冰的融化，摩擦减少)。

标准解 5.3.4

系统的“双重”特性可以通过相变 4 来实现 (即用两相状态代替单相状态)。

例： 清洗鱼子酱等精细产品的过滤器，需要打碎产品块，然后用水清洗掉污物。为了减少对产品的潜在损害，水中充满了气体。

标准解 5.3.5

通过引入系统各部分或各阶段之间的物理或化学相互作用，可以提高相变 4 所产生的技术系统的有效性。

例： 为提高由气体与细小固体颗粒组成的压缩机和热机的两相工作介质冷却器中的气体压缩与加热器中的膨胀，使用具有一般或选择性吸附能力的吸附剂作为固体颗粒的材料。

5.4 运用自然现象

标准解 5.4.1

如果一种物质应该周期性地存在于不同的物理条件下，该转变应该由该物体 (物质) 本身通过可逆的物理转变来实现，如相变、电离 / 复合、离解 / 结合等。

例： 问题 2.5。

标准解 5.4.2

如果需要一个强输出动作来响应弱输入，那么传感器材料就应该处于接近临界状态。那么即使是微弱的信号也会变得更强。

例： 测试产品时，要将其浸入没有气体的液体中。然后在产品的腔体和液位以上的环境之间产生一个压差。通过检测液体中的气泡来监测密封性。为了提高测试的灵敏度，在测试过程中，液体被保持在过热的状态。

5.5 获取物质颗粒

标准解 5.5.1

如果需要离子等粒子来解决问题，但由于问题的特殊性，无法直接生成，则应该通过分解更高结构层次的物质 (如分子) 来获得所需的粒子。

例： 问题 2.5。

标准解 5.5.2

如果某种物质的某些粒子 (如分子) 是不可能直接或通过标准解 5.5.1 获得的，则这些粒子应通过建立或结合较低水平的粒子 (如离子) 而产生。

例：纳米技术——从单个原子组装产品 (第 5 章，增加材料的不均匀性)。

标准解 5.5.3

使用标准解 5.5.1 的最简单的方法是破坏最近的较高“整体”或“过量”(负离子) 能级，而使用标准解 5.5.2 的最简单的方法是完成最近的较低“不完全”能级的构建。

例：化学气相沉积 (CVD) 在半导体工业中被广泛应用于在基底上沉积各种薄膜。在这个过程中，涂层是由活性气体沉积的。化学物质 (分子) 在反应器的高温下分解 (成原子)，再结合在热的基底上形成所需的涂层 (分子)。

附录 4 TRIZ 在管理实践中的使用

TRIZ 最初是作为增强工程创意的工具而开发的。随着 TRIZ 的发展，根里奇 • 阿奇舒勒及其追随者认识到，其基本原则也适用于其他人类的追求，如科学、艺术和其他（Altshuller，1963，1988b；Filkovsky，1974）。这个想法是，应用与开发 TRIZ 一样的方法来分析其他进化系统(即将所有研究实体作为不断发展的系统进行处理,积累“强解决方案”的大型数据库，确定针对该类实体的进化法则等）。用于这种分析的自然对象将是与技术管理和业务系统最密切相关的对象。以下是对可能在业务与组织环境中使用的 TRIZ 概念和工具的概述。

附录 4.1 TRIZ 工具和管理问题

企业自发使用进化法则的案例很多。例如，增强动态性的法则体现在外包、产品差异化的交易期 [将最终产品的组装授权给经销商和分销商，以缩短根据客户需求修改和选择的货物的交货时间（Davis and Sasser，1995）]、使用灵活的生产系统（McGraw，1996）、使用可重构加工的系统和模块化工具结构等。

增强动态性的另一个商业应用被描述为，“小型喷气式飞机开始承担航空业中大型机的工作；分马力电机作为发电机；炼钢厂做钢板；蜂窝电话代表电话通信；共同基金开始做中央企业和政府养老金计划做的工作，最终将对社会保障做出贡献；迷你发电机将做大型电站的工作——为客户提供更多的服务、更大的灵活性、更好的成本控制，并产生新的产品和服务。这是一个权力从工业时代的中心转向电子时代中的个体的故事”（Forbes，1997）。

越来越多的政府将权力下放至社会的趋势/管理被认为遵循同样的进化法则（从联邦到州政府，从顶层到基层管理层等），这种趋势正是“缩短能量传递路径”法则所预测的。

使用向更高层次系统进化法则的一个好例子是彭博电视台，它的特点是多屏显示：主播播报主要新闻的画面占据屏幕上最大的位置；两个固定并不断更新的板块提供二级信息，如星座、天气、证券信息等；而一个不断移动的板块提供股票报价、运动评分等。产品和制造系统中的模块化系统也代表了向多系统进化（以及增强动态性，如上所述）的趋势。

这些例子的发展是在没有特意使用 TRIZ 的情况下进行的；TRIZ 只是客观预测了其趋势。如果将进化法则直接而明确地应用于各种战略管理问题，可以想象情况会更好。

与管理大型业务系统相关的问题和瓶颈通常可以通过管理方法来解决：增加人员、提供激励、获取更多或更高级的设备等。然而，有许多实例也可以使用 TRIZ 方法。运用 TRIZ 精神解决管理问题的一个例子是对桥梁/隧道收费的改进。过去，往返于曼哈顿（纽约市）的桥梁和隧道两侧都设有收费站。分析发现，到达收费站的车辆大多也会离开，因此可以将对出境车辆收费的功能分配给入境收费站，并通过增加入境费用和关闭出站亭来完成。这个管理行动用理想系统（没有物理实体）代替了真正的系统（带有收费站的出站亭），并执行了所需的功能。这一行动也可以作为向更高层次系统进化法则的实践（双系统卷积成为更高级的单一系统）。

还有许多实例，通过解决造成瓶颈的工程问题，用成本效益法解决复杂管理问题。最有效的方法是解决小问题，通过对基础设施的最小改变来实现解决方案。一个很好的例子是将热熔渣从高炉运送到渣粒造粒厂（Altshuller，1988b）。

这最初被认为是纯粹的管理问题。最初，炉渣用敞开的桶运送，放到铁路站台上。在路上，炉渣冷却下来，表面结出一层厚实的硬壳。卸载液体炉渣时，需要先在外壳上穿孔。此外，在将钢包重新装入高炉之前，必须手动取出钢包中的大量固化渣。在这两个行动中，低技术工人面临着灰尘、风险等问题，且财务激励对其不起作用。考虑的另一种方法是在装载和卸载现场建造两个昂贵的起重机站，并为直径 10 ~ 20 英尺的钢包制造许多昂贵且非常重的盖子。TRIZ 专家被邀请到高层管理会议上，并提出了一个工程解决方案：将水喷洒到炉渣表面，通过发泡熔渣顶部产生有效的盖子。该方案以最低的成本解决了复杂的管理问题。

在这本书编撰的过程中，一名在韦恩州立大学修读 TRIZ 课程的学生，将一个问题带到课堂上求解。该学生为汽车供应商工作，开发和制造制动钳组件（汽车制动器的子组件）。组件的主要功能是将制动液从主缸导向制动钳。当前组件由四个单独的部分组成，装配零件的操作员经常一不小心就遗漏了一个组件，导致制动液泄漏。

像以前的案例研究一样，传统的管理技巧无济于事。对这种情况进行简单的 TRIZ 分析后发现，经常被遗漏的零件是一个校正辅助工具，故建议取消该零件并将其功能分配给其余部分。提议的设计已得到公司管理层批准，目前正在进一步开发。

尽管不是每一个管理问题都可以通过这种方式解决，但至少尝试这种解决方案的潜在收益是巨大的。即使只有 20% 的成功率也值得尝试。

TRIZ 的一些工具明显可以适用于社会 – 商业互动关系（如管理者及其下属之间）。到目前为止，还没有太多的例子能证明这一说法。一个例子是将物场分析引入培训中：在一个完整的物场中，场不直接作用于物体，而是通过另一种物质（工具）来产生作用。

在培训和规范工作队伍时，与“目标员工”直接互动往往不是很有成效。通常，最好在“目标员工”在场的情况下，将不愉快的意见或建议告诉第三个人。来自经理或教练的“信息场”对第三个人起作用，而这个人就成为了“工具”。通过这种方式，“目标员工”通常更乐意接受信息，而不会产生消极态度。医生有时也采用类似的办法与“难处”的患者进行沟通（Lown，1996）。

附录 4.2　应　　用

作者参与了若干关于 TRIZ 在组织 / 管理问题上应用的具体项目。以下是其中一些项目的简要介绍。

案例故事 1

一个总部位于欧洲的跨国公司拥有遍布各地的数十家制造企业。该公司有一大批内部管理顾问，参与子公司的各种项目。顾问团队设在公司总部，但其成员经常出差，到很远地方的项目上工作，每次工作可能持续一周至几年。通常，顾问会与不同的子公司合作，如刚刚完成与巴西子公司的项目，该顾问又可能被分配到意大利或加拿大或任何其他国家的项目中。

顾问们在完成各种任务时，工作于不同的商业和文化环境中，并获得了丰富的经验，这为其同事们带来了好处。但这里有个问题：为了精通当地的商业和文化传统，顾问必须在特定的国家（或特定的公司）待很长时间。理想情况下，他或她应该是本地居民，熟悉当地语言和习俗。但在具体工作中，一个人只能获得有限的经验。而如今不断变化的商业和技术环境，正在带来持续的、非典型的、紧迫的挑战。尽管经验不可或缺，但其可能无法提供足够且及时（有时以小时为单位）的解决方案。为了扩大视野、掌握新技能，顾问必须前往许多地方，在不同环境中花费大量时间和精力。然而，这种做法在实际中很难实现，顾问也没有时间去很好地了解新技术、当地企业和文化传统。

为分享经验以提升技能，顾问们共同召开年度会议，汇报他们所监督的项目，并讨论商业技巧。这些会议虽然有一定效果，但无法满足顾问日益增长的迅速交流信息和想法的需求。

TRIZ 分析

让我们分析一下系统冲突："如果一个顾问一直待在特定的国家（或同一个公司），那么他 / 她将获得重要的具体知识，但这限制了他 / 她的经验。顾问参与不同国家（公司）的各种项目，他 / 她将获得不同的经验，但缺乏深刻的具体知识"。

为了揭示系统冲突的核心，TRIZ 建议通过将竞争性要求推向逻辑极限来加强它们。在这种情况下，冲突的强化是，顾问应该永久留在同一个国家（同一家公司），另外也应不断地从一个国家（公司）转移到另一个国家（公司）。这听起来像是一种通过使用分离原理可以解决的物理矛盾。对矛盾的简单分析表明，可以通过空间分离原理来解决矛盾：顾问"部分地"处于同一环境（公司和 / 或国家）内，并且"部分地"存在于其他地方。当然，没有人会把顾问分成几部分。如果我们回到理想法则，解决方案会变得更易接受，并可用于解决矛盾：我们需要的不是作为一个物理实体的人，而是他或她的知识、专长、经验（即功能）。顾问的这一"部分"可以与其实体"分离"，并轻易转移给所有相关方。

解决方案

建议使用企业 IT 资源开发用于信息交换的在线论坛（以及项目和解决方案数据库）。此论坛用于发布问题，咨询，提供消息、想法和解决方案。各种问题可以获得最快速而全面的内部咨询：在论坛上发布问题 / 疑问的顾问马上就被来自世界各地的想法和建议淹没了。现在，一个顾问只要成为当地的文化专家，就可以一直待在这个国家（公司），同时有机会与其他顾问交换知识（获取或提供）[①]。

案例故事 2

欧洲一个国家的两家金融机构——一家大型保险公司和一家主要的银行合并形成了更大型的新公司。这次合并提高了新公司的赢利能力和

①这个解决方案——一个互联网论坛——可能看起来有些传统，但 1995 年它被提出时，还是相当具有创新性的。

竞争力，但也产生了一个意想不到的问题。

合并后，新公司为降低员工成本，对职能进行再分配（整合）：前精算师也担任投资顾问，前经纪人开始进行精算方面的咨询。这种安排没有影响新公司与企业客户之间的关系，但降低了个人客户的忠诚度。在该国，个人客户有与银行协商投资需求、向保险代理人咨询精算问题的传统。经纪人精算师被认为既不是专业的经纪人也不是专业的精算师，这使得公司个人客户的数量开始迅速下降——他们转向了严格遵照专业化习惯的竞争对手。

TRIZ 分析

这是一个系统按照进化法则所“规定”的方向转变的典型情况。两个业务实体的合并是沿着“单—双—多”路径演进过程中的一步。虽然进化有利，但由于不同的单系统具有不同的性质（功能），这一步常常伴随着集成引起的系统冲突。在解决这些系统冲突前，新的双系统不能充分发挥作用。

这一案例中的系统冲突是，“为降低运营成本，公司员工应同时承担精算师和经纪人的职责，但这将影响个人客户（忠诚度）；如果将投资和精算咨询分配给不同的专家，可以恢复个人客户的忠诚度，但会引起成本增加”。

与以前的情况类似，我们可以加剧系统冲突，形成物理矛盾：员工必须既是全职经纪人，又是全职精算师。显然，这个矛盾不能通过将相反要求在时间上分离来解决，所以应该通过在空间（部分）上分离来解决。

解决方案

在任何专业学科中，知识体系由两个同样重要的部分组成：典型案例（即标准解）和非典型案例。前者可从专业文献中获得，后者通常只能通过多年的个人经验获得。这个特质被用于解决上述矛盾。

建议有两组员工 / 顾问。第一组是由熟练掌握精算和投资业务基础（即典型案例）的入门级员工组成。这些员工可以充分回应个人客户的基本需求。为了进一步降低成本，该组甚至可以提供计算机化的常规查询数据库。如果客户有一个非典型的要求，超出了“教科书”的知识，

那么他 / 她将从一个专业领域的资深专家（费用也很高）处获得帮助。

附录 4.3　总　　结

尽管 TRIZ 方法是为解决工程设计和制造问题而开发的，但其也适用于许多管理问题。使用问题解决方法和进化法则，很可能直接得到管理难题的突破性解决方案，或也可通过解决潜在的工程问题来解决难题。当然，这需要 TRIZ 从业者和管理专家之间的密切互动。

参考文献

Altshuller, G. S. (1963). How to solve scientific problems, preprint, Baku (in Russian).

Altshuller, G.S. (1984). *To Find an Idea*. Novosibirsk: Nauka, p. 69(in Russian).

Altshuller, G. S.(1988a). Small unbounded worlds. In: *A Thread in the Labyrinth*. Petrozavodsk: Karelia, pp. 165-230(in Russian).

Altshuller, G. S. (1988b). *Creativity as an Exact Science*. New York: Gordon and Breach.

Altshuller, G.S. (1994). *And Suddenly the Inventor Appeared*. Worcester, MA: Technical Innovation Center.

Altshuller, G. S. (1997).*40 Principles: TRIZ Keys to Technical Innovation*. Worcester, MA: Technical Innovation Center.

Altshuller, G. S. (1999). *The Innovation Algorithm*. Worcester, MA: The Altshuller Institute for TRIZ Studies.

Altshuller,G.S., Shapiro, R.B. (1956). On the psychology of engineering creativity. *Problems of Psychology*, 6, 37-49(in Russian).

Altshuller, G.S., Vertkin, I. M.(1994). *How to Become a Genius*: *The Life Strategy of a Creative Person*. Minsk: Belarus (in Russian).

Altshuller, G., Gadzhiev, C., Flikshtein, I.(1973). *Introduction to Sufield Analysis*. Baku, USSR: The Public Laboratory for the Theory of Invention (in Russian).

Astashev, V.K., Babitsky, V. I.(1998). Ultrasonic cutting as a nonlinear (vibro-impact) process. *Ultrasonics*, 36, 89-96.

Banks, H. T., Smith, R. C., Wang, Y. (1996). *Smart Material Structures: Modeling, Estimation and Control*. New York: John Wiley Sons.

Bassala, G.(1988). *The Evolution of Technology*. Cambridge: Cambridge University Press.

Brown, S., Rose, J.(1996). FPGA and CPLD architecture: a tutorial. *IEEE Design and Test of Computers*, Summer 1996, 42-57.

Cole, W.(2002). Let's twist again! Technology that enables wing'warping' rolled out at Dryden *Boeing Frontiers Online,* Volume 1, Issue1, May 2002, http://www.boeing.com/news/frontiers/archive/2002/may.

Cusumano, M.A., Markides, C. C. (eds)(2001). *Strategic Thinking for the Next Economy*. Boston Jossey-Bass, p. 159.

Davis, T., Sasser, M.(1995). Postponing product differentiation, *Mechanical Engineering*, No. 11, pp.105-107.

Drexler, K. E. (1992). *Nanosystems: Molecular Machinery, Manufacturing, and Computation*. New York: John Wiley Sons.

Edwards, B., Cox, C. (2002). Revolutionary concepts for helicopter noise reduction -S. I. L. E. N.T.Program, in *NASA/CR-2002-211650*, May 2002.

Fey, V. R. (1988). *Chronokinematics of Technological Systems*. Baku, USSR: The Laboratory for the Theory of Invention.

Fey,V.,Bodine,N.,Rivin,E.(2001).A strategy for effective technology investment. http://trizgroup. com/publications/articles/strategy.pdf.

Feynman, R. P. (1959). There's plenty of room at the bottom: an invitation to enter a new field of physics. http://www.zyvex.com/nanotech/feynman.html.

Field, F.R., Clark, J. P.(1997). A practical road to lightweight cars, *MIT Technology Review*, September.

Filkovsky, G. L. (1974). *A Scientific Theory as a Machine*, preprint, Baku (in Russian).

Forbes, S. (1997). Fact and comment: plane to see. *Forbes Magazine*, March 10.

Glasmeier, A. (1997). Technological discontinuities and flexible production networks: the case of Switzerland and the world watch industry. In: *Managing Strategic Innovation and Change*. Oxford: Oxford University Press, pp 32-33.

Jain,V.K.(2002).Advanced fine finishing processes. http://www.geocities.com/aimtdr20th/keynote/jain. PDF.

Kada, M., Smith, L. (2000). Advancements in stacked chip scale packaging (S-CSP)provide system-in-a-package functionality for wireless and handheld applications. In: *Proceedings of Pan Pacific Microelectronics Symposium Conference*.

Leifer, R., McDermott, C. M., O'Connor, G. C., *et al*.(2000). *Radical Innovation: How Mature Companies Can Outsmart Upstarts*. Boston: Harvard Business School Press.

Lown, B.(1996). *The Lost Art of Healing*. Boston-N. Y.: Houghton Miffin Co.

Lynn, G.S., Morone, J. G., Paulson, A.S. (1997). Marketing and discontinuous innovation: the probe and learn process. In: *Managing Strategic Innovation and Change*. New York: Oxford University Press, p. 357.

Malinovsky, G. T. (1988). *Oil-based Coolants*. Moscow, Russia: Chemistry (in Russian).

Mann, D. (2002). *Hands-on Systematic Innovation*. Belgium: CREAX Press Leper.

McGrath, C., McCormick, D.(2002). *The Ultimate Golf Book: A History and a Celebration of the World's Greatest Game*. New York: Houghton Miffin Company.

McGraw, D.(1996). Staying loose in a tense tech market. *U.S. News and World Report*, July 8, p.46.

McNeil,B.(2002).Manual windshield wiper conversion and repair. http://www.film.queensu.ca/CJ3B/Tech/Wiper Manual. html.

Merkle, R. C.(1997). It's a small, small, small world. *MIT Technology Review*, February/March, pp.25-32.

Moisan, M., Shivarova, A., Trivelpiece, A. W.(1982). Experimental investigations of the propagation of surface waves along a plasma column. *Plasma Physics*, 24, No. 11, 1331-1400.

Nolas, G.S., Sharp, J., Goldsmid, H. J. (2001). *Thermoelectrics: Basic Principles and New Materials Developments*. New York: Springer-Verlag.

Papazian, J. (2002).Tools of change. http://www.memagazine.org/backissues/feb02/features/toolsof/toolsod. html.

Penzias, A. A. (1997). The next fifty years: some likely impacts of solid-state technology. *Bell Labs Technical Journal*, Autumn, p. 156.

Rantanen, K., Domb, E. (2002). *Simplified TRIZ: New Problem-Solving Applications for Engineers and Manufacturing Professionals*. Boca Raton, FL: St Lucie Press.

Raskin, A.(2003). A higher plane of problem solving. *Business*, 2.0, June, pp. 54-57.

Rediniotis, O. I., Wilson, L. N., Lagoudas, D. C., Khan, M. M.(2002). Development of a shape-memory-alloy actuated biomimetic hydrofoil. *Journal of Intelligent Material Systems and Struc-tures*, 13 (January), 35-49.

Rivin, E. I. (1998). *Mechanical Design of Robots*, New York: McGraw-Hill.

Rivin, E. I. (1999). *Stiffness and Damping in Mechanical Design*. New York: Marcel Dekker, pp 52-86.

Talanquer, V.(2002). Nucleation in gas-liquid transitions. *Journal of Chemical Education*, 79, No. 7,877-83.

Tate, K., Domb, E.(1997).*40 Inventive Principles with Examples*. http://www.triz-journal.com/archives/1997/07/b/index. html.

Taylor, M. B., Kim, J., Miller, J., *et al*. (2002). The raw microprocessor: a computational fabric for software circuits and general purpose programs. *IEEE Micro*, Mar-April, pp. 25-35.

Travers, B. (ed.)(1995). *World of Invention*. Farmington Hills, MI: Gale, p. 635.

Tsugawa, S. (2000). An introduction to Demo 2000: the cooperative driving scenario. *IEEE Intelligent Systems*, 15, No. 4,78-9.

Vertkin, I. M.(1984). *Mechanisms of Convolution of Technological Systems*. Baku, USSR: The Public Laboratory for the Theory of Invention (in Russian).

Volti, R.(1996). A century of automobility. *Technology and Culture*, 37, No 4, 663-85.

Walczyk, D. F., Hardt, D. E. (1998). Design and analysis of reconfigurable discrete dies for sheet metal forming, *SME Journal of Manufacturing Systems*, 17, No. 6,436-454.

Wlezien, R. W., Horner, G. C., McGowan, A.R., *et al*.(1998). The aircraft morphing program. In: *Proceedings of the SPIE Smart Structures and Materials Symposium*, Industrial and Commercial Applications Conference, Vol 3326, paper 3326-20.